AF726733

"A well regulated Militia, being necessary to the security of a free State, the right of the people to keep and bear Arms, shall not be infringed."
Second Amendment to the United States Constitution
(Der zweite Zusatzartikel zur Verfassung der Vereinigten Staaten).

Vorwort zur 1. Auflage

Foreword by Gabriel Suarez

In a perfect world, no one would need to concern themselves with combat mind set, fighting tactics, or skill at arms. Instead, they could spend their day smiling and singing, and casually enjoying God's gift of life. But the world is not perfect. It is filled with evil people intent on doing violent and dreadful things. And simply avoiding them or fleeing from them is not enough. To the contrary, history has shown, and is constantly showing, that such people must be resisted with violent force as well. Truly, the only thing that can stop evil violence is righteous violence.

At such times, when the lives of good people are at risk, and seconds count, the authorities always seem to be delayed. In the USA we say, "When seconds count, help is only minutes away". It is at times like this that the knowledge found in this book will be essential to your future. Understanding its lessons may not only save your life and the lives of your loved ones, but also perhaps even change history. Henning Hoffmann discusses all these essential subjects in the book you are now holding. Read it, study it, and memorize its lessons. If you are ever presented the "final exam of the streets", what you learn here will help you to not only survive it, but to win.

Gabriel Suarez
Suarez International, Inc.
Prescott, Arizona

Vorwort zur überarbeiteten und ergänzten 2. Auflage

Foreword by MSG Paul R. Howe (Ret.)

Combat survival favors those who choose to invest in their personal training and development. These individuals avoid mediocrity by furthering their knowledge of weaponcraft and how to employ their tools in an efficient and precise manner on the field of battle, wherever it may find them.

Henning Hoffman is a student and a friend who has taken the time to research, train and hone these disciplines. The pages of this book contain information that is critical to your survival.

Mindset is the key to all battles as it addresses all the key components and ones willingness to train, endure, adjust and succeed.

Equipment selection is critical as one must select the correct tools for the task at hand.Skill in employing ones equipment is necessary to ensure that threats are eliminated surgically and efficiently.

Finally, Tactics employs mindset, equipment and skill in a manner as to outmaneuver your opponent(s).

This book has found a prominent position in my training library.

Paul R.Howe
CSAT-Combat Shooting and Tactics
Nacogdoches, Texas

Vorwort zur 3. Auflage

Nach der umfassend überarbeiteten 2. Auflage, deren Erscheinen nur etwas über ein Jahr zurückliegt, beschränken sich die in der Neuauflage vorgenommenen Änderungen auf kleine Korrekturen.

Spätestens mit einer 3. Auflage wird ein Fachbuch zu einem Standardwerk. Diesen Erfolg hat „Feuerkampf & Taktik“ vor allem den Lesern zu verdanken und denen, die das Buch in Rezensionen positiv reflektiert und weiterempfohlen haben. Dafür möchten sich Verlag und Autor ausdrücklich bedanken.

Meerane im Mai 2012
Henning Hoffmann

Vorwort zur 4. Auflage

Die anhaltend hohe Nachfrage zu „Feuerkampf & Taktik" machte eine 4. Auflage erforderlich, welche ein unveränderter Nachdruck der 3. Auflage vom Juli 2012 ist.

In Gesprächen mit Ausbildungsverantwortlichen von Militär und Polizei zeigt sich, dass Inhalte und Lehrmeinung des Buches zum Teil auch Einzug in behördliche Schießausbildung halten. Dieser Trend ist positiv zu bewerten. Schießausbildungskonzepte sollten auf Einfachheit und Minimalismus beruhen und die Eigenverantwortung des Schützen stärken. Darüber hinaus sollten sie robust, doktrinfrei und kohärent sein.

Wenn „Feuerkampf & Taktik" diesen Trend unterstützen kann, dann wiegt das schwerer als ausschließlich hohe Verkaufszahlen.

Meerane im Mai 2014
Henning Hoffmann

Vorwort zur 5. Auflage

Nachdem auch die Vorauflage aus dem Jahr 2014 wiederum rasch vergriffen war, ist es notwendig geworden, das Buch neu aufzulegen.

Dic nunmehr 5. Auflage ist ein unveränderter Nachdruck.

Meerane im Oktober 2015
Henning Hoffmann

Inhaltsverzeichnis

Teil III – Fertigkeiten & Techniken

Teil IV – Ausrüstung

Teil V – Anhang

Einleitung

Die erste Auflage von „Feuerkampf & Taktik" war innerhalb von 15 Monaten vergriffen. Der große Zuspruch, den das Buch am Markt erfahren hat, äußert sich aber nicht nur in den Verkaufszahlen, sondern auch in vielen Leserzuschriften, wofür sich Verlag und Autor bedanken. Besonderer Dank gilt den Lesern aus der Schweiz und Angehörigen der Bundeswehr, deren Anregungen unmittelbar in die vorliegende zweite Auflage eingeflossen sind. Bilddarstellungen und Textpassagen wurden überarbeitet und Kapitel ergänzt. Die von aufmerksamen Lesern entdeckten Druckfehler wurden größtenteils behoben, das Schlagwortregister vervollständigt.

Insbesondere der dritte Abschnitt des Buches, in dem es um Fertigkeiten geht, wurde textlich um die historische Entwicklung von Schießtechniken erweitert. Die maßgebende Schießtechnik der heutigen Zeit ist kein Produkt der Retorte, sondern lediglich vorläufiges Ende eines Entwicklungsprozesses. Wer bestimmte Elemente und Details einer Schießtechnik verstehen will, sollte ihren Ursprung kennen. Das trifft umso mehr auf Ausbilder zu, die in der Lage sein sollten, ihren Studenten Rede und Antwort zu stehen. Die Kapitel zu Bereitschaftshaltungen, Nachladetechniken und dem einhändigen Bedienen einer Pistole wurden zu großen Teilen neu geschrieben. Zu einem Schwerpunkt wurde der Abschnitt „Grundübungen und Standards". Hier werden dem Leser wenig komplexe und effektive Trainingsmöglichkeiten aufgezeigt.

Auch die 2. überarbeitete und ergänzte Auflage möchte die einzelnen Umschreibung von Combatschießen, Verteidigungsschießen, kampfmäßiges Schießen, Angriffsschießen unter dem Oberbegriff „Taktischer Schusswaffengebrauch" subsumieren. Unabhängig von der Wortwahl verfolgen all diese Begrifflichkeiten dasselbe Ziel: Eine Konfrontation mit einem oder mehreren Opponenten mittels Verwendung von Schusswaffen für sich zu entscheiden und danach den Ort des Geschehens aus eigener Kraft verlassen zu können. Um nicht mehr und nicht weniger geht es.
Ziel des Buches ist es, grundlegende Taktiken des Feuerkampfes und Erkenntnisse, die in Ausbildungsfragen während der vergangenen Dekade gesammelt werden konnten, kompakt aufzuarbeiten. Es erhebt nicht den Anspruch auf Vollständigkeit und will auch keine vorhanden Publikationen ersetzen, sondern lediglich ergänzend wirken. Der

Schwerpunkt liegt bei Taktik und bei der Inkooperation von Taktik und Ausbildung.

Es wird sich zeigen, dass der taktische Einsatz einer Schusswaffe nicht nur auf das schnelle Schießen an sich reduziert werden darf. Weitere Fähigkeiten, die den Ausgang einer bewaffneten Konfrontation beeinflussen, sind beispielsweise Beobachtungsgabe, Siegeswille, das Wissen um ballistische Wirksamkeiten verschiedener Waffen und um taktische Grundsätze und neben einer Vielzahl anderer Faktoren natürlich auch eine grundsolide Schießausbildung.

Bringt man diese Punkte in ein Ordnungssystem ein, lassen sich vier Ausbildungsfelder für ein realitätsnahes Schießtraining ableiten:

→ Mindset
→ Tactic
→ Skill
→ Gear

oder sinngemäß ins Deutsche übertragen:

→ Psyche
→ Taktik
→ Fertigkeiten und Techniken
→ Ausrüstung

Die Kapitelstruktur des Buches entspricht der Gliederung dieser vier Teilbereiche und baut darauf auf. Die Reihenfolge der Aufzählung ist nicht willkürlich gewählt, sie entspricht einem allgemeingültigen Schema. Es lässt sich auf den amerikanischen Schießausbilder Massad Ayoob und den britischen SAS-Soldaten John „Lofty" Wiseman zurückführen. Wiseman bezeichnet sein Modell als Vital-Pyramide. Vermutlich wurden beide Modelle gleichzeitig und unabhängig voneinander entwickelt. Der Erkenntnisgewinn ist jedoch derselbe.

Im ersten Teil des Buches wird eine Begriffsdefinition des Wortes Bewusstseinshaltung vorgenommen. Das Training der Psyche, ist das am schwierigsten in die Ausbildung zu integrierende Teilgebiet. Es ist ein sehr abstraktes Feld der Ausbildung und wird daher gern vernachlässigt. Im Allgemeinen lässt sich das Teilgebiet in drei Bereiche unterteilen: Wahrnehmungsfähigkeit, Selbstkonditionierung und das Wissen um mögliche psychische Folgen eines Kampfes.

Neben den sieben Prinzipien der Selbstverteidigung wird auch auf Jeff Coopers Farbcode eingegangen, Merkmale eines Angriffs und Täterpsyche werden besprochen. Am Ende von Teil I wird versucht, das Krankheitsbild der posttraumatischen Belastungsstörungen bzw. Stressbewältigungsstörung jenseits von populärwissenschaftlichen Einflüssen darzustellen.

Der Taktikteil bildet den Schwerpunkt dieser Publikation. Es werden methodische Ansätze zur Herleitung und Weiterentwicklung von taktischen Regeln beschrieben, die wichtigsten taktischen Prinzipien erläutert und im realitätsnahen Kontext dargestellt. Besonderes Augenmerk wird auf Begriffe wie O.O.D.A.-Loop und Wyatt-Protokoll gerichtet. Außerdem wird sehr ausführlich auf die Trainingsmethode des Force-on-Force eingegangen.

Aus Gründen der Übersichtlichkeit wurde das Themengebiet Fahrzeugtaktik ausgeklammert. Ebenso werden Teamtaktiken beim Vorgehen von Raum zu Raum und medizinische Erstversorgung von Schusswunden im Sinne von TCCC (Tactical Combat Casualty Care) nicht näher betrachtet.

Mit einer für den taktischen Schusswaffengebrauch zweckmäßigen Schießausbildung befasst sich Teil III des Buches. Methodisch sinnvoll wird dabei zwischen elementaren Grundfertigkeiten und speziellen Schießtechniken unterschieden. Visierbild, Haltepunkt, Abzugskontrolle und Nachzielen bilden für alle Arten des Schießens die Basis. Körperhaltung und Waffenhaltung müssen den Gegebenheiten des taktischen Umfelds angepasst werden. Aus ihnen ergibt sich eine bestimmte Schießtechnik, die sich in wesentlichen Punkten von Schießtechniken des Sportschießens unterscheidet. Die Erklärungen folgen der Lehrmeinung des Modern Isosceles und dem so genannten „Natural Point of Aim“. Bei allen vorgestellten Techniken wird darüber hinaus nach dem Baukastenprinzip verfahren. Wie alle anderen Fertigkeiten, die in bestimmten Situationen das Überleben sichern sollen, so muss auch die Technik des Verteidigungsschießens um drei Schlüsselfaktoren herum aufgebaut werden. Diese drei Schlüsselfaktoren sind die schnelle Erlernbarkeit der Technik, die universelle Einsetzbarkeit und die Stressstabilität bei ihrer Anwendung.

Im Allgemeinen wird der vierte Teilbereich, der sich mit Bewaffnung und Ausrüstung befasst, gern überbewertet. Es ist der Bereich, der dem Leser einer Waffenfachzeitschrift am ehesten nahe gebracht werden kann. Testberichte mit Pro und Contra zu einem speziellen Waffentyp sind allgegenwärtig. Im vorliegenden Buch führt Teil IV jedoch nur Grundsätzlichkeiten aus. Die Inhalte sind auf das Wesentliche beschränkt. Theoretisch betrachtet sind alle Handfeuerwaffen technisch relativ einfache Gebrauchsgegenstände. Die Anforderungen an eine Waffe zur Selbstverteidigung sind relativ simpel. Sie muss a) vorhanden sein, b) zuverlässig sein und c) ihrem Zweck einigermaßen entsprechen. Mit Betonung auf einigermaßen.

Leser, die eine Antwort auf die Frage erwarten, ob sie sich eine Selbstladebüchse von Hersteller X oder von Hersteller Y anschaffen sollen, werden dieses Buch enttäuscht zur Seite legen. Desgleichen wird die Frage nach dem optimalen Verteidigungskaliber unbeantwortet bleiben bzw. gar nicht erst gestellt werden. Das Buch ist an dieser Stelle sehr gebrauchsorientiert.

Alle Teile des Buches sind auch getrennt voneinander zu lesen und zu verstehen. Der Nutzer muss nicht zwangsläufig alle Kapitel von vorn beginnend durchlesen, um den Roten Faden zu behalten. Stellenweise werden sich daher bestimmte Aussagen wiederholen. Durch diese Wiederholungen werden besonders wichtige Elemente in ihrer Bedeutung hervorgehoben und dienen so dem besseren Verständnis.

In der Bundesrepublik Deutschland sieht sich ein Autor, der über den taktischen Gebrauch von Schusswaffen schreibt, einer prekären Situation gegenüber gestellt. Dem angehenden Waffenbesitzer werden zwar im Rahmen seiner Waffensachkundeprüfung gründliche Kenntnisse zum Notwehrrecht abverlangt, die Möglichkeit eines Verteidigungsschießtrainings bleibt ihm allerdings verwehrt. Die bundesdeutsche Waffengesetzgebung billigt derartige Ausbildungsmöglichkeiten nur behördlichen Waffenträgern zu sowie den Zivilisten, die im Sinne des Waffengesetzes dazu berechtigt sind. Die Schießsportverbände achten sehr genau darauf, dass taktische Elemente nicht einmal ansatzweise in die Sportordnungen Einzug halten. Diese angebrachte Distanz zwischen Schießsport und taktischen Schusswaffengebrauch möchte das Buch ebenfalls hervorheben.

Rechtliche Vorgaben und geistige Selbstbeschränkung haben zu beachtlichen rhetorischen Verrenkungen im deutschen Sprachgebrauch geführt. Um das Thema Verteidigungsschießen oder „Combatschießen", wie es populärwissenschaftlich bezeichnet wird, wird gern herum geredet, wie um den heißen Brei. In manchen Publikationen dient der Jäger, der auf dem Weg ins Revier überfallen werden könnte, als alleiniger Rechtfertigungsgrund, erklärende Worte zum Thema Verteidigung mit der Schusswaffe zu verlieren.

Dieses Buch ist in erster Linie für Menschen geschrieben, die an das Recht auf bewaffnete Selbstverteidigung glauben, weil es existiert.

Etwas spezifiziert: Das Buch richtet sich an den Gebrauchswaffenträger, der allein oder in einer Kleingruppe operiert, in einem Umfeld von latenter oder potentieller oder permanenter Bedrohung. Ob es sich dabei um Angehörige von militärischen oder polizeilichen Organisationen handelt oder um den Privatier in der freien Wirtschaft, ist zweitrangig. Das Buch setzt an manchen Stellen Grundkenntnisse voraus und ist ausdrücklich nicht an Waffenneulinge gerichtet.

Es ist nicht für Leute geschrieben, die der festen Überzeugung sind, niemals in eine gewalttätige Konfrontation verwickelt werden zu können, und es ist auch nicht für denjenigen geschrieben, der die Konfrontation sucht, obwohl er sie hätte vermeiden können.

Die private Schießausbildungsszene in den Vereinigten Staaten von Amerika hat sich sehr stark gewandelt und bildet wesentlich realitätsnäher und ernstfallorientierter aus, als das noch vor acht bis zehn Jahren der Fall war. Neue Trainingskonzepte wurden entwickelt und erfolgreich in die Ausbildung implementiert. Beispielsweise kommt man dem gestiegenen Bedarf nach Ausbildung von privaten Sicherheitsmitarbeitern für die verschiedenen Krisengebiete auf dieser Erde nach. Die so genannten Civilian Contractor sind zu einer Hauptzielgruppe der amerikanischen Trainingsindustrie geworden. In Lehrgängen, wie zum Beispiel dem High Risk Civilian Contractor Shooting Package der Firma Tactical Response, werden den Teilnehmern grundlegende Taktiken vermittelt, wie man als Personenschützer beispielsweise in Bagdad oder Kabul zu agieren hat. Als Ausbilder fungieren hierbei regelmäßig Leute, die unmittelbar aus Kriegs- und Krisengebieten zurückkehren und somit ihre meist blutig gewonnenen Erfahrungen direkt an die Kursteilnehmer weitergeben.

Zeitgleich wurde die Notwendigkeit erkannt, jedermann ein solides Maß an Erste-Hilfe-Fähigkeiten zu vermitteln. Wurde bei Schießkursen früher nur auf das Schießen und den Umgang mit der Schusswaffe an sich Wert gelegt, beinhaltet ein Lehrgang heute immer häufiger eine Vorlesung zum Thema Wundversorgung.

Die zweite große Zielgruppe der amerikanischen Schießschulen ist nach wie vor der Durchschnittsbürger; der zivile Einwohner. In den USA stellt der private Waffenbesitz nichts Befremdliches dar. Nach wie vor sind die Ausbildungsmethoden der Schulen darauf ausgerichtet, jedem Einwohner, der das möchte, solide Grundkenntnisse im Umgang mit der Schusswaffe zu vermitteln und – das ist wiederum neu – ihm zu taktische Verhaltensweisen zu erziehen, die das Überleben in einer bewaffneten Konfrontation wahrscheinlicher machen.

Ein Beweis hierfür ist das so genannte Force-on-Force-Konzept. In den vergangen Jahren bei fast allen amerikanischen Schulen verstärkt angewandt, entpuppte es sich als eine hocheffiziente Trainingsvariante. Was in der Welt des Boxens das Sparring ist, ist bei einer taktiklastigen Schießausbildung das Force-on-Force-Training. Es lässt sich am besten übersetzen mit Mann-gegen-Mann. Der hohe Lerneffekt begründet sich in einer unmittelbaren Konfrontation mit einem potentiellen Gegner (wie beim Boxtraining auch). Beide Parteien sind bewaffnet. Es können verschiedene Szenen „nachgespielt" werden, wie sie auch bei realen Feuergefechten auftreten könnten. Eine Vorreiterrolle darf diesbezüglich dem Buchautor und Ausbilder Gabe Suarez zugeschrieben werden. Er war einer der ersten, der Force-on-Force-Training in das Programm seiner Schule aufnahm. Von den Ergebnissen seiner nahezu wissenschaftlichen Untersuchungen zum Thema „Force-on-Force" können seine Lehrgangsteilnehmer im besonderen Maße profitieren. Diese innovativen und realitätsnahen Ausbildungsmethoden haben der US-Szene zur Führungsrolle im Weltgeschehen verholfen. Das Buch orientiert sich daher an der in den USA vorherrschenden Lehrmeinung. Im Literaturverzeichnis sind relevante Titel gelistet, deren Studium empfehlenswert erscheint.

Das Training des sicheren und praxisorientierten Umgangs mit einer Schusswaffe sollte für jeden Waffenbesitzer zu einer Selbstverständlichkeit werden. Nur weil man sich eine Gitarre gekauft hat, heißt das nicht zwangsläufig, dass man auch Gitarre spielen kann. Nur weil man eine Schusswaffe erworben hat, heißt das nicht zwingend, dass man diese auch bedienen kann. Leider erliegen immer noch zu viele Waffenbesitzer dieser Fehleinschätzung. Sicherheitsverstöße, fehlerhafte Körper- und Waffenhaltungen sowie mangelhaftes Wissen um Ballistik und Einjustieren eines Gewehrs könnten durch die Teilnahme an einem Schießkurs vermindert werden.

Das Selbstladegewehr nimmt aufgrund seiner Feuerkraft im taktischen Schusswaffengebrauch die Stellung der Primärwaffe ein. Die Kurzwaffe – in den meisten Fällen eine Selbstladepistole – die Stellung der Sekundärwaffe. Die Flinte wird den Primärstatus im direkten Vergleich mit einem Selbstladegewehr nicht erreichen, ist aber dennoch aufgrund ihrer Ballistik im taktischen Schusswaffengebrauch einer Pistole überlegen und aufgrund der Bandbreite an verwendbarer Munition auch ein Multifunktionswerkzeug.

Blaufelden im Januar 2011

Henning Hoffmann

Die Psyche

1.1 Die Psyche als Voraussetzung zum Sieg

„How many people are you willing to kill to bring us home?" (Paul Howe)

Schon der Umfang des Buches macht es deutlich: Schnelles Betätigen des Abzugs allein reicht nicht aus, um im taktischen Schusswaffeneinsatz erfolgreich agieren zu können.

Es ist auch oder vor allem die mentale Bereitschaft zum Kampf, die entwickelt werden muss.

Im amerikanischen Sprachgebrauch wird dieser Teilbereich der Ausbildung als „Mindset" bezeichnet. „Mindset" ist die Grundlage von allem. Ins Deutsche übertragen geben die Begriffe Bewusstseinshaltung, Einstellung oder mentale Kampfbereitschaft am treffendsten wieder, um was es dabei geht. Paul Howe, ein ehemaliger Master Sergeant der amerikanischen Spezialeinheit Delta Force und Einsatzteilnehmer in Mogadischu 1993, beschreibt in seinem Buch „Leadership and Training for the Fight"(1) diese mentale Kampfbereitschaft als die Fähigkeit, auch in Hochstressphasen gelassen und konzentriert agieren zu können und nicht aus Angst, Furcht, Schrecken oder Verwirrung folgenschwere Fehler zu begehen. Ohne die richtige Bewusstseinshaltung ist keine Selbstverteidigung möglich. Sie ist oberste Priorität, aber auch am schwersten auszubilden. Aufmerksamkeit, Erkennen der Gefahr, Wille zur Abwehr, all das sind Voraussetzungen dafür, einer tödlichen Bedrohung überhaupt entkommen zu können.

Das Training der Psyche ist das am schwierigsten in die Ausbildung zu integrierende Teilgebiet. Es ist ein sehr abstraktes Feld der Ausbildung und wird daher gern vernachlässigt. Stellt man sich jedoch die psychische Anspannung vor, die während einer bewaffneten Konfrontation eintritt, wird deutlich, warum gerade das Training der Psyche ein elementarer Bestandteil einer taktischen Schießausbildung sein sollte. Zur Erhöhung der psychischen Festigkeit eines Waffenträgers existieren verschiedene Methoden und Instrumente. Im Allgemeinen lässt sich das Teilgebiet in drei Bereiche unterteilen: Wahrnehmungsfähigkeit, Selbstkonditionierung und das Wissen um mögliche psychische Folgen eines Kampfes.

Instrumente zur Steigerung der Wahrnehmungsfähigkeit sollen dazu dienen, mögliche Gefahren rechtzeitig zu erkennen. Wird eine Gefahr rechtzei-

(1) Vgl. Howe, Paul, Leadership and Training for the Fight

tig erkannt, besteht unter Umständen die Möglichkeit, ihr aus dem Weg zu gehen. Besteht diese Möglichkeit nicht mehr, lässt sich so zumindest das Schreckensmoment nachhaltig reduzieren. Es ist erwiesen, dass ein Schreckensmoment großen Einfluss auf die Konfrontation hat. Je unerwarteter man mit einer Gefahr konfrontiert wird, desto größer ist dieser Einfluss. Im schlimmsten Fall kann das zu panikähnlichen Reaktionen führen. Das System des Farbskala nach Jeff Cooper ist hier ein bewährtes Hilfsmittel, um Beobachtungsgabe sowie das Einnehmen von situationsbezogenen mentalen Bereitschaftsstufen zu schulen.

Maßnahmen zur Selbstkonditionierung durch mentale Vorwegnahme der möglichen Ernstfallsituation gehören zum zweiten Bereich der Bewusstseinsentwicklung. Der menschliche Körper reagiert in Hochstressphasen anders als im Alltag. Adrenalin, Bewusstseinsverengung und der Verlust feinmotorischer Fähigkeiten beeinflussen unsere Verhaltensweisen. Der Wille zur Gegenwehr bzw. zum Sieg lässt sich allerdings nicht dadurch erlernen, dass man beim Lesen dieser Zeilen nur zustimmend nickt. Man sollte sich darüber im Klaren sein, dass eine gewalttätige Konfrontation noch niemals ohne Eigenschaften wie z.B. Gewaltbereitschaft und kontrollierter Aggression gewonnen wurde. Das kommt in den sieben Prinzipien der Selbstverteidigung zum Ausdruck, die ebenfalls von Jeff Cooper entwickelt wurden.

Der Umgang mit möglichen mentalen Folgen und Problemen nach einer Konfrontation gehört zum dritten Bereich. Posttraumatischer Stress und die daraus resultierende krankhafte posttraumatische Stressverarbeitungsverstörung sind zu einem ernstzunehmenden Faktor geworden. Dennoch sollte darüber hinaus aber anerkannt werden, dass nicht jede Gewalterfahrung und jedes belastende Ereignis zwangsläufig zu einem Traumata oder gar zur posttraumatischen Belastungsstörung führen muss.

1.2 Farbskala nach Jeff Cooper

„Never go out in Condition White" (Jeff Cooper)

Gewalttätige, bewaffnete Konfrontationen ereignen sich nicht jeden Tag. Selbst in Regionen mit überdurchschnittlicher Gefährdungslage nicht. Daher muss ein System entwickelt werden, mit dem sich die Beobachtungsgabe sowie das Einnehmen von situationsbezogenen mentalen Bereitschaftsstufen schulen lassen. Ein System, das es erlaubt, sich selbst jeweils in eine Bewusstseinshaltung zu versetzen, in der man von einem bevorstehenden Angriff nicht mehr überrascht wird, sondern unverzüglich geeignete Gegenmaßnahmen ergreifen kann.

Das bekannteste System ist der Farbcode nach Jeff Cooper. Jeff Cooper war Offizier des US Marine Corps und leistete nach seiner Pensionierung Pionierarbeit im Verteidigungsschießen. Ob er der Erfinder des Farbcodes ist, ist nicht gewiss. Jedenfalls modifizierte er ihn zu einer Form, die noch heute Verwendung findet.

Innerhalb dieser Farbskala wird jeder der vier mentalen Zustände, die ein Mensch während einer Konfrontation einnehmen kann, durch eine Farbe symbolisiert. Die Farben sind: Weiß, Gelb, Orange und Rot. Sie sind entsprechend der Eskalationsstufen angeordnet, die in einer Auseinandersetzung mehr oder weniger chronologisch durchlaufen werden. Die Reihenfolge dieser Bewusstseinszustände ist dabei jedoch nicht zwingend. Einzelne Stufen können weniger stark ausgeprägt sein oder ganz übersprungen werden. Sich dieser Eskalationsstufen erstens bewusst zu werden und sie zweitens sinnvoll in die Ausbildung zu integrieren, erhöht die Erfolgsaussichten, eine bewaffnete Konfrontation entweder zu vermeiden oder für sich zu entscheiden.

Zustand Weiß

„Weiß" steht für den Bewusstseinszustand, den man hat, wenn keinerlei Gefährdung wahrgenommen wird und auch nichts auf eine bevorstehende Auseinandersetzung hindeutet. Die Aufmerksamkeit ist auf irgendetwas gerichtet, was rein gar nichts mit einer Kampfsituation zu tun hat. Eine Suche nach Gefahren findet nicht statt. „Weiß" bedeutet aber nicht zwangsläufig, dass man sich im Zustand der Ruhe befindet, sondern kann auch eine konzentrierte Tätigkeit bedeuten, bei der man seine Umwelt nicht wahrnimmt. Eskalationsstufe „Weiß" sollte nur in den eigenen vier Wänden vorherrschen. Sobald man sich außerhalb der eigenen vier Wände bewegt, ist automatisch in Eskalationsstufe „Gelb" zu wechseln.

Zustand Gelb

„Gelb“ ist ein Zustand der erhöhten Aufmerksamkeit. Es findet eine aktive, permanente Suche nach Gefahrensignalen statt. Man nimmt seine Umwelt aktiv wahr, beobachtet Personen im näheren Umfeld und kennt die Vorgänge hinter sich. Konkrete Anhaltspunkte für eine Gefahr bestehen aber noch nicht. In diesem Bewusstseinszustand sollte sich jedermann befinden, sobald man sich in der Öffentlichkeit bewegt.

Zustand Orange

„Orange“ tritt ein, wenn durch Beobachten ein Gefahrensignal wahrgenommen wurde und Aufmerksamkeit auf sich zieht. Die Konzentration darf aber nicht nur auf den einen Punkt der potentiellen Gefahr beschränkt bleiben, sondern muss sich auch weiterhin auf 360° der Umgebung ausdehnen. „Orange“ beinhaltet auch konkrete Überlegungen zu Handlungsweisen und Handlungsalternativen, falls wirklich ein Angriff stattfindet. Bei dieser Eskalationsstufe hat sich das Gefahrensignal aber noch nicht als echte Gefahr erwiesen. In den meisten Fällen wird sich die vermutete Gefahr auch nicht als real erweisen. Ein ständiger Wechsel zwischen „Gelb“ und „Orange“, zwischen erhöhter Aufmerksamkeit und konzentriertem Beobachten einer Auffälligkeit ist daher alltäglich.

Zustand Rot

Ein Gefahrensignal hat sich als echte Gefahrenquelle erwiesen. Man ist sich sicher, dass ein Angriff unmittelbar bevorsteht. Man ist bereit zum Kampf, die Schusswaffe ist mitunter schon gezogen und befindet sich in der Hand. Dennoch ist eine Deeskalation hin zu „Orange“ und „Gelb“ jederzeit möglich. Beim Durchlaufen der Eskalationsstufen von „Gelb“ hin zu „Rot“ hat man mitunter keine körperlichen Anstrengungen unternommen. Alles ist lediglich mental passiert. Allerdings mit der Gewissheit, dass man jederzeit körperlich hätte agieren können, wenn es die Situation erfordert hätte.

Kritik am Modell und Erkenntnisgewinn

Aus der Farbskala nach Jeff Cooper lassen sich keine konkreten Handlungsanweisungen für ein Feuergefecht ableiten. Das Modell hat lediglich verhaltensbeschreibenden, deskriptiven Charakter. Wie alle Modelle vereinfacht es zunächst die komplexen Zusammenhänge der Realität, um sie überschaubar zu machen und Grundzusammenhänge erkennen zu können. Da aber kein Modell die Vielfalt der in Wirklichkeit herrschenden Faktoren, Prozesse und Abläufe wiedergeben kann, muss es immer mit Abstraktion und Annahmen arbeiten. Der Erkenntnisgewinn im Modell der Farbskala liegt aber nicht nur darin, die mentalen Zustände eines Menschen in Ruhe-, Vorkonfrontations- und Konfrontationsphase durch verschiedene Farben zu beschreiben. Sondern hier wurde ein Werkzeug geschaffen, das zum gezielten Training genutzt werden kann, um nicht mental völlig unvorbereitet einer Auseinandersetzung gegenüber zu stehen. Ein Werkzeug, das zur Sensibilisierung gegenüber Gefahren beiträgt. Im täglichen Leben ist die Aufmerksamkeit häufig auf andere Dinge gerichtet als auf die Suche nach eventuellen Gefahren und die Vorbereitung auf ein Feuergefecht. Angesichts der geordneten Verhältnisse in Mitteleuropa ist das auch nicht verwunderlich. Die Notwendigkeit, hier ein Feuergefecht führen zu müssen, ist verschwindend gering. Dementsprechend gering ist der Aufmerksamkeitsgrad und die Eskalationsstufe, mit der man durchs Leben geht. Aber allein schon das Wissen um die Systematik des Farbcodes, veranlasst darüber nachzudenken, ob man sich nicht doch zu oft in „Condition White“ in der Öffentlichkeit bewegt, beispielsweise beim Einkaufen im Supermarkt oder viel schlimmer als Kraftfahrer im Straßenverkehr.

Sich selbst zu trainieren, ist allerdings sehr einfach. Der bewusste Wechsel von „Weiß“ zu „Gelb“ zu „Orange“ kann in Alltagssituationen problemlos durchgeführt werden. Der Wechsel zu „Rot“ zu Trainingszwecken könnte unter Umständen überzogen sein und beispielsweise im Supermarkt längere Erklärungsversuche nach sich ziehen.

Um beim Beispiel Einkaufen zu bleiben: Es muss sich nicht immer um eine Gefahr in Form eines bewaffneten Angreifers handeln. Auch eine Gefahr durch Ausbruch eines Feuers in öffentlichen Gebäuden ist möglich und in der Bundesrepublik derzeit noch wahrscheinlicher als ein Schusswaffenangriff. Als Trainingseinheit kann man sich daher im Gebäude von „Gelb“ in „Orange“ versetzen und aktiv nach Notausgängen suchen, für den Fall, dass ein Brand ausbrechen sollte.

Eine weitere sehr passende Anwendung des Farbcodeprinzips findet beim Autofahren statt. Die Person hinter dem Lenkrad darf sich niemals in „Condition White“ befinden, sondern immer im Zustand „Gelb“, um ständig auf Anzeichen möglicher Gefahren achten zu können. Ein Wechsel zum Zustand „Orange“ findet immer dann statt, wenn eine Gefahr im Straßenverkehr erkannt wurde. Der Kraftfahrzeugführer stellt Bremsbereitschaft her. Allein durch diese Maßnahme lässt sich die Reaktionszeit im Ernstfall verkürzen. Entpuppt sich die vermeintliche Gefahr als nicht real, findet die mentale Deeskalation zurück zum Zustand „Gelb“ statt. Ein permanenter Wechsel zwischen „Gelb“ und „Orange“ sollte im Straßenverkehr zum Standardverhalten werden.

Auch wenn diese Hinweise teils hanebüchen klingen, so geben sie dennoch eine gewisse Vertrautheit damit, höhere Eskalationsstufen einzunehmen. Regelmäßiges Training führt zu einer Form der Automatisierung. Wer sich jedoch nie mit dem Farbcode beschäftigt hat und das Umschalten in höhere oder niedrigere Bewusstseinsgrade nie trainiert hat, wird vermutlich auch im Ernstfall zu spät oder gar nicht daran denken und mit der ungünstigsten aller Möglichkeiten konfrontiert werden: Nämlich dem Wechsel von „Weiß" zu „Rot". Hierbei kann von einer gesteuerten Anpassung der mentalen Bereitschaftsstufen keine Rede mehr sein. Beim Wechsel von „Weiß" zu „Rot" überwiegt das Schreckensmoment. Panikähnliche Verhaltensweisen in Verbindung mit einer Wahrnehmungsentkopplung werden in den meisten Fällen die Folge sein.

Letztlich gibt Jeff Coopers Farbcode nur ein Gerüst dazu, den mentalen Aufmerksamkeitsgrad situationsbezogen anzupassen. Das Bewusstsein dafür zu entwickeln, auf mögliche Konfrontationen vorbereitet sein zu wollen, ist Sache jedes einzelnen.

1.3 Die sieben Prinzipien der Selbstverteidigung

„Der Staat darf die Selbstverteidigung nicht erschweren durch Verbot der Waffen und ihres Gebrauchs, da, wo er offenbar doch nicht schützen kann."
(Johann Gottlieb Fichte)

Ebenfalls Jeff Cooper war es, der in seinem Buch „Principles of Personal Defense"[(2)] sieben Charaktereigenschaften herausgearbeitet hat, die in Verteidigungssituationen maßgeblich zum Tragen kommen und noch heute – über 30 Jahre nach Erstveröffentlichung – uneingeschränkt Gültigkeit besitzen. Während Coopers Farbcode als Instrument verstanden werden sollte, die eigene Wahrnehmungsfähigkeit zu schärfen, handelt es sich bei den sieben Prinzipien der Selbstverteidigung um ein Instrument, sich selbst zu konditionieren. Jeff Cooper macht mit seinen sieben Prinzipien deutlich, dass eine Waffe zu besitzen oder eine Waffe mit sich zu führen, noch kein Garant dafür ist, einer Selbstverteidigungssituation auch gewappnet zu sein.

Cooper selbst sagte, seine Ausführungen würden an manchen Stellen überspitzt und melodramatisch klingen. Habe man diese Verhaltensweisen allerdings einmal verinnerlicht, nehme man sie wahr, wie den angelegten Si-

(2) Vgl. Cooper, Jeff, „Principles of Personal Defense", Paladin Press, Colorado, 1989

cherheitsgurt beim Autofahren oder einen Feuerlöscher: Es ist beruhigend, um die Existenz zu wissen, auch wenn man dergleichen nicht jeden Tag anwenden muss.

Cooper stellt folgende Charaktereigenschaften in den Mittelpunkt:

- → Aufmerksamkeit
- → Entscheidungswille
- → Aggressivität
- → Schnelligkeit
- → Selbstbeherrschung (Bei der Verwendung von Schusswaffen: Präzision)
- → Rücksichtslosigkeit
- → Überraschungseffekt

Das Prinzip Aufmerksamkeit ist eine Zusammenfassung der Erkenntnisse, welche im System des Farbcodes vermittelt wurden. Von einem Angriff überrascht zu werden, ist die schlechteste aller Varianten. Deshalb sollte man sich, wie schon beschrieben, eine permanente und situationsbedingte Beobachtungsgabe anerziehen. Entscheidungswille ist eine Eigenschaft, die sich im Alltagsleben mehr und mehr zurückentwickelt hat. Selbst in Wirtschaft und Politik wird immer häufiger versucht, Probleme auszusitzen anstatt eine Entscheidung zu treffen. Den Konsequenzen einer möglichen Fehlentscheidung durch Passivität aus dem Weg zu gehen, scheint in vielen Bereichen Lebensmaxime geworden zu sein. Aussitzen oder Abwarten sind aber keine Optionen in Selbstverteidigungssituationen oder anderen Gefahrensituationen, in denen Untätigkeit jede Lage nur weiterhin verkomplizieren würde. Die Bedeutung des Wortes Aggressivität wird in der Gesellschaft gern missinterpretiert und zu oft mit cholerischem Verhalten gleichgesetzt. Aggressivität ist aber dennoch weit mehr, sie ist eine Hauptantriebskraft allen menschlichen Handelns. Aggressivität und Gewaltbereitschaft ermöglichen es überhaupt erst, einen Gegenangriff zu starten. Im engen Zusammenhang damit steht die Schnelligkeit. Abwehrmaßnahmen haben plötzlich zu erfolgen, nahezu explosionsartig. Zu langes Überlegen und Zögerlichkeit in der Verteidigung werden immer nur dem Angreifer nützen. Napoleon sagte sinngemäß: „Möglich, dass ich eine Schlacht verliere, aber ich werde niemals auch nur eine Minute Zeit verlieren." Schnelles Handeln setzt aber immer einen schnellen Entscheidungsprozess voraus. Der Prozess von Beobachten – Entscheiden – Handeln kann als kontinuierlicher Kreislauf angesehen werden und ist auch als O.O.D.A.-Loop bekannt (Kapitel 2.5). Dieser Kreislauf findet beim Angreifer gleichermaßen statt. Dessen O.O.D.A.-Loop zu unterbrechen, ist das Ziel schnellen Handelns. Selbstbeherrschung bedeutet, unter allen Umständen die Nerven zu behalten. In Situationen, in denen

Schusswaffen verwendet werden, bedeutet dies auch Präzision. Die Fähigkeit, in Ausnahmesituationen Ruhe zu bewahren, ist nicht jedem in die Wiege gelegt. Dennoch ist auch diese Eigenschaft trainierbar, z.B. durch das Ausüben von Sportarten, bei denen man sich bewusst einer Gefahr aussetzt, so beispielsweise Fallschirmspringen, Tauchen oder Bergsteigen. Durch die Möglichkeit Stresssymptome an sich selbst beobachten zu können, erlangt man eine gewisse Vertrautheit mit ihnen. Rücksichtslosigkeit ist ebenso wie Aggressivität eine Eigenschaft, die in der zivilisierten Gesellschaft mit Missbilligung gestraft wird. In einer Verteidigungssituation ist Rücksichtslosigkeit jedoch essentiell. Es ist schlichtweg unangebracht beim Beginn einer Verteidigungssituation darüber nachzudenken, weshalb man vom Täter ausgesucht wurde, was für ein Mensch der Täter ist oder welche Ereignisse in dessen Leben ihn zu einem Kriminellen haben werden lassen. Der Täter hat mit Beginn des Angriffs eine Grenze des menschlichen Zusammenlebens überschritten. Er muss mit aller Rücksichtslosigkeit vom Erfolg seiner Handlung abgehalten werden. Der Überraschungseffekt ist das erste Prinzip für einen Angriff. In der Liste der Prinzipien zur Verteidigung steht er an letzter Stelle. Für gewöhnlich muss man das strategische Privileg der Überraschung immer dem Angreifer zugestehen. In der Verteidigungshandlung ist es dennoch möglich, einen taktischen Überraschungseffekt zu erzielen, indem man das tut, was ein Angreifer am wenigsten erwartet – sich wehren: Aggressiv, entschlossen, schnell und rücksichtslos, aber ohne dabei den Kopf zu verlieren.

1.4 Täterpsyche

"An armed society is a polite society. Manners are good when one may have to back up his acts with his life." (Robert A. Heinlein)

Ein weiterer Schritt bei der Entwicklung einer gesunden Bewusstseinshaltung ist, der Tatsache Rechnung zu tragen, dass nicht alle Menschen auf der Erde gut sind. Es wird immer einen kleinen Teil geben, der nicht gewillt ist, sich allgemeingültigen gesellschaftlichen Normen zu unterwerfen, sondern der versuchen wird, sich auf Kosten anderer zu bereichern. Menschen, die bereit sind, zum Erreichen dieses Ziels ein erhebliches Maß an Gewalt anzuwenden. Menschen, denen es egal ist, ob sie anderen Schmerzen zufügen oder eine Familie zerstören. Dieser Typus ist bereit, für den Inhalt der Geldbörse zu töten, oder tötet wahllos, um beispielsweise in der Hierarchie einer Straßengang aufzusteigen. Die Frage ist nicht, OB man ein Opfer von Gewaltkriminalität werden kann, sondern die Frage ist, WANN dieser Fall eintritt. Jeder Bürger kann in eine gewalttätige Konfrontation verwickelt und Opfer eines Raubüberfalls werden. Ist die Wahrscheinlichkeit in den meisten Regionen der BRD und deren Anrainerstaaten auch als gering einzuschätzen, gibt es dennoch keinen Schutzbrief dafür, dass man einen Überfall von vornherein und für immer ausschließen kann.

Aber: Gewaltverbrecher sind nicht dumm. Unter Umständen verdienen sie sogar mit Raub, Diebstahl und anderen Straftaten ihren Lebensunterhalt. So gesehen darf man ihnen unterstellen, sich in ihrer Branche sehr gut auszukennen und ihr Handwerkszeug zu beherrschen. Sie werden niemals einen Angriff starten, solange sie nicht absolut sicher sein können, den Vorteil auf ihrer Seite zu haben. Kein Angriff beginnt plötzlich, er setzt immer eine Beobachtungs- oder gar Aufklärungsphase voraus. Kein Angreifer sucht den fairen Kampf, sondern immer nur leichte Beute. Er wird immer aus dem Hinterhalt agieren, einen oder mehrere Begleiter haben und/oder eine waffentechnische Überlegenheit sowie schlechte Sichtverhältnisse für sich nutzen wollen. Allerdings wird ein Angreifer schon von vornherein von seiner Tat ablassen, wenn er das auserkorene Zielobjekt als wehrhafte Person einschätzt. Auch ein Taschendieb möchte aus seinem Broterwerb den größtmöglichen Nutzen bei geringstem Aufwand ziehen. Er hat sich berufsbedingt eine überdurchschnittliche Beobachtungsgabe und Menschenkenntnis angeeignet. Bevor er zur Tat schreitet, stellt er sich zwei Fragen: Hat diese Person etwas, was ich gebrauchen könnte? Und: Welchen Aufwand macht es mir, demjenigen das wegzunehmen?

Auf beide Fragen hat man auch als Durchschnittsbürger erheblichen Einfluss. Grundsätzlich ist es zu vermeiden, im öffentlichen Straßenbild Geld zu zählen oder andere Wertgegenstände zur Schau zu stellen. Zum anderen kann man mittels Körpersprache, wie aufrechten Gang und einer bewusst dargestellten situationsbedingten Aufmerksamkeit einen Täter abschrecken. Im günstigen Fall wird der Dieb für sich einschätzen, dass ihm der Aufwand, um an seine Beute zu kommen, zu hoch ist. Er wartet einige Minuten, bis das nächste Opfer vorbeikommt, bei dem er leichteres Spiel hat.

So zumindest der theoretische Denkansatz. Ausnahmen bestätigen auch in diesem Bereich die Regel. Nähert sich der Angreifer dennoch, sollte man ihm durch eine aggressive Körpersprache zu verstehen geben, dass man ihn zur Kenntnis genommen hat und bereit ist, sich zur Wehr zu setzen. Dadurch hat der Angreifer seinen größten Vorteil – nämlich den Überraschungseffekt – eingebüßt.

1.5 Kontrollierte Agression

„It never troubles the wolf how many the sheep may be."

(Sir Francis Bacon)

Der Aufbau einer „kontrollierten Aggression" ist der Schlüssel für die Bewusstseinshaltung und die psychische Stärke, überhaupt einen Kampf führen zu können. Das Gesamtpaket aus Furcht, Angst, aber auch Entschlossenheit und dem Selbstvertrauen, welches aus einer soliden taktischen Ausbildung herrührt, muss sich in einem Energiefluss kanalisieren, der einzig und allein auf Erringung des Siegs ausgerichtet ist. Jeder Mensch hat diesen einen Schalter im Kopf, durch dessen Umlegen sich Aggression aufbauen lässt. Dieser Schalter wird jedoch gern versteckt, da das Zeigen von Aggressionen in der so genannten zivilisierten, auf Toleranz und Humanismus ausgerichteten Gesellschaft als ein Fauxpas herabgewürdigt und mit Abscheu betrachtet wird.

Aggression wird allgemein als feindseliges Verhalten definiert, das die eigenen Interessen unter Verletzung der Interessen des Gegenübers durchzusetzen versucht[3]. Aggressionen haben arterhaltende Funktion und

(3) Vgl. Lorenz, Das sogenannte Böse – Zur Naturgeschichte der Aggression

sollen, in Form von Flucht oder Angriff, in erster Linie das Überleben sichern. Und um nichts anderes geht es: Überleben eines Kampfes – in diesem Falle eines Feuerkampfes.

Dabei reicht es allerdings nicht aus, in seiner persönlichen Vorbereitung davon auszugehen, dass alle Angreifer sofort die Waffen strecken werden, sobald sie mit einem Mindestmaß an Gegenwehr konfrontiert werden. Vielmehr bedeutet persönliche Vorbereitung, immer davon auszugehen, dass es ein harter Kampf wird. Dass man auf den einen Gegner trifft, der sich erbittert zur Wehr setzen wird, weil er über eine ähnliche mentale Bereitschaft zum Kampf verfügt.

In diesem Zusammenhang darf eine andere Problematik nicht außer Acht gelassen werden: Die Wahrscheinlichkeit verletzt zu werden, unter Umständen sogar schwer verletzt zu werden. In einem Feuergefecht gibt es keine Auszeit, nur weil der bzw. einer der Verteidiger verwundet worden ist. Selbst bei einem perfekt platzierten Fausthieb während einer Schlägerei, ist die Gefahr der Selbstverletzung enorm hoch. Nicht anders verhält es sich beim Einsatz von Schusswaffen. Folgerichtig sollte im Bewusstsein nicht nur verankert sein, dass man verwundet werden könnte, sondern man sollte davon ausgehen, dass man verwundet wird. Gleichzeitig ist im Kopf ein Notfallplan zu entwickeln, wie im Falle der eigenen Verwundung weiterverfahren werden soll. Die Verteidigungshandlung einzustellen, ist keine Option. Auch bei einer erlittenen Verwundung ist die erste Regel, weiterzukämpfen, zurückzuschießen und den Gegner zu neutralisieren. Der zweite Schritt ist, sich um die Verwundung zu kümmern. Wer ist in diesem Fall als Ersthelfer am besten geeignet? Der Verwundete selbst. Die Statistik äußert sich an dieser Stelle eindeutig: 80% aller durch Schüsse Verwundeten überleben. Bei einem Großteil der restlichen 20% ist zu hoher Blutverlust die Haupttodesursache. Legt man diese Statistik zugrunde, reicht es zu diesem Zeitpunkt der Erstversorgung aus, über fundierte Kenntnisse des Stoppens von Blutungen zu verfügen. In den allermeisten Fällen, selbst auf dem modernen Schlachtfeld ist es möglich, binnen kurzer Zeit eine weiter reichende Wundversorgung durch Fachpersonal zu erhalten.

Weiterkämpfen um jeden Preis oder Statist der Leitungslösung?

Leider ist das Abbrechen der Verteidigungshandlung aus verschiedenen Gründen sogar im Training zu oft der Fall. Durch mangelnde Konsequenz in der Übungsabfolge werden falsche Verhaltensweisen einstudiert. Ein typisches Negativbeispiel mit fatalen Folgen ist das Duellsystem MILES. Die übenden

Soldaten tragen Lasermodule an ihrer Gefechtsausrüstung. Werden diese Module von einem Laserstrahl getroffen, der von einer präparierten Schusswaffe ausgesandt wird, ertönt ein Piepton. Für den Übungsleitenten ist dadurch erkennbar, wer getroffen wurde. Der Piepton ist für den Übenden das Signal, seine Kampfhandlung einzustellen. Er ist „außer Gefecht gesetzt“. Ganze Generationen von Soldaten wurden durch dieses Ausbildungssystem sowohl mental als auch physisch darauf konditioniert, sofort aufzugeben, sobald sie getroffen wurden. Ein großer Fehler. Außer Acht gelassen wird dabei nämlich völlig der Schweregrad der Verletzung. Trotz Verwundung ist ein Weiterkämpfen in vielen Fällen möglich, allerdings wird mit MILES und ähnlichen Systemen bei den Übungsteilnehmern permanent eine falsche Verhaltensstruktur eingeschliffen. Richtig jedoch wäre, bei den Übenden eine Mentalität für das „Weiterkämpfen unter allen Umständen“ zu entwickeln, anstatt sie zu Statisten für die so genannte Leitungslösung zu degradieren. Die Bundeswehr nutzt seit Mitte der 1990er-Jahre den so genannten Handwaffenduellsimulator AGDUS. Bei dieser Weiterentwicklung ist eine Klassifizierung der Verwundung theoretisch möglich.

Im taktischen Training, sei es bei Militär, Polizei oder im Privatbereich, darf keinem Übungsteilnehmer die Wahl gelassen werden, die Verteidigungshandlung nach eigenem Ermessen einzustellen, solange eine auch noch so geringe Wahrscheinlichkeit auf Gegenwehr durch den Angreifer bestehen könnte. Wichtig ist, den Schalter im Kopf zu finden und weiterzukämpfen um jeden Preis.

Ein anderes Beispiel: Wie viele Leute betreiben eine Kampfsportart? Je moderner, exotischer und vor allem um gewalttätige Elemente bereinigter diese ist, desto besser. Kontrollierte Gewaltausübung und bewusste Gewalterfahrung stehen schon lange nicht mehr im Mittelpunkt dieser so genannten Kampfsportarten. Vielmehr ist der zahlende Durchschnittsbürger in den Fokus gerückt, der beim rhythmischen Hopsen in der Gruppe, eine sensationelle Steigerung seines Selbstwertgefühls zu erfahren glaubt. Seine zahlende Kundschaft möchte kein Kampfsportguru dadurch vertreiben, dass er sie am Ende einer Trainingseinheit mit Platzwunden und gebrochenen Rippen nach Haus schickt. Also wird auf sanft gemacht und suggeriert, es sei alles nur eine Frage der Technik. Dann könne auch die Theologiestudentin im Zweikampf über den 100-kg-Kneipenschläger triumphieren. Diese Art der Suggestion führt zu einer falschen, teils sogar gefährlichen Bewusstseinsentwicklung. Keines dieser Kampfsportindividuen wäre wegen des Mangels an Gewaltausübung und Gewalterfahrung im Training einer realen Konfrontation gewachsen.

1.6 Adrenalin

„Be kind. Everyone you encounter is fighting battles you have no awareness of." (Quelle unbekannt)

Will man sich möglichst realitätsnah auf eine bewaffnete Konfrontation vorbereiten, sollte man sich zumindest theoretisch damit auseinandergesetzt haben, dass der Körper in Situationen extremer psychischer Belastung anders reagiert als im Alltag. Ohne die sofortige Entfaltung von Eigenschaften, wie Aggressivität und Gewaltbereitschaft, hat vermutlich noch nie jemand eine gewalttätige Auseinandersetzung für sich entscheiden können. Unabhängig davon, ob dabei Schusswaffen zur Anwendung kamen oder es nur ein Handgemenge oder eine Schlägerei war.

Eine Bedrohung versetzt den Körper in eine Alarmreaktion, die ihn auf die Anwendung von Gewalt vorbereitet. Der Körper beginnt mit der Ausschüttung von Stresshormonen. Das bekannteste ist Adrenalin. Adrenalin ist ein Neurotransmitter, dessen Ausschüttung durch Nervenimpulse über die Nebennieren erfolgt. Diese körpereigene Droge erhöht den Blutzuckerspiegel und die Pulsfrequenz, steigert die Grundspannung in der Muskulatur sowie die Blutgerinnungsfähigkeit.

Der hohe Blutzuckerspiegel führt zur Bereitstellung von schnell verfügbaren Energieträgern im Muskel. Auch der höhere Pulsschlag und die Steigerung des Herzminutenvolumens bewirken eine höhere körperliche Leistungsfähigkeit. Die Verdauungstätigkeit reduziert sich. Stoffwechselprozesse, die sonst auf Energiespeicherung und Energieverwertung ausgerichtet sind, werden kurzfristig auf die Bereitstellung von Energiereserven eingerichtet. Durch die höhere Muskelgrundspannung steht mehr Sofortkraft zur Verfügung und das Verletzungsrisiko ist wesentlich geringer. Das äußerlich erkennbare „Zittern am ganzen Leib" ist eine Folge dieser erhöhten Muskelspannung und klingt manchmal erst mehrere Stunden später wieder ab. Adrenalin bewirkt auch eine Verengung der Kapillaren und verbessert die Blutgerinnungsfähigkeit. Bei Eintritt einer möglichen Verletzung wird der Blutverlust somit vergleichsweise gering gehalten. Adrenalinausschüttung hat in diesem Fall eine unmittelbare Auswirkung auf die Überlebenschancen.

Der Phase der erhöhten Leistungsfähigkeit folgt eine vergleichbar stark ausgeprägte Ermüdungsphase. Der Energieumsatz der Muskulatur war unter dem Einfluss von Adrenalin um ein Vielfaches höher als im Normalfall. Die Muskeln sind ausgebrannt. Meistens ist der Körper auch eine Sauerstoffschuld eingegangen. Kurzatmigkeit sowie das Zittern von Händen und Knien können unter Umständen bis in die Erholungsphase hinein andauern. Mit dem Abbau des Adrenalins im Blut schwindet auch die relative Schmerzunempfindlichkeit. Der Erschöpfungszustand ist dem nach Teilnahme an einem sportlichen Großereignis sehr ähnlich.

Die Folgen, die ein derartiger Adrenalinschub auf den menschlichen Körper und den gesamten Bewegungsapparat hat, sollten nicht leichtfertig unterschätzt werden. Pulssteigerung, Blutdrucksteigerung, die Erhöhung der Muskelgrundspannung und nicht zuletzt die akute Neigung zum Zittern haben unmittelbaren Einfluss auf die Anwendbarkeit bestimmter Schießtechniken. Nicht jede Technik, die im Training hervorragend funktioniert, ist auch für den Erstfall geeignet. Techniken, die sich großteils auf feinmotorische Bewegungsabläufe stützen, werden unter dem Einfluss eines Adrenalinschubs aller Voraussicht nach versagen. Wie alle anderen Fertigkeiten, die in bestimmten Situationen das Überleben sichern sollen, so muss auch die Technik des Verteidigungsschießens um drei Schlüsselfaktoren herum aufgebaut werden. Der erste Schlüsselfaktor ist die schnelle Erlernbarkeit der Technik, der zweite ist die universelle Einsetzbarkeit und der dritte die Stressstabilität bei ihrer Anwendung.

1.7 Posttraumatische Belastungsstörung (PTBS) / Stressverarbeitungsstörung

"Do not pray for easy lives. Pray to be stronger men. Do not pray for tasks equal to your powers. Pray for powers equal to your tasks."

(Phillips Brooks)

Als deutsche Übersetzung des englischen Fachterminus posttraumatic stress disorder (PTSD) hat sich die Bezeichnung Posttraumatische Belastungsstörung (PTBS) eingebürgert. Dieser Begriff ist jedoch nicht immer differenziert genug und birgt wortsemantische Missverständnisse. Treffender wäre die Bezeichnung Posttraumatische Stressverarbeitungsstörung. Oder noch besser: Verarbeitungsstörung von posttraumatischem Stress. Posttraumatischer Stress ist auf ein traumatisierendes Ereignis zurückzuführen, dass mitunter schon mehrere Monate oder gar Jahre zurück liegt. Deshalb „post"-traumatisch. Dieser posttraumatische Stress ist aber weder ungewöhnlich noch Krankheitsbild. Vielmehr ist er eine normale Reaktion des Körpers, eine wie auch immer geartete Gewalterfahrung zu verarbeiten. Erst wenn die Selbstheilungskräfte des menschlichen Körpers nicht mehr ausreichen, um diesem Stress Herr zu werden, liegt eine „disorder", eine Verarbeitungsstörung vor, die zu ernsthaften gesundheitlichen Problemen führen kann und auch als Krankheitsbild anerkannt ist. Aber nicht jedes belastende Lebensereignis ist gleichbedeutend mit einem Trauma, welches zu einer Belastungsstörung oder besser Stressverarbeitungsstörung führen muss.

Die Traumaforschung hat in den vergangenen beiden Dekaden einen enormen Erkenntnisgewinn erfahren. Dass Gewalteinwirkung verschiedene Auswirkungen auf die menschliche Psyche haben kann, ist seit längerem bekannt. Aber erst seit Anfang der 1980er-Jahre wird in der Medizin durch gezielte Forschungsarbeit der Tatsache Rechnung getragen, dass Gewalterfahrungen in Verbindung mit anderen Phänomenen zu einer Traumatisierung des menschlichen Bewusstseins führen können. Pionierarbeit auf diesem Gebiet leistete und leistet immer noch der Holländer Onno van der Hart. Im deutschsprachigen Raum sind auf dieses Thema spezialisierte Experten zum Beispiel Manuela Huber und Hochauf / Unfried. Die Ausführungen zu PTBS in diesem Kapitel stützen sich weitgehend auf Forschungsergebnisse der vorgenannten Personen. Es wird versucht, diese Forschungsergebnisse im Kontext zum Schusswaffengebrauch im taktischen Umfeld darzustellen. Unglücke und Naturkatastrophen bilden daher nicht den Untersuchungsschwerpunkt, sondern bewusst verursachte zwischenmenschliche Gewalt. Aufgrund der Komplexität und der Fülle an Informationen zu Posttraumatischen Belastungsstörungen kann dieses Buch nur einen kleinen (aber hoffentlich wesentlichen) Teil wiedergeben. Es wird daher kein Anspruch auf Vollständigkeit erhoben.

Die Ursachen - Wahrnehmungsentkopplung

Ein breiter Konsens in der Psychotraumatologie herrscht bei der Ursachenforschung zum Entstehen von Belastungsstörungen. Demnach führen Gewalterfahrungen im körperlichen, aber auch emotionalen Sinne im Zusammenhang mit einem Wahrnehmungsabriss zu einer Traumatisierung. Ein Wahrnehmungsabriss tritt immer dann auf, wenn Ängste so groß werden, dass sie das bewusste Erleben einer Situation unmöglich machen und dabei nicht selten in Todesangst gipfeln. Es ist dabei unerheblich, ob das Ereignis zeitlich punktuell oder über einen bestimmten Zeitraum abläuft. Eine Wahrnehmungsentkopplung findet auf dem Höhepunkt des Stresserlebens statt und mündet meist in einem Schock. Die Forschung ist sich darüber einig, dass eine Wahrnehmungsentkopplung zwangsläufig zu einer Traumatisierung führen muss. Weniger klar definiert ist hingegen, in welchem Ausmaß Gewalteinwirkung stattgefunden haben muss, um eine Traumatisierung hervorzurufen.

Die Auswirkungen

Die Medizin unterscheidet in drei Traumatisierungsgrade[4]: Die einfache Posttraumatische Belastungsstörung, die chronisch-komplexe und als dritter Grad die dissoziative Identitätsstörung. Im Jahr 1940 beschrieb Charles Myers erstmals, wie sich die Persönlichkeit von Soldaten im Ersten Weltkrieg durch die Kriegstraumatisierungen in eine „Anscheinend Normale Persönlichkeit" (ANP) und eine „Emotionale Persönlichkeit" (EP) aufspaltet. Diese Aufspaltung einer Persönlichkeit ist Kriterium, um den Schweregrad der traumatischen Belastungsstörung zu definieren und eine Erfolg versprechende Therapie zu organisieren. Der Komplexitätsgrad I, die einfache PTBS, besteht aus einer ANP und einer EP. „Einfach" bedeutet in diesem Fall, das Trauma, welches die Verarbeitungsstörung hervorgerufen hat, ist nur einmal und zeitlich eng begrenzt aufgetreten. Diesem Schweregrad werden sehr gute Heilungschancen zugesprochen.
Wenn es sich um mehrere Traumata handelt, die länger andauern und von brutaler Natur sind, kann sich die Persönlichkeit des Opfers aufspalten in eine „Anscheinend Normale Persönlichkeit" ANP, welche den Alltag regeln muss, und mehrere „Emotionale Persönlichkeiten" EP's. So kann zum Beispiel eine EP den größten Teil der Angst und der Schmerzen aus der traumatischen Erfahrung enthalten, eine andere EP die Wut des Täters und wieder eine anderer Teil eine depersonalisierte Beobachterhaltung. Man spricht hier von der chronisch-komplexen PTBS.

Der dritte Schweregrad beschreibt eine strukturelle Dissoziation, die auftritt, wenn es für das Opfer aufgrund von langjährigen und schweren traumatischen Erfahrungen notwendig war, mehrere alltagstaugliche Persönlichkeiten (ANP) und mehrere emotionale Persönlichkeiten (EP) zu entwickeln. In diesem Fall liegt eine dissoziative Identitätsstörung vor. Die beiden wichtigsten Symptom-Cluster der PTBS sind das Wiedererleben des Traumas und die dauerhafte Vermeidung von Reizen, die mit dem Trauma zu tun haben.

(4) Vgl. van der Hart, Onno, Michaela Huber, „Die Phobie vor dem Trauma überwinden", Trauma und Gewalt, 1/2007

Die Symptome

Erkannt wurde, dass Ignoranz des gesamten Krankheitsbildes regelmäßig eine Quelle der Retraumatisierung für die Opfer sein kann oder gar als Multiplikator wirkt. Moderne Traumatherapie ist heute gut strukturiert und folgt einem konsequenten und überprüfbaren Behandlungsmodell.

Symptome von PTSD sind unter anderem:

- → Depressionen, Angst, Panikstörungen
- → Psychotische Entgleisungen
- → Chronische, psychosomatische Schmerzstörungen
- → Ausgeprägte körperliche Beschwerden, wie z. B. Entzündungsherde im Körper
- → Selbstverletzendes Verhalten
- → Impulskontrollstörungen
- → Fremdaggression und Autoaggression
- → Abnorme Sexualität
- → Aber auch Überwachheit und seismografische Fähigkeiten, Situationen vorwegzunehmen

Insbesondere in populärwissenschaftlichen Abhandlungen wird gern suggeriert, jedes der genannten Merkmale hätte Alleinstellungscharakter und jeder Mensch, der ein oder mehrere Symptome aufweist, sei an Stressbewältigungsstörung erkrankt. Was grundsätzlich falsch ist. Alle aufgeführten Symptome können, einzeln und in Kombination, ebenso bei gesunden, nicht traumatisierten Menschen auftreten. Selbst der vorübergehende Verlust von Konzentration, Wechsel im Aufmerksamkeitsfokus oder andere Bewusstseinszustände wie Tagträumen, Imagination, verändertes Zeitgefühl und tranceartiges Verhalten sind per se keine Anzeichen für PTSD und Dissoziation(5). Konzentrations- und Schlafstörungen können auch Symptome für die Selbstheilungskräfte des Körpers sein, der versucht, ein belastendes Lebensereignis zu verarbeiten.

Eine Frage, die auch von der aktuellen Forschung nur unzureichend beantwortet werden kann, ist die Tatsache, weshalb ein und dasselbe Ereignis bei mehreren Personen unterschiedlich stark ausgeprägte Traumata hervorrufen kann. Ein Anschlag auf einen Fahrzeugkonvoi beispielsweise, der von allen Beteiligten mit gleicher Intensität wahrgenommen werden sollte, bewirkt bei der einen Person eine Stressverarbeitungsstörung, die zur Arbeitsunfähigkeit führt und auch weitestgehend ein normales Leben unmöglich macht. Bei einer anderen Person löst sie lediglich eine einfache Posttraumatische Belastungsstörung aus. Eine dritte Person leidet zwar zeitlich begrenzt unter posttraumatischen Stress, bleibt jedoch von Krankheitssymptomen verschont.

Die Forschung vermutet, dass unterschiedliche Grade der Vortraumatisierung zu unterschiedlichen Graden der Stressverarbeitungsstörung führen. Eine Vortraumatisierung kann entweder gezielt herbeigeführt werden oder sie tritt willkürlich durch bestimmte Lebensumstände teilweise auch vom Betroffenen unbemerkt ein.

PTSD am Beispiel des Vietnamkriegs

Unbestritten ist, dass während der Ausbildung zu militärischen Spezialverwendungen und teils sogar in konventioneller soldatischer Ausbildung eine gezielte Vortraumatisierung bzw. Konditionierung stattfindet und angewandt wird. In den 1950er-Jahren schockierte eine Studie die Militärs. Der US-amerikanische Militärhistoriker Brigadegeneral S.L.A. Marshall wollte durch Befragungen von Teilnehmern des Zweiten Weltkriegs herausgefunden haben, dass nicht mehr als 15% bis 20% aller amerikanischen Soldaten, die an der Hauptkampflinie auf den Schlachtfeldern Europas und Asiens eingesetzt waren, ihre Waffen abgefeuert hatten[(6)]. Auch wenn diese Zahlen durch andere Historiker stets angezweifelt wurden, entbehren sie dennoch nicht der wissenschaftlichen Grundlage in der Herleitung. Eine vergleichbare Studie aus dem Koreakrieg brachte eine Steigerung dieser Rate auf 50% zu Tage. Im Vietnamkrieg sollen es 90% gewesen sein. Diese Steigerung wird auf eine veränderte Schießausbildung zurückgeführt. Mehr und mehr wurde die 10er-Ringscheibe durch Zielmedien mit menschlicher Silhouette ersetzt. Die Veränderungen von taktischen Gegebenheiten auf dem Gefechtsfeld wurden in das Schießtraining implementiert, wodurch es sukzessive an Realitätsnähe gewann. Die Ausbildung wurde begleitet von einer systematischen Entmenschlichung des Gegners; in diesem Falle des Vietcongs. Die amerikanischen Soldaten wurden darauf programmiert, die Hemmschwelle zum Töten leichter zu überwinden. Sie sollten das Gegenüber nicht mehr als Mensch wahrnehmen, sondern lediglich als ein Objekt, das es zu neutralisieren galt. Eine Trainingsmethode, die auch als „programming“ oder „operant conditioning“ in die Geschichte eingegangen ist. Die hohe Rate des Handwaffeneinsatzes von 90% im Vietnamkrieg zeugt von einem gewissen Erfolg bei diesem methodischen Vorgehen. Allerdings mit ungeahnten Folgen. In seinem Buch „On Killing“ führt der Autor Dave Grossman aus, dass die meisten Vietnamveteranen zwar in Kampfhandlungen verwickelt waren, viele von ihnen aber nie einen Soldaten der Gegenseite getötet ha-

(5) Vgl. Huber, Michaela, Strukturelle Dissoziation, 2006

(6) Vgl. Grossman, Dave, On killing, Back Bay Books, New York, 1996

ben. Er kommt zu dem Schluss, das nicht der Kampfeinsatz in Vietnam allein das Traumata verursachte, sondern vor allem das Ausbildungsprogramm, welches drei Ziele verfolgte: Eine Entmenschlichung des Gegners, operative Konditionierung und das methodische Überwinden der natürlichen Hemmschwelle gegenüber dem Töten. Somit ist zumindest das hohe Maß an posttraumatischem Stress erklärbar, dem die Veteranen des Vietnamkriegs ausgesetzt waren. Die Entwicklung hin zur krankhaften stress disorder, der Stressverarbeitungsstörung, wurde darüber hinaus durch zwei Tatsachen begünstigt: Zum einen gab es keine Institution, die sich der heimkehrenden Soldaten annahm, um sie in irgendeiner Art zu resozialisieren. Das Problem wurde nicht erkannt bzw. von vornherein ignoriert. Zum anderen stellt Grossman in seinem Buch weiterhin fest, dass mangelnde gesellschaftliche Unterstützung und Anerkennung als ein Multiplikator auf den Grad der Traumatisierung wirkt. Die Veteranen wurden schlicht und ergreifend allein gelassen, bzw. sie stießen aufgrund der stark um sich greifenden Antikriegsbewegung sowie allgemeiner Kriegsmüdigkeit der amerikanischen Bevölkerung auf direkte Ablehnung und massives Unverständnis.

Auch wenn die Amerikaner mit ihrem Trainingsprogramm etwas über das Ziel hinausgeschossen waren, muss anerkannt werden, dass eine Vorbereitung auf bewaffnete Konfrontationen oder gar Kampfeinsätze einer gewissen Konditionierung bedarf. Konditionierung erhält die Handlungsfähigkeit eines Individuums auch dann aufrecht, wenn sich die Wahrnehmung aufgrund hohen psychischen Drucks verengt und feinmotorische Fähigkeiten eingeschränkt werden, wie es in Kampfsituationen aller meistens der Fall sein wird.

Bekennt sich eine Gesellschaft dazu, eine Armee zu haben, muss sie auch akzeptieren, dass die Angehörigen dieser Armee bis zu einem bestimmten Grad instrumentalisiert werden und in letzter Konsequenz das tun werden, was Soldaten schon seit Jahrtausenden tun: Töten. Nicht ohne Grund heißt es, man erkenne den moralischen Wert einer Gesellschaft daran, wie sie mit ihren Soldaten umgeht, die aus einem Krieg heimkehren.

Post-Traumatic Stress Disorder

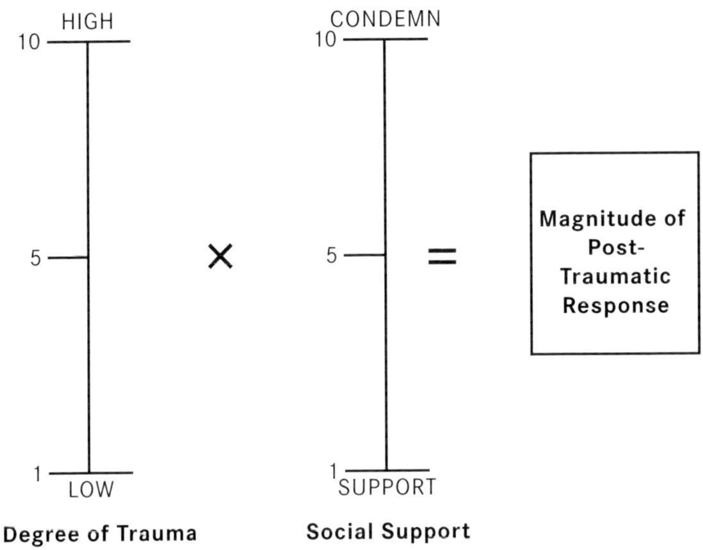

Der Zusammenhang zwischen Traumatisierungsgrad und sozialem Rückhalt in Familie und Gesellschaft für das Entstehen von PTSD[7].

(7) Vgl. Dave Grossman, On killing, Back Bay Books, New York 1996

Taktik

2.1 Begriffsdefinition Taktik

„Kein Plan ist so gut, dass er den ersten Feindkontakt übersteht."
(General von Moltke)

Taktik bzw. die taktische Vorgehensweise als solche ist in aller Munde und zu einem Modewort geworden. Der Anwendungsbereich der Taktik beschränkt sich dabei aber keineswegs nur auf den Schusswaffengebrauch. Egal, ob es um Schach, Skat, Tennis oder das erfolgreiche Verkaufsgespräch geht, überall wird eine „richtige Taktik" proklamiert. Sogar in Sachen Taktik des Ehekriegs und Taktik der Verführung wurden Publikationen veröffentlicht. Taktik muss daher immer eng mit einer Handlung verbunden sein; und zwar einer Handlungsweise, durch die man sich bei der Zielerreichung einen Vorteil erhofft. Dieser Vorteil kann sich beispielsweise darin äußern, dass man sein Ziel überhaupt erreicht oder dass man es schneller erreicht als ein Gegner bzw. Mitwettbewerber. In der Regel greift man dabei auf empirisch, experimentell oder kognitiv erworbene Erkenntnisse zurück, die in einem persönlichen Ordnungssystem als richtig oder falsch definiert werden. Es wird versucht, aus einem Erfahrungsschatz heraus unter Einflussnahme auf räumliche und zeitliche Parameter zielgerichtet und nicht willkürlich zu handeln. Die Hauptzielgruppe dieses Buches sind Gebrauchswaffenträger, welche allein oder als Mitglied einer Kleingruppe dem Risiko ausgesetzt sind, einen Feuerkampf führen zu müssen. Völlig sekundär ist dabei, ob es sich um Angehörige der Bundeswehr handelt, die sich im Auslandseinsatz einer ultima ratio Situation gegenübersehen, oder um bewaffnete Beamte bei Polizei oder Zoll, oder dem Private Military Contractor, der im Krisengebiet als hochspezialisierte Sicherheitsfachkraft seinen Dienst versieht.

Die nachfolgend beschriebenen taktischen Applikationen sind für alle oben genannten Gruppen gleichermaßen anwendbar. Denn Grundsätze der Taktiklehre sollten so allgemein wie möglich gehalten werden. Die Proklamation von dogmatischen Regeln geht zu Lasten der generellen Einsetzbarkeit dieser Verhaltensweisen. Jede Spezifikation kann diese Universalität einschränken und zum Nachteil ausarten. In der Taktiklehre sollte nie nach dem theoretischen Optimum für eine bestimmte Situation gesucht werden, sondern nach einem praktikablen Maximum für den allgemeinen Fall.

Taktik ist ein System von Prinzipien und Regeln, die den Erfolg in einer bewaffneten Konfrontation wahrscheinlicher machen als rein zufälliges Handeln.

Taktik ist ein konstanter Prozess im Denken und Handeln, um unter gegebenen Umweltbedingungen die beste Entscheidung treffen zu können. Es gibt dabei nicht den einen richtigen Weg. Sinnvolle taktische Verhaltensweisen erhöhen nur die Erfolgswahrscheinlichkeit, geben aber nie eine Erfolgsgarantie.

Taktik äußert sich zu jeder Zeit in einem Kompromiss. Im taktischen Vorgehen paart sich gesunder Menschenverstand mit Fachwissen.

Taktik beschreibt alle Handlungsweisen, die zur Zielerreichung erforderlich sind und gemeinhin durch folgende Faktoren determiniert werden: Den Auftrag, gegnerische Kräfte, eigene Ressourcen, die Umgebung sowie der zur Verfügung stehende Zeitansatz.

Im rein militärischen Sinn wird Taktik als Kriegskunst bezeichnet. Als die Lehre von der Führung der Truppen beim Zusammenwirken der verbundenen Waffen im Gefecht sowie die praktische Anwendung dieser Lehre(8). Taktik bezieht sich dabei immer auf die zeitlichen und räumlichen Parameter eines Gefechts. Militärisch grenzt sie sich von operativem und strategischem Handeln ab und kann zu diesem sogar im krassen Gegensatz stehen.

(8) Vgl. Wörterbuch zur Sicherheitspolitik, Mittler Verlag, Hamburg, 2000

2.2 Wie Taktische Regeln entstehen

„Don't be a good Target!"(Quelle unbekannt)

In einem Feuergefecht sind alle taktischen Regeln auf die vier Elemente Entfernung, Bewegung, Deckung und Kommunikation (sofern im Team operiert wird) rückführbar. Auch in anderen gewalttätigen Konfrontationen besitzen diese Faktoren große Bedeutung. Aber insbesondere bei der Verwendung von Schusswaffen sollten alle Bestrebungen den Zweck verfolgen, kein gutes Ziel darzustellen. Welches Ziel ist leichter zu treffen? Ein nahes oder ein weiter entfernt stehendes? Ein statisches oder eines, das sich in Bewegung befindet? Ein Ziel, das in voller Größe sichtbar ist, oder zum größten Teil durch einen anderen Gegenstand verdeckt wird? Diese unspezifischen Fragen sind leicht zu beantworten und könnten als Grundlagen für die Herleitung von taktischen Verhaltensweisen herangezogen werden. Mit der

Kenntnis und der Umsetzung dieser vier Elemente hat man sich eine solide Ausgangsposition für die allermeisten Konfrontationen geschaffen.
Taktische Regeln sind aber keine Naturgesetze. Sie sind Konstrukte, die aus einem gedanklichen Prozess herrühren und ständig weiterentwickelt werden. Die Basis für das Entstehen als auch das Weiterentwickeln sind Erfahrungen, Beobachtungen und logische Überlegungen. Um auf komplexe Situationen besser vorbereitet zu sein, macht es sich manchmal erforderlich, weiterführende Taktiken zu entwickeln. Bei diesen standardisierten Verhaltensweisen läuft man allerdings Gefahr, sich zu sehr zu spezialisieren und dabei die universelle Einsetzbarkeit aus den Augen zu verlieren. Oder man erhält durch eine falsche Methodik in der Herleitung völlig unbrauchbare taktische Lösungsansätze.

2.2.1 Vom Gevierthaufen zum Sturmtrupp

Taktische Grundsätze entwickeln sich ständig weiter. Gerade im militärischen Bereich waren und sind sie eng mit der Weiterentwicklung der Kriegskunst und Waffentechnik verknüpft. War im Dreißigjährigen Krieg noch das Geviert eine Erfolg versprechende Taktik, mit der sich Fußtruppen gegen Reiterattacken verteidigen konnten, wurden diese Gewalthaufen mit der Einführung von Feldartillerie obsolet, bzw. zu einer Taktik, die sicher zum Tod führte. Die taktische Formation des Gevierthaufens wurde von Schweizern entwickelt und von deutschen Landsknechten perfektioniert. Die mit langen Spießen bewaffneten Fußsoldaten formierten sich zu einem Karré, welches in der Defensive nach allen Seiten verteidigungsfähig und mit Berittenen nicht zu überrennen war. In der Offensive bekam der Spießerhaufen durch die Masse der in ihm zusammengeballten Kämpfer eine solche Wucht, dass ihm kaum etwas standzuhalten vermochte. Am ehesten ließen sich diese Gevierthaufen mit Artillerie aufbrechen. Wenn sich der Truppenkörper unter Beschuss aufzulösen begann, konnte man ihn mit einer Reiterattacke zersprengen. Mit der Fortentwicklung der Artillerie als eigenständige Kriegskunst sowie verbesserten Gusstechniken konnten Schussfolge als auch Ladung der Kanonen erhöht werden. Aus den in Karrés aufgestellten Gevierthaufen der Landsknechte wurden lang gezogen Truppenkörper, die aufgrund ihrer geringen Tiefe für den Beschuss mit Kanonen weniger anfällig waren. Außerdem ließ sich so das eigene Musketenfeuer viel besser zur Geltung bringen als mit den bisherigen tief gestaffelten Karrés. Eine über lange Zeit bewährte Taktik hatte sich weiterentwickelt. Das Fußvolk ist in eine taktisch flexible Infanterie umgeformt worden[9]. Wiederum die Infanterie war es, die im Ersten Weltkrieg die Weiterentwicklung von taktischen Einsatzgrundsätzen vorantrieb. 1914 waren die Massenheere auf beiden Seiten noch wie aus einem Guss gewesen. Nach ersten schwungvollen Angriffen der deutschen Regimenter bis zur Marne erstarrten die Fronten. Man war mit Kampfformen in den Krieg gezogen, die das feindliche Massenfeuer mit dem Einsatz von Menschenmassen zu überwinden gehofft hatte. Die Heere mussten sich eingraben. Ein zähes Ringen um jeden Meter Boden begann. Der Materialkrieg blieb im Blut und Schlamm stecken. Die Massenheere hatten ihre Wirksamkeit verloren. Mit einer neuartigen Infanterietaktik versuchte man, die festgefahrenen Operationen wieder in Gang zu bringen. Das war die Geburtsstunde der Sturmtrupps. Sturmtrupps waren kleinere Einheiten aus etwa neun Mann bestehend, die sich durch leichte Bewaffnung und hohe Mobilität charakterisierten. Die Angehörigen wurden vermehrt mit Nahkampfmitteln wie Handgranaten, Nebeltöpfen, Pistolen und Maschinenwaffen ausgerüstet und trainierten an besonderen Grabenmodellen im Hinterland. Die hochbeweglichen Sturmtrupps sollten in die gegnerischen Linien eindringen und die feindlichen Gräben aufrollen, unterstützt von der unmittelbar nachfolgenden Infanterie. In den Jahren 1917 und 1918 stellten sich tatsächlich nachhaltige Erfolge durch die Nutzung dieser Taktik ein. Allerdings konnten diese Erfolge auf operativer Ebene im Ersten Weltkrieg nicht mehr genutzt werden. Die konsequente Weiterentwicklung dieser Idee kam erst im Blitzkrieg der Wehrmacht über 20 Jahre später zum Tragen. Die Taktik der Massenheere wurde von der Taktik der kleinen Kampfgemeinschaft abgelöst[10].

Anhand dieser beiden militärhistorischen Beispiele zeigt sich sehr deutlich, dass taktische Regeln keine Naturgesetze sind. Sie unterliegen einer stetigen Fortentwicklung. Drei systematische Vorgehensweisen erscheinen für die Entwicklung bzw. Weiterentwicklung taktischer Regeln sinnvoll: der experimentelle und der empirische Ansatz sowie die kognitive Schlussfolgerung. Alle drei haben Vor- und Nachteile.

(9) Vgl. Münkler, Herfried, Die neuen Kriege, Rowohlt Verlag, Hamburg, 2002

(10) Vgl. Steiner, Felix, Die Armee der Geächteten, Deutsche Verlagsgesellschaft, Rosenheim, 1993

2.2.2 Empirischer Ansatz

Dem empirischen Erkenntnisgewinn sind beim Schusswaffeneinsatz zu Verteidigungszwecken enge Grenzen gesetzt. Bei realen Konfrontationen, bleibt der Lerneffekt regelmäßig auf der Strecke, wenn ein Irrtum tödliche Folgen haben kann. Die erlebten bzw. überlebten Auseinandersetzungen des Einzelnen sind in ihrer Gesamtheit zu gering für den empirischen Lösungsansatz. Es besteht hierbei die Gefahr der zu kleinen Stichprobe. Ein verifizierbares Resultat ist kaum zu erwarten. Darüber hinaus existiert in der realen Welt eine Vielzahl von Einflussgrößen unterschiedlicher Relevanz, von denen Taktik nur eine ist. Sieg oder Niederlage müssen daher nicht immer aus einer richtigen oder falschen Taktik herrühren. Wetterbedingungen, Geländebeschaffenheit, Anzahl, Bewaffnung und Ausbildungsstand der Gegner sind ebenfalls systemrelevante Einflussgrößen. Repräsentative Ergebnisse können nur dann empirisch gewonnen werden, wenn eine ausreichend große Menge untereinander vergleichbarer Vorfälle gegeben ist und die Fragestellung sehr allgemein gehalten wird.

Ein typisches Beispiel hierfür ist die Frage, welche Entfernungen am häufigsten bei Schusswechseln im Polizeidienst oder im privaten Sicherheitssektor vorzufinden seien. Diese Frage wurde durch empirisch aufgebaute Studien[11] des FBI (Federal Bureau of Investigation) und NYPD (New York City Police Departments) unabhängig voneinander beantwortet. Die Ergebnisse beider Studien sind annähernd die gleichen. Die meisten Konfrontationen finden innerhalb einer Entfernung von sechs Metern statt. Ebenso wurde untersucht wie viel Schüsse abgegeben wurden, welche Lichtverhältnisse herrschten, um welche Uhrzeit sich der Vorfall ereignete und so weiter. Die Studie an sich soll hier nicht ausgewertet werden, sondern lediglich als Positivbeispiel für eine empirische Vorgehensweise dienen. Anhand der gewonnenen Erkenntnisse lassen sich jetzt weiterführende taktische Grundlagen herleiten. Beispielsweise sollte die Schießausbildung dieser Nahdistanz von maximal sechs Metern Rechnung tragen. Ist es besser stehen zu bleiben und das Feuer zu eröffnen oder sich zuerst in Richtung einer Deckung zu bewegen? Geschieht diese Bewegung unter der Abgabe von mehreren Schüssen oder nicht? Erscheint ein Training des Schießens während der Bewegung zweckmäßig? Welche Körperhaltung ist sinnvoll? Welche Veränderungen in Bewaffnung und Zusatzausrüstung sollten vorgenommen werden, um auf den empirisch nachgewiesenen Allgemeinfall besser vorbereitet zu sein? Selbst diese kurz gehaltene Darstellung zeigt, wie taktische Regeln erstellt bzw. weiterentwickelt werden können. Wichtig ist dabei, dass auch Bewährtes immer wieder vor dem Hintergrund sich ändernder Rahmenbedingungen hinterfragt wird. Aber niemals dürfen kurzfristige Ereignisse zur Findung von langfristigen Lösungen herangezogen werden. Hier besteht die Gefahr der zu kleinen Stichprobe und darauf folgend eines nicht repräsentativen Ergebnisses.

(11) Vgl. Uniform Crime Report des FBI

2.2.3 Experimenteller Ansatz

In einem Experiment können Umweltbedingungen nachgestellt werden. Störende Einflussgrößen lassen sich gezielt eliminieren, gewünschte Faktoren aber konstant halten. Das Problem der zu geringen Anzahl auswertbarer Fälle wird umgangen, da sich Experimente beliebig oft wiederholen lassen. Der Nachteil des experimentellen Ansatzes liegt im Wesen der Modellbildung an sich. Kein Modell kann die Vielfalt der in Wirklichkeit herrschenden Faktoren, Prozesse und Abläufe wiedergeben und muss daher immer mit Abstraktion und Annahmen arbeiten. Je praxisrelevanter diese Annahmen zu Beginn definiert werden, desto aussagekräftiger wird das Ergebnis sein.

Die experimentelle Erforschung bewaffneter Auseinandersetzungen bedeutet aber nicht, dass sich freiwillige Teilnehmer mit scharfer Munition so lange beschießen, bis ein eindeutiges Ergebnis vorliegt. Vielmehr ist in den vergangen Jahren eine Trainingsmethode in ihren Details derart verfeinert worden, dass sie zur Gewinnung experimenteller Erkenntnisse herangezogen werden kann. Die Rede ist vom Force-on-Force Training. Diese Trainingsmethode ist eine Weiterentwicklung dessen, was auch unter den Begriffen Duell- oder Simulationstraining bekannt ist. Wegen der großen Bedeutung, die Force-on-Force in den vergangenen Jahren erlangt hat, befasst sich Kapitel 2.7 mit den näheren Inhalten.

2.2.4 Kognitiver Ansatz

Entfällt die Möglichkeit ein Experiment anzuwenden, weil der Versuchsaufbau beispielsweise die Grenzen des Vertretbaren und Machbaren sprengen würde, und besteht auch keine Möglichkeit, empirisch Daten zu ermitteln, weil keine ausreichend große Datenbasis vorhanden ist, muss ein anderer Weg des methodischen Vorgehens gesucht werden. Die kognitive Herangehensweise begründet sich im logischen Denken und baut auf einer Fragestellung und den logischen Schlussfolgerungen auf. Der Vorteil dieser Methode liegt in der einfachen Durchführbarkeit und der Unabhängigkeit von unkalkulierbaren Zufällen während eines Experimentes oder der zu kleinen, nicht repräsentativen Stichprobe des empirischen Lösungsansatzes. Nachteilig kann sich auswirken, wenn das Resultat von Anschauungen einzelner Personen dominiert wird. Dennoch brachte der kognitive Ansatz mindestens eine revolutionäre Taktik hervor. Die Vordenker des deutschen Blitzkriegs, Heinz Guderian, Erich von Manstein, Felix Steiner und andere, erkannten den hohen Nutzen von mechanisierten/motorisierten Kräften. Zwischen den Weltkriegen entwickelten sie neue Einsatzgrundsätze für die Panzertruppe. Der Panzer sollte nicht mehr wie im Ersten Weltkrieg nur Unterstützungswaffe für die Infanterie sein, sondern schnelle und tiefe Vorstöße in das Gebiet des Feindes ermöglichen. Diese Taktik konnte schwerlich mittels Experiment hergeleitet werden und empirisch standen zur damaligen Zeit keine auswertbaren Fälle zur Verfügung. Dennoch erwies sich diese rein aus kognitiven Schlussfolgerungen entstandene Taktik als richtig, wie die Operation „Sichelschnitt" und andere militärische Erfolge deutscher Kriegsführung zeigen.

Alle drei Verfahren haben ihre Vor- und Nachteile. In der praktischen Anwendung bei der Entwicklung bzw. Weiterentwicklung von taktischen Regeln wird im Grunde nie eines dieser Verfahren isoliert angewandt. Es wird immer auf eine Kombination aus mindestens zwei oder gar allen drei Verfahren zurückgegriffen. Durch diese Kombination werden zudem Schwachstellen und Risiken des einzelnen Verfahrens ausgeglichen.

2.3 Taktik im Feuerkampf

"Everybody has a plan, till he gets a punch in his face." (Mike Tyson)

Mit taktischen Regeln wird versucht, konkrete Handlungsanweisungen für eine bestimmte Situation mit einer hohen Eintrittswahrscheinlichkeit zu geben. Die Vorhersage, welches Verhalten in einer gegebenen Situation angebracht wäre, ist aber immer nur mit Einschränkungen möglich, da zu viele unbekannte Variablen die Rahmenbedingungen beeinflussen. Besonders in solch komplexen Lagen wie einem Feuergefecht.

2.3.1 Mehrere Gegner

Ein sehr wahrscheinliches Wesensmerkmal in Verteidigungssituationen ist eine Lage mit mehreren Angreifern. Kriminelle suchen nie den fairen Kampf, sondern immer nur leichte Beute. Sie versuchen immer, sich einen Vorteil gegenüber ihrem Opfer zu verschaffen. Dieser Vorteil äußert sich entweder im Überraschungsmoment, sprich Hinterhalt oder im Nutzen von eingeschränkten Sicht- und Lichtverhältnissen oder im Herstellen einer zahlenmäßigen Überlegenheit. Meistens jedoch einer Kombination aus allen genannten Merkmalen.

Wichtig ist die Entwicklung einer Beobachtungsgabe, die den Schützen kritische Situationen frühzeitig erkennen lässt und ihm dadurch frühzeitig die Möglichkeit der Flucht offen lässt. Durch Flucht ist der Kampf gewonnen, bevor auch nur ein Schuss fiel. Im Buch werden Instrumente beschrieben, wie sich Beobachtungsgabe und situationsbezogene Wahrnehmung schulen und verbessern lassen. Jeff Coopers Farbcode, das Wyatt-Protokoll, der O.O.D.A.-Loop oder die sieben Prinzipien der Selbstverteidigung leisten dazu einen sinnvollen Beitrag. Ist Flucht jedoch unter den gegebenen Umständen keine Option mehr, müssen taktische Grundregeln das weitere Verhalten bestimmen. Zum Thema, wie mit mehreren Gegnern umzugehen ist, wurde schon viel Unsinn geschrieben. Einer dieser wenig Erfolg versprechenden Vorschläge aus der Vergangenheit ist, die Gegner durch Eigenbewegung so aufreihen zu wollen, dass sich deren Feuerlinien kreuzen und sie entweder nicht wirken können oder sich gar selbst beschießen. Noch abenteuerlicher ist der Versuch, mit mexikanischer Hüftschusstechnik die Gegner niederhalten zu wollen und einzuschüchtern.

Theoretische Lösungsansätze, die ihren Ursprung ausschließlich in einer kognitiven Herangehensweise haben, sind hier ungeeignet und widersprechen den praktischen Erfahrungen, die beispielsweise auf experimenteller Ebene in zahlreichen Force-on-Force-Durchläufen gewonnen werden können. Force-on-Force lehrt, dass Lagen mit mehreren Gegnern (z.B. drei) durch eine sehr hohe Dynamik geprägt sind und nie länger als fünf bis sieben Sekunden dauern. Nach diesen sieben Sekunden steht ein nicht revidierbares Resultat fest. Der sehr geringe Zeitansatz und die hohe Eigendynamik der Gesamtsituation werden es kaum zulassen, sich die Gegner in einer gewünschten Formation aufzureihen.

Werden Dinge komplex und undurchschaubar, ist es nicht nur im taktischen Schusswaffengebrauch sinnvoll, auf Basiselemente und Grundprinzipien zurückzugreifen. Die vier Grundelemente der Taktik sind: Bewegung, Deckung, Distanz und Kommunikation im Team. Teamtaktische Elemente wie Kommunikation scheiden hier aus, da die Annahme sein soll, nur eine Einzelperson gerät in den Hinterhalt. Distanz zu den Gegnern herstellen, z.B. durch Flucht, wurde als mögliche Option eingangs erwähnt. Hat der Schusswechsel aber bereits begonnen, bleibt nur noch die Anwendung der taktischen Elemente Bewegung und Deckung – und natürlich das Feuer zu erwidern.

Ein vertretbarer Vorschlag ist, die Gegner während eines taktischen Ausweichens einzeln oder paarweise unter Feuer zu nehmen, um deren Vorteil der zahlenmäßigen Überlegenheit zumindest etwas zu kompensieren. Ist selbst ein taktisches Ausweichen nicht mehr möglich, bleiben nur noch das sofortige Aufsuchen einer geeigneten Deckung und der Beginn des Feuerkampfes.

Zum Führen des Feuerkampfes an sich gibt es zumindest eine brauchbare, wenn auch theoretische Herangehensweise. Die allgemeingültige Regel ist, die Gegner gemäß ihrer Gefährlichkeit unter Feuer zu nehmen. Die Beurteilung der Gefährlichkeit eines Angreifers basiert in erster Linie auf der sichtbaren Bewaffnung – der Feuerkraft. Die Feuerkraft allein lässt aber nur teilweise Rückschlüsse auf seine Kampfkraft zu. Darüber hinaus müssten hierzu Faktoren einbezogen werden, die nicht auf den ersten Blick erkennbar sind, wie z.B. der Ausbildungsstand oder der allgemeine Trainingszustand. Im Hinblick auf den geringen Zeitansatz, den eine derartige Begegnung mit sich bringt, kann man auch hier wieder die praktische Anwendbarkeit in Frage stellen. Dennoch erscheint ein Training der Kampfkrafteinschätzung eines Gegners als sinnvoll und sollte in die Ausbildung integriert werden. Es geht aber nicht darum, eine numerische oder prozentuale Klassifizierung bis zur Kommastelle durchzuführen. Ziel der Ausbildung sollte sein, in Sekundenbruchteilen die

Gesamtsituation erfassen zu können und einzuschätzen, wer der gefährlichste Angreifer ist. Dieser ist zuerst zu beschießen. Sieht man sich nur mit einem Gegner konfrontiert, ist es denkbar, diesen mit massivem Feuer in eine Deckung zu zwingen und niederzuhalten. Bei einer Konfrontation mit einer Gruppe von Angreifern ist das höchst unwahrscheinlich. Nachdem der Angreifer mit dem größten Gefährdungspotential zuerst beschossen wurde und hoffentlich neutralisiert werden konnte, ist es lebenswichtig, jeden anderen Gegner mit einem gezielten Schuss unter Feuer zu nehmen und sich nicht auf nur auf einen Angreifer zu konzentrieren. Alles in allem kann es keine einfache Standardantwort auf das komplexe taktische Problem geben, wie mit zahlenmäßig überlegenen Angreifern umzugehen ist.

Die Ausführungen zeigen, dass nicht nur schnelles, treffsicheres Schießen im Feuergefecht von Bedeutung ist, sondern auch die taktischen Elemente Bewegung und Deckung zum Tragen kommen. Mit situativer Aufmerksamkeit und einer ausgeprägten Beobachtungsgabe ließe sich eine Konfrontation mit mehreren Gegnern in manchen Fällen von vornherein vermeiden.

2.3.2 Deckung

Die Zeiten, in denen es als unritterlich galt, im Kampf in Deckung zu gehen, versanken spätestens in den Stahlgewittern des Ersten Weltkriegs zwischen Ypern und Verdun. Seither wurde der hohe taktische Stellenwert von Deckung erkannt und umfassend untersucht. Im deutschen Sprachgebrauch ist die Doppelbedeutung des Worts Deckung nicht so eindeutig, wie im Englischen. Es wird unterschieden zwischen Deckungsmöglichkeiten, die ein Mindestmaß an ballistischem Schutz bieten (engl. Cover) und Deckungen, die lediglich eine Art Sichtschutz darstellen (engl. Concealment). Im Folgenden wird das Wort Deckung ausschließlich im Zusammenhang mit ballistischem Schutz verwandt. Deckung im Sinne von Sichtschutz wird als solcher benannt.

Eine Grundregel ist, nicht erst über mögliche Deckungen nachzudenken, wenn man bereits unter Beschuss liegt. Sobald erste Anzeichen einer Konfrontation erkennbar werden, sollte die Suche nach zweckmäßigen Deckungen beginnen. Dazu können Kenntnisse über ballistische Wirksamkeiten von Handfeuerwaffen hilfreich sein. Ist die Gegenseite z.B. mit einem Jagdgewehr oder gar einem Schnellfeuergewehr ausgerüstet, schmälert das die Bandbreite der brauchbaren Deckungsgelegenheiten ungemein. Der Motorblock eines Autos, dicke Bäume und einfaches Mauerwerk bieten ausreichend Schutz gegen

Postenschrot und die meisten Kurzwaffenkaliber, aber bei Verwendung von 5,56×45 mm oder 7,62×51 mm und aufwärts sollte man in die oben genannten Gegenstände als Deckung nicht zu viel Vertrauen stecken.
Gebräuchliche Gewehrkaliber durchschlagen die Karosse eines (ungepanzerten) Mittelklasse PKW in den allermeisten Fällen ohne Probleme. Nur mit Glück wird das Geschoss abgelenkt bzw. stecken bleiben. Auch Geschossfragmente sind nach dem Durchdringen einer Karosse noch in der Lage, letale Schusswunden zu verursachen. Die Spielfilmweißheit, hinter einem Motorblock wäre man sicher, gilt nur eingeschränkt. Außerdem dürften schon die Abmessungen eines Motorblocks kaum für eine geeignete Deckung ausreichen.
Beschussversuche haben gezeigt, dass ein Geschoss des Kalibers 5,56×45 mm im Zielmedium Karosse zum Überschlagen neigt und so einen Großteil seiner Energie abgibt. Im Gegensatz zur .223 Remington hat die russische 5,45×39 eine Tendenz zum Zerbrechen. Wobei der hintere und härtere Teil des Geschosses kaum an Durchschlagskraft verliert. Ein überdurchschnittlich hohes Leistungspotential besitzt das relativ neue Kaliber 6,8 mm Remington SPC. Es schließt im militärischen Einsatzspektrum gewissermaßen die ballistische Lücke zwischen der .223 Remington und der .308 Winchester.

Eine große Gefahr stellen Querschläger dar. Treffen Geschosse auf Dach oder Motorhaube, werden sie in einem spitzen Winkel nach oben abgelenkt. Insbesondere, wenn zu dicht hinter dem Fahrzeug in Stellung gegangen wird bzw. über das Fahrzeug hinweg geschossen wird, können diese abgelenkten Projektile eine zusätzliche Gefahr für den Verteidiger darstellen. Das Gleiche gilt für Geschosse, die unter dem Fahrzeug auftreffen. Diese können ebenfalls in Form von Querschlägern ein schnelles Ende der Konfrontation herbeiführen.

Entfernung zur Deckung

Ein häufig zu beobachtender Fehler ist eine zu dichte Positionierung hinter der Deckung (engl. crowding cover). Grundsätzlich muss der Abstand zur Deckung so gewählt werden, dass mindestens ein In-Anschlag-Bringen der Waffe gewährleistet bleibt (etwa ein Meter). Außerdem verbessert sich der Blickwinkel des Schützen. Er hat ein größeres Sichtfeld, ohne sich dabei zu sehr aus seiner Deckung exponieren zu müssen. Gibt der Schütze zum Zweck einer Schussabgabe seine Deckung teilweise auf, dürfen nicht mehr Körperteile exponiert werden als unbedingt erforderlich. Im Training sollte das Schießen aus der Deckung heraus zumindest im Stehend- und Kniendanschlag einige Male geübt worden sein. Der beidseitige Kniendanschlag bietet für diese taktische Applikation Vorteile. Er ist stabil und ermöglicht das Wirken aus der Deckung heraus sowohl nach links als auch nach rechts, ohne dabei die stabile Schießplattform aufgeben zu müssen.

Eine Deckung sollte so beschaffen sein, dass sie mindestens eine Ausweichmöglichkeit bietet. Sucht man beispielsweise Deckung in einem Raum, der nur einen Aus- und Eingang hat, nämlich zu der Seite hin, von wo das Feuer des Gegners kommt, wird aus der Deckung schnell eine Falle. Eine Deckung sollte erst dann verlassen werden, wenn man sich für die nächste Deckung entschieden hat. Prämisse muss sein, sich nicht vom Angreifer / von den Angreifern in eine Deckung zwingen zu lassen. Wenn möglich sollte man sich die Option offen halten, die Deckung jeweils nach eigenen taktischen Gesichtspunkten wählen zu können. In der Praxis dürfte diese Forderung aber nicht immer realisierbar sein.
Besteht eine Wahl zwischen Deckung und Sichtschutz, ist die Deckung immer zu favorisieren. Steht eine Deckung nicht zur Verfügung, sondern nur ein Sichtschutz, ist es in jedem Fall zweckmäßiger, diesen zu nutzen und nicht aus offener Stellung heraus zu agieren. Sichtschutz bietet zwar keinen ballistischen Schutz, dennoch wird dem Gegner die Zielerfassung erschwert, wodurch der Angegriffene etwas Zeit gewinnt.

Kontrovers diskutiert wird die Frage nach der Prioritätenreihenfolge. Soll nach Beginn eines Schusswechsels zuerst zurückgeschossen werden, ohne sich zu bewegen, oder soll zuerst eine Deckung aufgesucht werden? Erfolgt die Bewegung hin zur Deckung so schnell wie möglich oder in Verbindung mit zeitgleichem Abwehrfeuer?
Die Antworten können nur lagebezogen gegeben werden. Die am wenigsten Erfolg versprechende Option ist, sich nicht zu bewegen. Statisch das Feuer zu erwidern, erhöht die Wahrscheinlichkeit, selbst getroffen zu werden, überproportional. Die Situation diktiert hier das weitere taktische Verhalten. Befinden sich die Gegner in einer Entfernung jenseits der 25 Meter, sollte so schnell wie möglich eine Deckung aufgesucht und unmittelbar im Anschluss das Feuer erwidert werden. Statistisch ist eine geringere Kampfentfernung jedoch wesentlich wahrscheinlicher. Unter sechs Metern, in den meisten Fällen nicht mehr als drei Metern, sollte die Priorität auf einer sofortigen Ausweichbewegung bei zeitgleichem massiven Abwehrfeuer liegen.

2.3.3 Entfernung

Es war der US-Amerikaner Dennis Teuller, der untersuchte, wie viel Zeit ein durchschnittlich trainierter Schütze benötigt, um seine Waffe zu ziehen und einen gezielten Schuss abzugeben, und andererseits, wie schnell ein körperlich gesunder Mann, bewaffnet mit einem Messer, eine Strecke von sieben Metern überwinden kann. In Anlehnung an den Uniform Crime Report des FBI beziehen sich beide Versuchsaufbauten auf die statistisch erwiesene Sieben-Meter-Distanz für bewaffnete Konfrontationen im urbanen Umfeld. Beide Versuche brachten das Resultat von anderthalb bis zwei Sekunden unter Beachtung des laborähnlichen Versuchaufbaus. Dieser Umstand ist zu betonen, da er den Schusswaffenträger etwas übervorteilt. Er kennt den Versuchsablauf und weiß, dass er die Waffe ziehen muss. Seine Reaktionszeit ist dementsprechend kurz. Für das Ziehen einer verdeckt getragenen Schusswaffe mit anschließendem gezieltem Schuss, dürften anderthalb Sekunden in den meisten Fällen nicht ausreichen.

Die Untersuchung ist als „21-feet-rule" in die Geschichte eingegangen und wurde zu einer wichtigen taktischen Regel im Feuerkampf bzw. bei Konfrontationen mit einem Messerangreifer.

Die Grundaussage der Studie ist, der Messerangreifer wird den Schützen berühren, wenn der erste Schuss fällt. Was zugegebener Maßen ein schlechter Kompromiss ist, da beide Teilnehmer mit einiger Wahrscheinlichkeit tödliche Verletzungen davontragen werden.

Die Schlussfolgerung Teullers war, immer zu versuchen, eine größere Entfernung als sieben Meter zwischen sich und eine Bedrohung zu bringen.

Teullers 21-Fuß-Regel wird heute mancherorts als überholt dargestellt – zu Unrecht. Seine Annahmen und der Versuchsaufbau waren korrekt, seine Ergebnisse repräsentativ, seine Schlussfolgerung richtig. Ein Messer ist mindestens bis zu einer Entfernung von sieben Metern eine Waffe mit nicht weniger tödlichem Potenzial als eine Schusswaffe.

Einzig könnte man seiner Schlussfolgerung unterstellen, dass sie unvollständig ist. Die Umsetzung dieser taktischen Regel im täglichen Leben, ist selten zu bewerkstelligen. Kommunikation und Interaktion im zivilisierten Lebensalltag findet oftmals wesentlich näher statt. Diesen Umstand machen sich auch Kriminelle zu Nutze. Die Entfernung bei einer gewalttätigen Konfrontation wird eher drei Meter betragen oder gar auf eine Armlänge schrumpfen. Mit reiner Waffenwirkung durch Schießen, wird ein Messerangreifer innerhalb dieser Distanz nicht zu stoppen sein. Was wiederum ein weiteres taktisches Element auf den Plan ruft: Bewegung.

Die meisten Angreifer werden eine bewusste und koordinierte Ausweichbewegung ihres Opfers nicht erwarten. Somit durchbricht das Opfer den O.O.D.A.-Loop (siehe Kapitel 2.5) des Angreifers und gewinnt etwas mehr Zeit, die eigene Verteidigung zu organisieren, die Distanz zu vergrößern, in Deckung zu gehen oder die Waffe zu ziehen und zu feuern.

2.3.4 Merkmale eines Angriffs

Aus irgendeinem Grund hat sich eine fremde Person genähert und man wird in ein harmloses Gespräch verwickelt. Der Bauch sagt einem, dass etwas nicht stimmt. Einen Gegenangriff zu starten, wäre unangemessen, da ein rechtswidriger Angriff (noch) nicht vorliegt. Man versucht, sich vom Gegenüber zu lösen und etwas mehr Distanz zu schaffen, allerdings lässt der aufdringliche Kommunikationspartner nicht ab. Vielleicht wirklich nur ein argloses Gespräch eines redseligen Mitbürgers, vielleicht aber auch die Vorbereitungsphase eines Überfalls. Anhand von fünf Kriterien in einer derartigen Situation kann man erkennen, ob ein Angriff unmittelbar bevorsteht. Diese Kriterien können sowohl kombiniert als auch einzeln auftreten:

1.) Das Gegenüber setzt den Fuß des dominanten Beins zurück (meistens rechts), um einen stabilen Stand für den gleichfolgenden Faustschlag zu haben.
2.) Er fängt an, den Kopf nach links und rechts zu drehen, um Ausschau nach etwaigen unliebsamen Zeugen zu halten.
3.) Unter dem Vorwand, sich im Gesicht zu kratzen oder am Kinn zu reiben, hebt der Angreifer seine Arme, um sie in eine günstigere Schlagposition zu bringen.
4.) Das stetige Wiederholen von simplen Phrasen zeigt, dass die Hauptkapazitäten seines Gehirns schon den Überfall gedanklich durchspielen.
5.) Reagiert das Gegenüber nicht mehr auf verbale Anweisungen, hat für ihn der Angriff schon begonnen.

2.3.5 Vorgehen in der Kleingruppe

Eine Kleingruppe mit einem Grundverständnis von taktischen Regeln und deren Umsetzung hat im Feuerkampf gegenüber dem Einzelschützen immer entscheidende Vorteile. Sie ist zahlenmäßig überlegen, besitzt mehr Feuer- oder Kampfkraft und nicht zuletzt auch deswegen einen moralischen Vorteil. Gruppentaktisches Verhalten beginnt bei zwei Personen. Die Erfahrung zeigt, dass selbst zusammen gewürfelte Teams sich sehr schnell aufeinander einspielen. Schon nach wenigen Tagen gemeinsamen Trainings von durchschnittlich erfahrenen und lernwilligen Einzelschützen ist eine enorme Effizienzsteigerung gegeben. Basis des Ganzen sollte aber weiterhin die Triangel der Schießausbildung (Kapitel 3.3) bleiben. Erst wenn der Einzelschütze sicher im Umgang mit der Waffe ist, über ausgeprägte Fertigkeiten bei Waffenmanipulationen verfügt und sich selbst befähigt hat, sein Ziel auch in widrigen oder stressbelasteten Situationen zu treffen, darf die Komplexität durch gruppentaktische Elemente gesteigert werden.

Neben den taktischen Elementen Entfernung, Deckung und Bewegung gewinnt beim Vorgehen in der Kleingruppe der Faktor Kommunikation einen erheblichen Stellenwert. Erst mit einer effektiven Kommunikation lässt sich das volle Potential eines Teams im Feuerkampf umsetzen.

Lehrinhalte eines Teamtrainings sollten unter anderem sein: Die Zielverteilung, die Koordination von Feuer und Bewegung, das gegenseitige Sichern von Vorwärts- oder Ausweichbewegungen und das Bergen sowie die Erstversorgung von Verwundeten.

Erstversorgung

Insbesondere bei Verwundetenlagen handeln selbst erfahrene Soldaten mitunter entgegen taktischer Regeln. Erleidet das Team einen Ausfall, ist die erste Maßnahme, den Feuerkampf fortzusetzen, um den Gegner zu schwächen oder zumindest zu binden. Der Verwundete wird gesichert, und erst dann beginnt die Erstversorgung. Bis zu diesem Zeitpunkt versorgt sich der Verwundete selbst, indem er versucht ein Mindestmaß an Deckung zu erreichen und die Blutung zu stoppen.

Legt man nun die eingangs erwähnte Statistik zugrunde, dass in etwa 80% der durch Schüsse Verwundeten überleben und die restlichen 20% in erster Linie durch zu hohen Blutverlust sterben, reicht es zum Zeitpunkt der Erstversorgung aus, über fundierte Kenntnisse des Stoppens von Blutungen zu verfügen und diese auch anwenden zu können. Zudem ist in den allermeisten Fällen binnen kurzer Zeit, eine weiter reichende Wundversorgung durch Fachpersonal gewährleistet.

Zielverteilung

Die Zielverteilung sollte immer einem Grundschema folgen. Für die kleinste Gruppe, den Zwei-Mann-Trupp, bedeutet das eine Zielverteilung von links (linker Schütze) und von rechts (rechter Schütze) jeweils zur Mitte hin.

Im Vier-Mann-Trupp wird eine Aufteilung der Ziele vorgenommen. Der linke Zwei-Mann-Trupp bekämpft die linke Hälfte der Ziele. Schütze 1 von links beginnend nach inne. Schütze 2 von der Mitte beginnend nach links außen. Der rechte Zwei-Mann-Trupp beschießt analog alle rechts verbliebenen Ziele. Der äußerst rechte Schütze von rechts beginnend nach inne. Sein linker Nebenmann von der Mitte beginnend nach rechts außen.

So ist gewährleistet, dass jedes Ziel von mindestens zwei Schützen unter Feuer genommen wird. Das Schema lässt sich unkompliziert auf einen Acht-Mann-Trupp übertragen. Jedes Teammitglied in einem Acht-Mann-Trupp kennt seinen linken und rechten Nebenmann und damit seine Position im Trupp. Eine Zielverteilung ist so mittels eigenverantwortlichen Handelns machbar und entlastet Kapazitäten des Gruppenführers.

Verbale Kommunikation

Untereinander Verbindung halten und ein ständiger Informationsfluss hin zum Gruppenführer sind von entscheidender Bedeutung. Zum Verständigen sollten eindeutige, aber allgemein verständliche Begriffe verwendet werden. Mit einigen wenigen kurzen Kommandos lässt sich eine Vielzahl von Situationen abdecken. Eine sozial-adäquate Sprache ist hierbei allerdings nicht immer möglich und kann sogar kontraproduktiv sein.

Im amerikanischen Sprachraum haben sich dazu folgende Optionen durchgesetzt:

„Cover!“
: Aufforderung zum Deckungsfeuer bzw. zum Sichern

„Covering“
: verbale Bestätigung

„Move!“
: Aufforderung zum Stellungs wechsel

„Moving“
: verbale Bestätigung

„three-sixty“ (360°)
: Aufforderung zum Sammeln mit Rundumsicherung

Schießtechnik und Ausrüstung

Für Bewegungen im Teamrahmen empfiehlt es sich, die Waffe in Hochanschlag zu nehmen. Dadurch ist eine 360°-Sicherheit gegeben und Teammitglieder werden nicht versehentlich mit der Mündung der Waffe überstrichen. Gleichzeitig bietet der Hochanschlag eine bessere Ergonomie für Ladetätigkeiten.

Ebenfalls von großer Bedeutung ist eine gewisse Einheitlichkeit in der Gruppe bezüglich der Ausrüstung vor allem aber der Bewaffnung. Um im Gruppenrahmen effektiv operieren zu

Ist die Kleingruppe in einen Feuerkampf verwickelt, wird Kommunikation zu einem entscheidenden Faktor. Allgemein gilt: Mittels Nebel den Sichtkontakt brechen und unter massiven Abwehrfeuer vom Gegner lösen.

Der Verwundete wird gesichert, und erst dann beginnt die Erstversorgung.

Eine Kleingruppe bei Nacht im Feuerkampf zu führen, erfordert viel Erfahrung und ein eingespieltes Team (Aufnahme mit Langzeitbelichtung).

können, ist es wichtig, eine gemeinsame Plattform zu besitzen. Die Austauschbarkeit von Munition innerhalb der Gruppe ist dabei nur ein Punkt. Die Waffen sollten für das gleiche Kaliber eingerichtet oder besser noch vom gleichen Fabrikat sein. Beispielsweise dürften bei einem verbreiteten Kaliber wie 9 mm Luger Nachschubprobleme im Krisenfall weniger wahrscheinlicher sein als bei exotischen Kalibern.

Übungen im Teamrahmen fördern darüber hinaus persönliche Defizite des Einzelnen zu Tage, die verstärkt trainiert werden sollten, wie z.B. die allgemeine körperliche Fitness oder Waffenmanipulationen unter psychischem Druck oder in liegender Position. Auch Ausrüstungsmängel offenbaren sich schonungslos.

2.4 Wyatt-Protokoll

„A good plan today is better than a perfect plan tomorrow."
(General George Patton)

Um in Situationen von extremer körperlicher und psychischer Anspannung handlungsfähig zu bleiben, ist es wichtig auf möglichst einfache Techniken und Einsatzgrundsätze zu bauen. Immer wieder kommen dabei die drei Kriterien zum Tragen, an denen sich jede Handlungsweise im taktischen Umfeld messen lassen muss: Einfach erlernbar, universell einsetzbar und stressstabil. Bewährt hat sich hierbei u.a. das Bilden von Abkürzungen, welche eine konkrete Handlungsabfolge beschreiben. Die Abkürzung hilft, in Hochstressphasen einen protokollartigen Ablauf zu gewährleisten, was während und unmittelbar nach einem Schusswaffengebrauch zu tun ist. Das Wyatt-Protokoll stellt eine derartige geistige Checkliste dar. In der ursprünglichen Form auch unter der Abkürzung F.A.S.T. bekannt, wurde es in den vergangenen Jahren weiterentwickelt zu

F.A.S.T.T.T.T. – Die englische Abkürzung steht für:

F – Fight	Stoppen des Angreifers
A – Assess	Do I need to fight anymore?
S – Scan	Do I need to fight anyone else?
T – Top Off the Weapon	Prepare to fight again
T – Take Cover	Move to a better position
T – Treat Injuries	eventuell Verwundungen behandeln
T – Talk	Communicate with whoever you need to

Die vier “T” können nahezu alle simultan ausgeführt werden. Während der Phase „Fight“ verteidigt sich der Angegriffene mit seiner Schusswaffe oder anderen Hilfsmitteln körperlicher Gewalt gemäß den taktischen Regeln, die er für angemessen hält. Eine bewaffnete Konfrontation endet nicht automatisch mit dem Einstellen des Feuers. Es muss eine Bewertung vorgenommen werden, ob ausreichend Wirkung in das Ziel/die Ziele gebracht werden konnte. Während „Assess“ wird daher eine Beurteilung versucht, inwieweit die Verteidigungshandlung Erfolg erzielt hat. Dabei wird die Schusswaffe etwas abgesenkt. Diese Bereitschafshaltung ist in der Fachliteratur als „Contact Ready Position“ bezeichnet und unterscheidet sich von der bekannten „Low Ready Position“ durch ein etwas geringeres Ansenken der Waffe, wodurch eine schnelleres Wiederherstellen der Feuerbereitschaft gewährleistet ist. In der Phase „Scan" erfolgt ein 360°-Rundumblick. Die Umgebung muss nach weiteren Gefahren durchsucht werden, die anfangs vielleicht übersehen wurden oder während des Erstkontakts hinzugekommen sind. Die Bereitschaftshaltung der Waffe wechselt dazu in Position „Sul". Die Laufmündung zeigt nach unten auf den Boden unmittelbar vor den Schützen. Eine Gefährdung von Teammitgliedern oder Unbeteilter durch so genanntes „Sweeping" ist somit weitestgehend ausgeschlossen. Anschließend wird die Waffe wieder in Feuerbereitschaft gebracht, was in der Fachliteratur stellenweise auch als taktisches Nachladen bezeichnet wird (erstes T). Sofern noch nicht geschehen, wird eine zweckmäßige Deckung aufgesucht (zweites T), der eigene Körper auf mögliche Verletzungen hin untersucht (drittes T) und gegebenenfalls behandelt. Letztlich findet je nach Lage eine Kommunikation (viertes T) mit dem Täter, der Polizei oder auch beistehenden Personen statt. Das F.A.S.T.T.T.T.-Protokoll sollte in jedes taktikorientierte Schießtraining integriert werden. Lagebeurteilung und Umschauhalten nach dem Schusswaffeneinsatz sind wesentliche Elemente der Eigensicherung, mit denen der Gefahr vorgebeugt werden kann, von einem weiteren, bis dahin nicht erkannten Angreifer attackiert zu werden. Ebenso sollte das Wiederherstellen der Feuerbereitschaft der eigenen Waffe routinemäßig vorgenommen werden.

2.5 O.O.D.A.-Loop

„Mag sein, dass ich eine Schlacht verliere. Aber ich werde niemals auch nur eine Minute Zeit verlieren." (Napoleon)

In Anbetracht immer höher technisierter und perfektionierter Waffensysteme wird gern außer Acht gelassen, dass der menschliche Verstand mit seinen strukturierten Denkprozessen die Grundlage bildet für alles siegreiche Agieren im Kampf. Das Prinzip der Eigeninitiative spielt im taktischen Umfeld eine große Rolle. Die Initiative zu ergreifen und zu behalten, ist von besonderer Bedeutung. Wer agiert, anstatt nur zu reagieren, ist stets im Vorteil. Agieren zu können, setzt immer eine Beurteilung der Lage voraus, gefolgt von einer Entscheidung, die Handlungen des Gegenübers vorwegnimmt. Jeder Mensch trifft Entscheidungen. Richtige und falsche, bewusst und unbewusst, mehrmals täglich. Im günstigen Fall basieren diese Entschlüsse auf einem Entschei-

dungsprozess. Je strukturierter dieser Entscheidungsprozess ist und je schneller er abläuft, desto höher sind die Erfolgsaussichten. Diese Theorie spiegelt sich im so genannten O.O.D.A.-Loop wieder. Der O.O.D.A.-Loop wurde in den 1950er-Jahren vom US-amerikanischen Jagdflieger Col. John Boyd entworfen und ist auch als Boyd's Cycle bekannt. Das Konzept basiert auf einem standardisierten Entscheidungsfindungsprozess. Nach Boyd's Theorie kann jeder Konflikt als ein in Serie ablaufender Prozess von Observation (O) – Orientation (O) – Decision (D) und Action (A) angesehen werden. Abgekürzt: O.O.D.A.
Ins Deutsche übertragen beginnt der Kreislauf mit der Wahrnehmung (Observe) einer Situation oder Sachverhaltes. Führt weiter über die Einordnung (Orient) desselben, sowie der Entscheidung, was zu tun ist (Decide), und mündet im korrekten und konsequenten Handeln (Act) als solches. Ist der Loop einmal durchlaufen worden, ist der Prozess aber noch nicht beendet. Vielmehr beginnt er erneut mit der Wahrnehmung der neu entstandenen Situation, der Analyse bzw. Einordnung, dem Treffen einer Entscheidung und dem Handeln. Diese Serie wiederholt sich so oft, bis das Problem gelöst ist.

Diesem Prinzip unterliegen zwangsläufig alle Protagonisten und Antagonisten in einer Konfrontation. Es kommt darauf an, die eigene Reaktionszeit zu verkürzen, um dem anderweitig vielleicht überlegenen Gegner das eigene Handeln aufzwingen zu können. Zeit wird daher zu einem ausschlaggebenden Faktor des O.O.D.A.-Loop Konzepts. Mit einer schnellen Wahrnehmung, einer schnellen Analyse, einer schnellen Entscheidungsfindung und schnellem Handeln durchläuft man den O.O.D.A.-Loop schneller und hat sich gegenüber der anderen Partei einen Vorteil verschafft. Man agiert und nötigt den Kontrahenten zu reagieren. Man hat ihm die Initiative entrissen.

Wahrnehmung – Observation (O)

Beobachten sollte zur höchsten Priorität werden. Beobachten beschränkt sich aber nicht nur auf die Wahrnehmung der Umgebung und eines potentiellen Angreifers, sondern beinhaltet auch eine Selbstwahrnehmung. Dazu gehört auch, immer wieder die Wahrheit anzunehmen, dass man jederzeit Ziel eines Angriffes werden kann. Und diese Wahrheit nicht zu verleugnen. Ein Modell, wie man seine Beobachtungsgabe schulen und seine mentale Bereitschaftshaltung der jeweiligen Gefährdungsstufe anpassen kann, wird mittels Coopers Farbcode dargestellt. Dieser Farbcode ist in diesem Buch an anderer Stelle ausführlich erklärt.

Einordnen – Orient (O)

Die eben gewonnenen Beobachtungsergebnisse werden auf

Grundlage von früheren Erfahrungen, gesetzten Annahmen und den zur Verfügung stehenden Ressourcen analysiert. Je größer der Erfahrungsschatz in einem bestimmten Teilbereich bspw. im taktischen Schusswaffengebrauch ist, desto schneller ist eine Analyse möglich. Je unerwarteter einem der O.O.D.A.-Loop aufgezwungen wird oder je außergewöhnlicher die Situation ist, mit der man konfrontiert wird, desto höher ist die Rechenleistung, die das Gehirn in relativ kurzer Zeit bearbeiten muss. Unter diesen Umständen ist die Fähigkeit, logisch klar zu denken und Ereignisse im Kurzzeitgedächtnis abzuspeichern, vermindert.

Es ist medizinisch erwiesen, dass eine permanente Schulung des Muskelgedächtnisses das Gehirn entlastet und somit Rechenkapazitäten freigibt, die bei Engpässen genutzt werden können. Bewegungsabläufe z.B. werden durch häufiges Wiederholen vom Gehirn entkoppelt. Sie sind automatisiert und laufen von Nervenbahnen im Rückenmark gesteuert ab.

Untersuchungen verschiedener Schießschulen haben gezeigt, dass Gebrauchswaffenträger, die regelmäßig oder auch nur einmal an einem qualifizierten Force-on-Force Training teilgenommen haben, beim realen Schusswaffeneinsatz weniger desorientiert waren. Im Gegenteil: Sie konnten sich detaillierter an Einzelheiten während der Konfrontation erinnern. Und wieder einmal waren diese Teilnehmer schneller und konnten somit den O.O.D.A.-Loop ihres Gegners unterbrechen und ihm ihr eigenes Handeln aufzwingen.

Entscheiden – Decide (D)

Entscheidungsprozesse sind entweder vom Bewusstsein oder vom Unterbewusstsein gesteuert. Während das Bewusstsein maximal fünf bis sieben Variablen gleichzeitig für eine Entscheidungsfindung heranziehen kann, besitzt das Unterbewusstsein eine signifikant höhere Kapazität. Insbesondere bei zeitsensiblen Entscheidungen schaltet der Verstand automatisch auf das Unterbewusstsein um. Je nach Trainingszustand, der genetischen Ausstattung oder der Persönlichkeit können mehrere hundert Informationen gleichzeitig verarbeitet werden. Genauso wie sich Wahrnehmungs- und Beurteilungsprozesse durch regelmäßiges Training verbessern lassen, kann auch ein Entscheidungsprozess erheblich verkürzt werden.

Handeln – Act (A)

Der O.O.D.A.-Loop schließt sich mit dem vierten Teilstück: Handeln. Handeln bedeutet, die zuvor getroffene Entscheidung umzusetzen. Handeln bedeutet nicht, nur so zu tun, als ob man den Entschluss umsetzen würde. Es bedeutet auch nicht, nur zu wissen, dass man ihn umsetzen könnte.

Aus dem Managementtraining ist ein vergleichbarer Entscheidungsfindungsprozess bekannt. Dieser unterscheidet sich nur in Nuancen vom O.O.D.A.-Loop. Er beginnt mit der Analyse des Ist-Standes und mit der Definition des Soll-Standes. Unter Berücksichtigung der zur Verfügung stehenden Ressourcen wird eine Methodik abgeleitet, um den Soll-Stand zu erreichen. Es folgt die eigentliche Durchführung. Am Ende findet eine Kontrolle statt, ob der Soll-Stand gemäß der ursprünglichen Planung erreicht wurde. Ist das nicht der Fall, beginnt der Prozess erneut. Er wiederholt sich so lange, bis ein zufrieden stellender Soll-Stand eingetreten ist. Die Phase 4 „Kontrolle" wird in diesem Zusammenhang als die wichtigste angesehen.

2.6 Ballistische Betrachtungen

„Amateure üben, bis sie es richtig machen. Profis trainieren, bis sie es nicht mehr falsch machen können." (Quelle unbekannt)

Um überhaupt ein Ziel treffen zu können, muss bei einer bekannten Entfernung ein Schnittpunkt zwischen Visierlinie und Geschossflugbahn hergestellt werden. Man sagt dann: „Die Waffe ist eingeschossen." Für einen gefechtsmäßigen Einsatz spielen dabei aber noch weitere Faktoren eine entscheidende Rolle.

Das Einschießen einer Waffe sollte nicht nur als notwendiges Übel betrachtet werden, sondern als Prozess von elementarer Bedeutung. Ist die Entfernung zum Ziel bekannt, wie beispielsweise in den meisten Schießsportdisziplinen, reicht es aus, die Waffe auf diese Distanz einzujustieren. Auf dem Gefechtsfeld jedoch sind ausschließlich unbekannte oder geschätzte Entfernungen anzutreffen. Beim Einschießen müssen daher mehrere veränderliche Faktoren beachtet werden und in einen Kompromiss einfließen. Außerdem wird dieser Kompromiss durch das Waffensystem sowie das Kaliber bzw. die Laborierung determiniert. Verfahrensweisen des Einschießens aus dem sportlichen oder jagdlichen Bereich sind nicht immer auf militärische Zwecke übertragbar und können sogar im krassen Gegensatz dazu stehen.

Befasst man sich mit dem komplexen Themengebiet der Ballistik, ist es unumgänglich, zur Vermeidung von semantischen und fachlichen Missverständnissen einige wichtige Begriffe vorab zu definieren.

Haltepunkt:	Punkt, der anvisiert wird
Treffpunkt:	Effektiver Einschlagpunkt des Geschosses
Visierlinie:	Verbindungsgerade zwischen Auge, Visiereinrichtung und Haltepunkt
Scheitelhöhe:	Maximale Flughöhe des Geschosses über der Visierlinie
Offset:	Höhe der Visierlinie über der Laufseele
Fleckschussentfernung:	Haltepunkt = Treffpunkt

Der Schnittpunkt zwischen Visierlinie und Geschossflugbahn wird künstlich bei einer bekannten Entfernung hergestellt. Dieser Schnittpunkt ist Vorraussetzung, um überhaupt ein Ziel treffen zu können. Die Waffe ist danach „eingeschossen" bzw. „einjustiert". Neben dem bewusst gewählten ersten Schnittpunkt im aufsteigenden Ast der Flugbahn ergibt sich ein ballistisch bedingter zweiter Schnittpunkt während die Kurve abfällt.

Das Geschoss wird bei seinem Flug durch die Erdanziehungskraft in vertikale Richtung abgelenkt. Unter Vernachlässigung des Luftwiderstandes würde die Flugbahn eine Parabel beschreiben. Durch Einflussnahme des Luftwiderstandes auf das Geschoss entsteht die ballistische Kurve. Beim Einschießen von Waffen wird die gravitationsbedingte Absenkung der Geschossflugbahn durch eine entsprechende Erhöhung des Visiers vorweggenommen.

2.6.1 Battlefield Zero – Der Durchgehende Visierbereich

Im militärischen Bereich bedient man sich der Einschießmethode des „Battlefield Zero". Im Deutschen haben sich die Arbeitsbegriffe „Durchgehender Visierbereich" und „Gefechtsfeldvisierung" etabliert. Diese besitzen eine klare Abgrenzung von der Günstigen Einschießentfernung (GEE) und dürfen nicht mit ihr gleichgesetzt werden.

Die Einschießmethode des Durchgehenden Visierbereichs bedeutet, ein Gewehr so einzuschießen, dass der Schütze über eine möglichst große Entfernung nur eine Visiereinstellung und einen Haltepunkt nutzen kann und das Projektil während des gesamten Flugbahnverlaufs nicht höher steigt als die halbe Zielhöhe. Die „halbe Zielhöhe" ist dabei die Determinante.

Angestrebt wird, den Durchgehenden Visierbereich so groß wie möglich und die Scheitelhöhe so klein wie möglich zu halten. Theoretisch wäre es möglich, den Durchgehenden Visierbereich erheblich zu erweitern, würde man nur die Scheitelhöhe entsprechend steigern. Allerdings erschwert diese extreme Höhenablage des Geschosses einen praxisgerechten Zielvorgang. Ein präziser, reproduzierbarer Treffer ist kaum mehr möglich. Zielen artet in Schätzen aus. Kaliber mit einer gestreckten Flugbahn, so genannte rasante Kaliber, bieten hier Vorteile. Die Flugbahnerhöhung ist vergleichsweise gering, bzw. es wird bei gleicher Flugbahnerhöhung eine größere Reichweite erzielt. Typische Vertreter dieser Kategorie sind .223 Remington, die 5,45×39, die 7 mm Remington Magnum, aber auch die 6,8 mm SPC Remington.

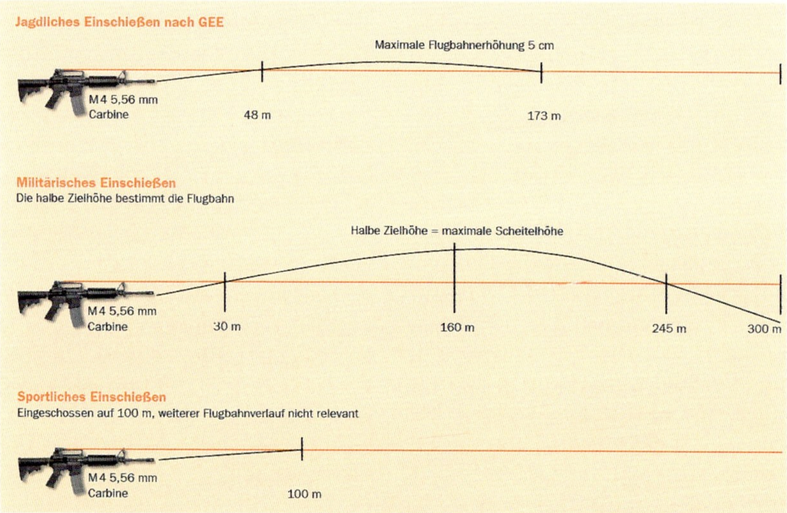

Drei Einschießmethoden im Vergleich (Darstellung nicht maßstabsgetreu)

Die halbe Zielhöhe

Präzision ist immer relativ zur Größe des Ziels. Die Grundidee des Battlefield Zero beruht auf der Höhenausdehnung der Zielfläche, bei der ein Treffer mit hoher Wahrscheinlichkeit tödliche Wirkung besitzt. Diese Höhe wird halbiert. Die so ermittelte halbe Zielhöhe dient als Determinante zur Bestimmung der ballistischen Kurve und ihrer Schnittpunkte mit der Visierlinie. Dabei wird die halbe Zielhöhe mit der Scheitelhöhe der Flugbahn gleichgesetzt. Die Fleckschussentfernung ergibt sich aus der Berechnung mittels Ballistikprogramm.

Im militärischen Bereich dürfte die Zielhöhe der letalen Zone eines Schützen entsprechen und nicht größer als 35 cm sein. Die halbe Zielhöhe beträgt demnach 17 cm. Wählt der Anwender seinen Haltpunkt zentral, wird er im gesamten Durchgehenden

Visierbereich die letale Zone Treffen, solange die Scheitelhöhe nicht größer ist als 17cm.

Unterstellt man beim Kaliber 5,56×45 mm eine Anfangsgeschwindigkeit von 850 m/s und ein Geschossgewicht von 62 gr sowie ein AR-15-typisches Offset von 63 mm, ergibt sich je nach ballistischem Koeffizient des Geschosses eine Fleckschussentfernung von 30 m.

Außerdem auf 100 m ein Hochschuss von 10 cm und eine Scheitelhöhe von 11 cm bei einer Entfernung von 160 m. Die zweite Fleckschussentfernung liegt bei etwa 245 m. Bei 300 m würde ein Tiefschuss von etwa 16 cm erzeugt, was der unteren Hälfte der halben Zielhöhe entspräche. Für die Praxis bedeutet das, der Soldat kann seinen Gegner über eine Entfernung von 0 m bis 300 m bekämpfen, ohne dabei seinen Haltepunkt oder gar seine Visiereinstellung verändern zu müssen. Auch wenn eine Fleckschussentfernung von 30 m im traditionellen Schießen als nicht opportun erscheint, für den Zweck des Battlefield Zero kann diese Entfernung durchaus dienlich sein.

Das Schießen auf unterschiedliche Entfernungen erfordert meistens ein Verändern der Visiereinstellung, eine Verlagerung des Haltepunktes oder im schlimmsten Fall ein Anpassen des Visierbilds in Form von „Feinkorn" oder „Vollkorn". Eine Anpassung der Visiereinstellung an die Distanz ist bei manchen Waffen wie z.B. der Kalaschnikowbaureihe oder dem G3 der Bundeswehr in Form einer verstellbaren Kimme bzw. Visiertrommel möglich. Nicht immer hat der Soldat jedoch auf dem Gefechtsfeld die Zeit, diese Anpassung vorzunehmen. Darüber hinaus muss dem Einstellen des Visiers ein Schätzen der Entfernung vorausgehen. Was mitunter Fehler behaftet sein kann.

Ebenso bei der Verlagerung des Haltepunktes. Der Schütze versucht entsprechend der ballistischen Kurve, die Höhenablage des Geschosses durch eine Verlagerung seines Haltepunktes auf dem Ziel zu komprimieren. Diese Haltepunktverlagerung ist meist willkürlich und dadurch kaum reproduzierbar. Ebenso setzt sie eine genaue Kenntnis der Flugbahn voraus und ein hohes Maß an Erfahrung.

Die Todsünde beim Schießen schlechthin ist der Versuch, durch ein Anpassen des Visierbildes, das Geschoss ins Ziel lenken zu wollen. Der Schütze versucht hierbei, durch Variationen von Feinkorn bis Vollkorn ebenso willkürlich die Höhenablage anzupassen.

Alles in allem sind das keine viel versprechenden Lösungsansätze für präzise Schüsse auf Entfernungen jenseits der 100 m. Forderung sollte daher sein, über eine möglichst große Distanz das gleiche Visierbild und den gleichen Haltepunkt nutzen zu können. Insbesondere im gefechtsmäßigen Einsatz oder gar im andauernden Feuerkampf hat der Schütze keine Zeit, vor dem Schuss an Knöpfen zu drehen, um seine Waffe nachzujustieren.

Offset und Abgangswinkel

Das Offset einer Waffe bezeichnet den Höhenunterschied zwischen der Visierlinie und der Laufseele. Es hat somit maßgeblichen Einfluss auf den Verlauf der ballistischen Kurve, da es den Abgangswinkel des Projektils bestimmt und dadurch auch die Scheitelhöhe. Und folgerichtig auch die Krümmung des absteigenden Astes. Ein G36 (5,56×45 mm) hat ein Offset von etwa 12 cm. Je nach Ausführung der Visierschiene und der verwendeten Optik variiert diese Differenz relativ stark. In der Truppe sind derzeit neben dem Standard-G36 auch Sonderausführungen für Kampfschwimmer und Kommando Spezialkräfte in Verwendung. Ebenso werden mitunter privat beschaffte Visierschienen von Brügger & Thomet eingesetzt.

Mit dem angenommenen 12-cm-Offset des G36 ergibt sich bei gleicher Fleckschussentfernung von beispielsweise 30 m ein wesentlich steilerer Abgangswinkel als bei einem AR-15 mit etwa 6 cm Höhenunterschied zwischen Laufseele und Visierlinie, was zu einer völlig anderen ballistischen Kurve führt. Das G36 besitzt unter diesen Annahmen mehr Hochschuss auf 100 m, eine größere Scheitelhöhe und somit auch einen wesentlich weiter entfernt liegenden zweiten Schnittpunkt. Die Wahl der Fleckschussentfernung muss daher immer waffensystemabhängig erfolgen. Die pauschale Empfehlung, ein Gewehr auf 25 m, 50 m oder 100 m einzuschießen, kann fatale Folgen im Einsatz haben.

Das Selbstlade- bzw. Sturmgewehr sollte gerade im militärischen Bereich als Instrument für die Bekämpfung von Zielen jenseits der 100 m verstanden werden. Aufgrund der zahlreichen kriegerischen Konflikte im urbanen Umfeld sind die Kampfentfernungen statistisch kürzer geworden. Sie bewegen sich derzeit innerhalb von 80 m. Dennoch darf die militärische Schießausbildung den treffsicheren Schuss bis hin zu 300 m nicht vernachlässigen oder gar ausklammern.

TABELLE RECHTS: Zwei beispielhafte Flugbahnen für ein AR-15 (.223 Remington) und einer 55 gr-VM-Laborierung. Wird die Waffe auf 30 Meter Fleck angeschossen ergibt sich eine Scheitelhöhe von knapp 11 cm und ein zweiter Schnittpunkt bei 230 Metern. Mit einer Fleckschussdistanz von 25 Metern steigt die Scheitelhöhe auf knapp 17 cm, der zweite Schnittpunkt liegt bei 280 Metern.
Der durchgehende Visierbereich endet im Beispiel 1 bei etwa 300 Metern. Im Beispiel 2 bei etwa 330 Metern.

2.6.2 Das Offset bei Nahdistanz

Eine andere ballistische Problemstellung tritt bei Schüssen im Nahbereich (bis zu etwa 10 m) auf. Hier kommt die ballistische Kurve noch nicht zum Tragen. Durch den Höhenunterschied zwischen der Visierlinie und der Laufseele, der sich auf Nahdistanz unmittelbar auf das Ziel projiziert, werden die Treffer daher unterhalb des Haltepunktes liegen. Je nach Waffenmodell liegt diese Differenz (das so genannte Offset) bei zwei bis sieben Zentimetern. Manchmal sogar darüber. Vertreter der AR-15-Familie beispielsweise haben baulich bedingt eine relativ hohe Visierlinie. Unabhängig davon, ob die Originalvisiereinrichtung benutzt wird, ein so genanntes Behelfsklappvisier (BUIS) oder ein Leuchtpunktzielgerät der Fabrikate Aimpoint oder EO Tech, befindet sich die Visierlinie immer 63 mm über der Laufseele. Bei Vertretern der Kalaschnikowbaureihe beträgt das Offet etwa 45 mm beim G36 sogar 7 bis 12 Zentimeter, je nachdem, ob mit dem dreifach vergrößerndem Zielfernrohr oder dem darüber angebrachten Kollimatorvisier geschossen wird.

Eine Missachtung dieser Besonderheit kann im Einsatzfall unangenehme Folgen haben. Da die Treffer bei Schüssen im Nahbereich unter dem Haltepunkt liegen werden, ist ein Verfehlen des Ziels trotz korrekten Zielvorgangs nicht ausgeschlossen.

Eine Langwaffe nur aus diesem Grund auf eine Distanz von sieben Meter einzuschießen, wäre aber unangebracht. Der steile Abgangswinkel würde zu einer enorm großen Scheitelhöhe führen und dem Konzept de Battlefield Zero widersprechen.

Der Schütze muss in der Nahdistanz mit einem offsetbedingten Tiefschuss umzugehen lernen. Er kann das Offset nur dadurch kompensieren, dass er entsprechend höher anvisiert. Zum Üben dieser Fertigkeit empfiehlt sich der Close Range Dot Drill, welcher in Teil III des Buches näher erläutert wird.

Entfernung [m]	0	30	50	75	100	125	150	175	200	230	250	275	300
Flugbahnerhöhung [cm]	-6,4	0	3,5	6,9	9,3	10,5	10,6	9,1	6,1	0	-4,6	-13	-23

Entfernung [m]	0	25	50	75	100	125	150	175	200	225	250	280	330
Flugbahnerhöhung [cm]	-6,4	0	5,4	9,9	13,3	15,6	16,8	16,6	15,2	12,3	8,0	0	-17,6

2.6.3 Die Günstige Einschießentfernung (GEE)

Die GEE ist eine Angabe des Munitionsherstellers. Sie gibt die Entfernung des zweiten Schnittpunkts zwischen Visierlinie und Flugbahn wieder, wenn die Waffe mit einem maximalen Hochschuss von 5 cm eingeschossen wurde. Zugrunde gelegt werden dabei eine Standardlauflänge und eine standardisierte Montage der Optik. Die Variable des Offset wird bei der GEE nicht berücksichtigt.

Insbesondere bei der Hege und Pflege ist das Einschießen der Waffe auf die GEE die gebräuchliche Methode. Der Jäger kann somit die ballistische Leistungsfähigkeit seiner Laborierung voll ausnutzen. Für ihn würde die Determinante der halben Zielhöhe mehr Nachteile als Vorteile aufwerfen. Er könnte nur eine bestimmte Wildart weidgerecht bejagen.

2.6.4 Einjustieren der Waffe

Nur weil man eine Gitarre besitzt, heißt das nicht zwangsläufig, dass man auch Gitarre spielen kann. Nur weil man die tatsächliche Gewalt über eine Schusswaffe ausübt, bedeutet das nicht gezwungenermaßen, dass man diese auch beherrscht. Leider erliegen zu viele Waffenbesitzer nach wie vor diesem Irrglauben. Auch wenn es sich hierbei nur um eine Metapher handelt, gibt es dennoch weitere Parallelen zwischen Schützen und Musikern. Musiker stimmen ihr Instrument, bevor sie damit spielen. Ein Schütze sollte seine Waffe einjustieren oder zumindest eine Haltepunktüberprüfung vornehmen. Bei Kurzwaffen ist diese Prozedur meist zu vernachlässigen, da die meisten Gebrauchswaffen ab Werk einjustiert sind, selten über eine verstellbare Visierung verfügen und Haltepunktabweichungen auf die Einsatzdistanz von 25 Metern bzw. kürzer kaum wahrzunehmen sind.

Bei Langwaffen hingegen sollte der Prozess des Einjustierens sehr akribisch durchgeführt werden, kann es doch erforderlich sein, auch auf 100 Meter oder mehr Wirkung ins Ziel bringen zu müssen.

Grobjustierung

Zum Einjustieren bzw. Einschießen eines Gewehrs sollte zuerst eine grobe Haltepunktermittlung auf sieben Meter stattfinden. Durch diese kurze Distanz ist sichergestellt, dass auch bei einer stark verstellten Visiereinrichtung alle Schüsse auf der Scheibe sind. Als Ziel kann ein Punkt von zwei oder drei Zentimetern Durchmesser dienen. Unbedingt zu beachten ist das oben näher beschriebene Offset. Alle Treffer werden einige Zentimeter unterhalb des Punktes liegen. Diese Differenz entspricht dabei der Höhe zwischen Visierlinie und Laufseele.

Einschießen

Im nächsten Schritt wird das Gewehr auf die gewünschte Distanz feinjustiert. Sofern kein Langwaffenschießstand mit 50 Meter oder 100 Meter Länge zur Verfügung steht, kann das Einschießen auch auf einer 25-m-Bahn durchgeführt werden. Wählt der Schütze aufgrund seiner Waffenkonfiguration dabei eine Fleckschussdistanz jenseits der 25 Meter, sollte er sicherstellen, dass er auf 25 Meter eine Gruppe mit entsprechenden Tiefschuss erzeugt.

Jeder Schütze sollte in der Lage sein, seine Waffe innerhalb von zehn Minuten mit maximal zehn Schuss einzuschießen. Dazu gibt er jeweils Drei-Schuss-Serien ab. Er korrigiert zuerst die Seitenverschiebung, dann die Höhe. Das Wissen um den Maßstab der Klickverstellung der Optik sowie deren Verstellrichtung ist dabei Grundvoraussetzung.

In der Fachliteratur wird gern auf die Verwendung von Anschießtisch oder Sandsackauflage verwiesen. Praxisorientierte Schützen sollten beim Einschießen jedoch grundsätzlich auf Hilfsmittel verzichten, die im Einsatz nicht zur Verfügung stehen. Zum Einschießen sollte der Schütze die Liegendposition einnehmen und eine stabile Schießplattform aufbauen. Der Liegendanschlag sollte, wie jeder andere Anschlag auch, durch das Nutzen verschiedener Referenzpunkte zwischen Körper und Waffe beliebig oft reproduzierbar sein. Besondere Bedeutung kommt der Kopfposition zu. Augenabstand sowie Blickwinkel zur hinteren Visiereinrichtung sollten immer gleich sein. Das Prinzip für den Aufbau einer stabilen Schießplattform ist auch als „Natural Point of Aim“ bekannt und wird in Teil III des Buches näher beschrieben.

2.6.5 Der mittlere Treffpunkt

Sollte es einmal erforderlich sein, aus einem Trefferbild den mittleren Treffpunkt zu ermitteln, kann folgendermaßen verfahren werden. Bei einer Drei-Schuss-Gruppe werden zwei Treffer durch eine Gerade verbunden. Die Mitte dieser Gerade wird mit dem dritten Treffer verbunden und diese neue Gerade in drei gleiche Teile geteilt. Der Punkt, welcher zwei Teilstriche vom dritten Treffer entfernt ist, ist der mittlere Treffpunkt.

2.7 Force-on-Force

„What is better? To shoot or not getting hit?" (Gabe Suarez)

Force-on-Force ist zu einem Schlagwort für praxisorientierte Schießausbildung geworden. Immer mehr Gebrauchswaffenträger nutzen diese hocheffiziente Trainingsmethode. Richtig umgesetzt ist Force-on-Force (F-o-F) ein Ausweg aus unrealistischer Schießausbildung. Auch wenn die statistische Wahrscheinlichkeit eines Feuergefechts gering erscheint, für den bitteren Moment, wo die Ultima Ratio Situation eintritt, muss der Gebrauchswaffenträger über ein Maximum an Fertigkeiten und Fähigkeiten verfügen. Er muss dabei sein Ziel nicht nur sicher treffen können, er muss auch verstanden haben, durch welche taktischen Verhaltensweisen er vermeiden kann, selbst getroffen zu werden. Ansonsten wird er nicht überleben.

Weder der Aufbau noch die Durchführung einer auf praktische Belange orientierten Schießausbildung ist kosten- und zeitintensiv. Selbst die notwendige Ausrüstung kann problemlos für wenig Geld beschafft werden. Minimalismus ist der Lösungsweg und F-o-F-Training die Antwort. Der Gedanke F-o-F in die taktische Schießausbildung zu integrieren, stammt aus den USA. Besonders private Ausbildungseinrichtungen, wie Suarez International (Arizona), Tactical Response (Tennessee) oder Strategos International (Missouri), waren in den vergangenen fünf Jahren die treibenden Kräfte bei der Weiterentwicklung dieses Systems. Heute ist F-o-F ein fester Bestandteil jeder wirklichkeitsnahen Schieß- und Taktikausbildung.

Die Lehren, welche aus einem strukturierten Force-on-Force-Training gezogen werden können, sind vielfältig und betreffen alle vier Teilbereiche des taktischen Schusswaffengebrauchs: Bewusstsein – Taktik – Fähigkeiten – Ausrüstung. Im vorliegenden Buch ist das Kapitel dem Bereich „Taktik" angegliedert, weil in diesem Bereich vermutlich der größte Erkenntnisgewinn eines Force-on-Force-Trainings liegt. Betrachtet man Force-on-Force nicht nur als Weiterbildungsveranstaltung mit hohen Spaßfaktor, sondern als experimentellen Ansatz, der in Aufbau und Übungsabfolge einer gewissen Systematik folgt, lassen sich sehr gut bestehende taktische Regeln verifizieren, weiterentwickeln oder auch falsifizieren. Es können Umweltbedingungen nachgestellt werden. Störende Einflussgrößen lassen sich gezielt eliminieren, gewünschte Faktoren aber konstant halten. Das Problem der zu geringen Anzahl auswertbarer Fälle wird umgangen, da sich die Abläufe beliebig oft wiederholen lassen. Im Wesentlichen wird hierbei auf die wissenschaftliche Methodik der Modellbildung zurückgegriffen. Modelle müssen aber immer mit Annahmen und Abstraktion arbeiten, da sie die Vielfalt der in Realität herrschenden Faktoren, Prozesse und Abläufe nicht wiedergeben können. Je praxisrelevanter diese Annahmen sind und je einfacher die Fragestellungen gehalten werden, desto aussagekräftiger werden die Ergebnisse sein.

Der US-amerikanische Schießausbilder Gabe Suarez gehörte zu den ersten, die auf der Suche nach mehr Realitätsnähe in der Schießausbildung das Force-on-Force Konzept in das Programm ihrer Schulen aufnahmen. Viele Ausführungen in diesem Kapitel basieren auf seinem Buch „Force-on-Force Gunfight Training“[(12)].

In den vergangenen Jahren hat sich die Ausbildungsszene stark gewandelt. Eine mehr und mehr ernstfallorientierte Ausbildung verlangte nach neuen Ausbildungsmethoden. Force-on-Force-Training ist eine dieser Methoden. Es setzt an dem Punkt an, an dem traditionelle Schießausbildung im scharfen Schuss endet: Nämlich beim Schießen Mann-gegen-Mann. Was in der Welt des Boxens das Sparring ist, ist bei einer taktiklastigen Schießausbildung das Force-on-Force Training. Der hohe Lerneffekt begründet sich in einer unmittelbaren Konfrontation mit einem potentiellen Gegner (wie beim Boxtraining auch). Beide Parteien sind bewaffnet. Es können verschiedene Szenen, wie sie auch bei realen Feuergefechten auftreten könnten, nachgestellt werden.

Viele Ausbildungseinrichtungen waren (und sind teilweise immer noch) zu sehr auf Schießtechniken fokussiert, die aus dem Sportschießen adoptiert wurden. Auch wenn manche Schulen versuchen, diese Schießtechniken in „taktische“ Szenarios zu verpacken, und farbenfroh angezogene Plastikpuppen als Ziele aufstellen, die sogar noch hin- und her pendeln, es bleibt mehr oder weniger ein isolierter, realitätsfremder Gebrauch der Schusswaffe. Isoliertes Schießen auf einem Schießstand wird den komplexen Anforderungen eines Feuergefechts nie gerecht. Es kann weder die Eigendynamik wiedergeben noch annähernd die mentale Anspannung. Ganz im Gegenteil: Besonders im sportlichen Schießen werden mitunter bewusst falsche Verhaltensweisen einstudiert, die sich im Feuergefecht kontraproduktiv auswirken werden. Nimmt ein Sportschütze an einem Wettkampf teil, findet dieser unter vorher definierten Umständen statt. Der Teilnehmer kennt Ort und Zeit des Ereignisses, er kennt das Reglement des

(12) Vgl. Suarez, Gabriel, Force-on-Force Gunfight Training, Paladin Press, Boulder, Colorado, 2005

Verbandes und kann sich somit gezielt vorbereiten. Er kennt den Ablauf der Übung, er weiß wann diese beendet sein wird, kennt unter Umständen schon vorher die genaue Menge und Sorte an Munition, die er benötigt und weiß, unter welchen Rahmen- und Umweltbedingungen er den Wettkampf absolvieren muss. Die Anzahl der Ziele und deren Entfernungen sind ebenfalls vorher bekannt. Dieses Maß an Planbarkeit ist in Verteidigungssituationen nie gegeben. Wie an anderer Stelle bereits ausgeführt: Ein Angreifer wird immer versuchen, den Überraschungseffekt für sich zu nutzen, indem er aus dem Hinterhalt heraus agiert. Er wird selten allein handeln, da ihm der Vorteil der zahlenmäßigen Überlegenheit bewusst ist. Es werden mit hoher Wahrscheinlichkeit schlechte Lichtverhältnisse herrschen, und die Konfrontation wird innerhalb von drei Metern stattfinden.

Natürlich steht eine solide Grundausbildung im Schießen an erster Stelle. Der Schütze lernt, seine Waffe unter Normalbedingungen zu beherrschen. Zielvorgang, Abzugskontrolle, konsequentes Nachzielen, Ladetätigkeiten usw. sollten Lehrinhalte sein. Aber nachdem er diese Grundfertigkeiten verinnerlicht hat, muss eine Weiterentwicklung stattfinden. Der regelmäßige Schießstandbesuch dient dann lediglich nur noch zur Aufrechterhaltung einer effizienten Schießtechnik. Alles andere wird in Force-on-Force-Szenarios geübt, im Kampf Mann-gegen-Mann, mit dem realitätsnahesten Ziel, das es überhaupt gibt: nämlich einem echten Angreifer aus Fleisch und Blut.

2.7.1 Rollenverteilung

Force-on-Force-Training ist immer an eine Rollenverteilung gebunden. Es muss einen Antagonist, den Bösen Buben, den Bad Guy geben. Auf der anderen Seite steht der Gute, der Protagonist. An diesem Punkt tritt der einzige Nachteil zu Tage, den F-o-F mit sich bringt: Es gibt keinen zielballistischen Effekt. Ein Mitspieler kann mehrere Male getroffen werden, ohne dabei seine Kampffähigkeit einzubüßen. Würden beide Parteien weiterkämpfen bzw. das Spiel fortsetzen, wäre der Lerneffekt für beide minimal. Eine Partei muss daher falschen sportlichen Ergeiz zurückstellen und so realitätsnah wie möglich auf etwaige Treffer reagieren. Diese Rolle fällt dem „Bad Guy" zu. Der „Good Guy" hingegen spielt seine Rolle als Verteidiger. Er kämpft weiter, egal wie sich das Szenario in seiner Eigendynamik entwickelt. Unter keinen Umständen darf im Force-on-Force Training der Gute darauf konditioniert werden, die Verteidigungshandlung nach eigenem Gutdünken einzustellen. Auch dann nicht, wenn er selbst mehrere Male getroffen wurde oder sich taktisch unklug oder fehlerhaft verhalten hat. Gemachte Fehler können im Anschluss an das Szenario diskutiert werden. Bis dahin wird weitergekämpft.

Jedes Szenario sollte so aufgebaut sein, dass der Gute eine reale Chance hat, zu gewinnen; es sei denn er verhält sich wirklich absolut falsch. Der „Böse", der Antagonist, muss die ihm zugewiesene Rolle spielen, ohne dabei vom Script abzuweichen. Er sollte sein Ego zurückstellen können, um für den Protagonist einen Lerneffekt zu schaffen. Diesen Lerneffekt schafft der „Böse" dadurch, dass er sich rational und lagebezogen verhält, d.h. er denkt und handelt wie ein richtiger Angreifer oder Einbrecher. Würde ein Einbrecher beispielsweise nachts in ein Haus einbrechen, um dort für mehrere Stunden hinter dem Sofa auf der Lauer zu liegen, bis er den Bewohner in den Rücken schießen kann? Theoretisch möglich praktisch eher unwahrscheinlich. Einbrecher verfolgen vielmehr das Ziel, etwas zu stehlen, zu vergewaltigen oder sofort zu töten, um dann unerkannt zu entkommen. Sie verstecken sich nicht bis zum Morgengrauen hinter Sofas oder in Standuhren. Das Verhalten des „Bad Guy" sollte daher am gesunden Menschenverstand (eines Kriminellen) ausgerichtet sein.

Woher kommt der Rollenspieler des Antagonisten? Es gibt Firmen, die Statisten für derartige Vorhaben vermieten. Der Vorteil besteht darin, dass die „Bösen" durch gut ausgebildetes Personal dargestellt werden. Damit ist für die Protagonisten ein Lerneffekt im höchsten Maße garantiert. Der Nachteil liegt in der Kostenexplosion für einen Kurs.

Die zweite Möglichkeit besteht darin, die Rolle des „Bad Guy" durchzutauschen. Alle Kursteilnehmer werden diese Rolle mehrere Male spielen müssen. Somit bleiben die Kosten für einen Force-on-Force-Kurs gering, die Kursteilnehmer lernen auch etwas durch das Spielen des „Bad Guy" und erfahren, wie sie ein eigenes Force-on-Force-Training organisieren könnten.

Auch der Protagonist hat seine Rolle zu spielen. Die Rolle des „Good Guy" ist einfach erklärt: Er ist aggressiv, er ist gewaltbereit und er gibt niemals auf. Wird er vom „Bösen" mehrmals getroffen, kämpft er trotzdem weiter. Hat seine Schusswaffe eine Störung, versucht der „Gute" diese Störung im laufenden Szenario zu beheben. Es gibt dafür keine Auszeit. Ist die Störung irreparabel, erfolgt die Transition zur Zweitwaffe bzw. zum Übungsmesser. Wenn beides nicht vorhanden ist, setzt sich der „Gute" mit seinen Fäusten zur Wehr. Das Script erlaubt ihm aber nicht, die Kampfhandlung nach eigenem Ermessen einzustellen. Das ist ein ausschlaggebender Teil des Lerneffektes: Die Konditionierung des Bewusstseins, unter allen Umständen weiterzukämpfen: die Entwicklung der so genannten „Fight-through"-Mentalität. Auch der Protagonist braucht genaue Anweisungen, welchen Auftrag er im Szenario auszuführen hat. Es hängt maßgeblich von der Qualität und Kompetenz des Ausbilders ab, diesen Auftrag möglichst in einem realitätsnahen Kontext zu formulieren. Darüber hinaus hat der „Good Guy" die Schießtechniken anzuwenden, die er in seiner Ausbildung auf dem Schießstand im scharfen Schuss gelernt hat. Er hat das Holster zu benutzen, das er sonst auch immer benutzt, und er hat die Waffe so zu führen, wie er sie jeden Tag führen würde, ohne dass eine Gefahr erkennbar wäre. Force-on-Force-Training ist das Hauptexamen für alles: Es wird sich zeigen, ob die erlernte Schießtechnik realitätskonform ist oder ob der Teilnehmer automatisch eine ganz andere Körper- und Waffenhaltung einnimmt, als jene, die ihm sein Schießguru dogmatisch auferlegt hat. Force-on-Force wird nach und nach alle Fehler offenbaren, die eine realitätsferne Schießausbildung gelehrt hat.

2.7.2 Ausrüstungssysteme

Eine kontrovers diskutierte Frage bezüglich Force-on-Force Ausrüstung ist, ob Farbmarkierungssysteme verwendet werden sollen oder nicht. Neben Airsoftwaffen, die lediglich eine 6-mm-Plastikkugel verschießen, gibt es auch so genannte Simunition-Systeme, die ein Farbmarkierungs-Geschoss besitzen. Dieses Geschoss hinterlässt beim Getroffenen einen Farbklecks als anschaulichen Nachweis eines Treffers. Der absolute Vorteil dieses Systems ist zumindest diskussionswürdig. Einen Farbklecks als eindeutige Identifikation braucht es nur, wenn der sportliche Ehrgeiz der Teilnehmer die Lernwilligkeit übersteigt und versucht wird, Treffer wegzudiskutieren solange keine Farbmarkierung zu sehen ist. Die Nachteile des Simunition-Systems liegen dagegen auf der Hand. Die Farbkartuschen sind relativ teuer und werden aus Waffen verschossen, die in erster Linie für scharfe Munition eingerichtet sind. Das wiederum verursacht Sicherheitsmaßnahmen, welche von vornherein vermeidbar wären. Einige Hersteller von Simunition-Kartuschen fordern einen Mindestabstand bei der Schussabgabe. Force-on-Force-Kurse würden somit an Realitätsnähe verlieren, da das Schießen in absoluter Nahdistanz nicht nachgespielt werden könnte.

Hingegen haben die 6-mm-BB-Airsoft-Systeme, die nur bei uns in der Bundesrepublik „Softair" heißen, einige nennenswerte Vorteile: Airsoftwaffen sind keine Schusswaffen im Sinne des Waffengesetzes. Sie können daher von jedermann erworben werden. Ein Aufmunitionieren mit scharfer Munition ist ausgeschlossen. Die Anschaffungskosten für die Waffe, die 6-mm-BB-Kugeln und das Treibgas sind gering. Die Plastikkügelchen hinterlassen an Wänden von Trainingsräumen und Gebäuden keine Farbe. Als Schutzausrüstung wird nur eine Gesichtsmaske (Eishockeymaske) erforderlich. Airsoftwaffen können auch in Nahdistanz (sog. Point-Blank distance) auf den Trainingspartner abgefeuert werden, ohne dass dabei ein Verletzungsrisiko besteht.

Die derzeit verfügbaren Airsoftwaffen ähneln den für scharfe Munition eingerichteten Vorbildern in Form- und Farbgebung und teilweise auch im Funktionsprinzip. Alle gängigen Modelle moderner Großkaliberpistolen sind als Airsoftausführung erhältlich. Die Waffen ähneln ihren Verwandten aus der realen Welt des scharfen Schusses bis aufs i-Tüpfelchen. Selbst aus kurzer Entfernung ist es nicht ohne weiteres möglich, eine Zuordnung zu „scharf“ oder „soft“ zu treffen. Airsoftpistolen haben einen Schlitten aus Metall, die Bedienelemente sind mit denen der echten Waffen identisch und auch mit denselben Funktionen belegt: Ein Entspannhebel entspannt die Waffe wirklich. Die Visiereinrichtungen sind ebenfalls aufwendig dem Original nachempfunden. Varianten der Baureihen MP5 und G36 sind am Markt auch verfügbar.

Betankt werden die Waffen mittels Gasflasche über den Magazinboden. Eine Füllung reicht zum Verschuss von mehreren Magazinen. Zur Pflege der Dichtungen des Gassystems benötigen die Airsoftwaffen Silikon, welches bei den meisten Anbietern bereits mit im Gas enthalten ist. Zusätzlich ist es empfehlenswert, beim Verschuss von jedem zehnten Magazin zwei Tropfen Silikonöl auf den Einfüllstutzen am Magazinboden zu geben. Dadurch erhält die Waffe intervallartig eine Extraportion Schmiermittel, was Funktionssicherheit und Lebensdauer erhöht. Grundsätzlich sollte aber auf die Verwendung von Ballistolöl verzichtet werden.

Airsoftausführung einer Beretta 92: Aussehen und Haptik entsprechen stark dem Original, was eine Verwendung von originalem Zubehör erlaubt.

Die KWA G17 entspricht einer Glock 17.

Eine Gesichtsmaske ist Pflicht bei jedem Force-on-Force Training.

2.7.3 Sicherheitsmaßnahmen

Um ein Force-on-Force Training so sicher wie möglich zu gestalten, müssen folgende Maßnahmen beachtet werden:

- Während eines Force-on-Force Kurses dürfen keine echten Schusswaffen am Mann getragen werden oder sich in greifbarer Nähe befinden. Das gleiche gilt für Messer aller Art.
- Alle Teilnehmer folgen den Anweisungen des Ausbilders. „STOP" bedeutet „STOP"! Force-on-Force ist ein Gemeinschaftserlebnis, dass dazu dienen soll, bewaffnete Konfrontationen nachzuspielen und Lehren daraus zu ziehen.
- Jeder Teilnehmer trägt eine Gesichtsmaske.
- Alle Force-on-Force-Waffen (Airsoftpistolen, Übungsmesser, usw.) werden als richtige Waffen betrachtet und als solche behandelt.

2.7.4 Szenarios

Ein durchdacht aufgebautes Force-on-Force-Training kann sich in drei Levels gliedern: Einfache Szenarios, komplexe Szenarios und integrierte Szenarios. Begonnen werden sollte methodisch-didaktisch sinnvoll mit einfachen Lagen. Die Teilnehmer müssen zuerst eine gewisse Vertrautheit mit dem Prinzip des F-o-F und mit ihren eigenen Fähigkeiten erlangen. Einfache Szenarios sollten daher dort anknüpfen, wo die Ausbildung im scharfen Schuss auf dem Schießstand geendet hat. Das ist ein kritischer Punkt. Viele Teilnehmer haben bis dato noch nie auf etwas anderes geschossen als auf Pappscheiben und sind auch mit der dynamischen Situation als solche überfordert. Auf einmal bewegt sich das Ziel und versucht, dem Beschuss auszuweichen. Außerdem wird dem Teilnehmer ein Ausblick gegeben, auf das was ihn im F-o-F-Kurs noch erwartet. In jedem Falle sollte ihm unmissverständlich erklärt werden, dass es beim Force-on-Force darum geht, seine Fähigkeiten und sein taktisches Verständnis dahin gehend weiterzuentwickeln, ein Feuergefecht zu überleben.

Level 1 – Einfache Szenarios

Level 1 Szenarios starten bei komfortablen sieben Metern. Zwei Mann, einer bewaffnet mit einem Übungsmesser aus Gummi, der andere mit einer Airsoftpistole. Auf Kommando zieht Nummer 1 sein Messer und greift an. Nummer 2 hat den Auftrag, den Angriff abzuwehren. Dabei lernt Nummer 2 seine erste und vermutlich die wichtigste Lektion in einem Force-on-Force Training: Mit bloßem Ziehen der Waffe und dabei stehen bleiben wird er den Messerangriff nicht stoppen können. Der Angreifer benötigt zum Überwinden der sieben Meter etwa anderthalb Sekunden. Selbst wenn der Teilnehmer es schafft, in diesen anderthalb Sekunden seine Waffe zu ziehen und drei bis vier Wirkungstreffer ins Ziel zu bringen, das Messer wird ihn treffen. Kein guter Handel: Die Statistik sagt, dass lediglich 60% aller durch Hieb- und Stichwaffen Verwundeten überleben. Bei Schussverletzungen liegt die Quote bei 80%.

Die zu ziehende Lehre ist, als Angegriffener nicht stehen zu bleiben, sondern sich zu bewegen. Sich aus der Angriffslinie heraus zu bewegen (engl. Get off the X). In unzähligen Übungsdurchläufen dieses sehr unkompliziert gehaltenen Szenarios wurde experimentell nachgewiesen, dass allein die einfache Bewegung aus der Angriffslinie heraus, die Wahrscheinlichkeit getroffen bzw. vom Messer erwischt zu werden, um 90% reduziert. Wenig Erfolg versprechend allerdings ist dabei, wenn der Angegriffene nur versucht vorm Angreifer wegzulaufen. Das Bewegungsmomentum des

„Bad Guy" ist zu groß. Der „Good Guy" schafft es nicht, schnell genug zu beschleunigen und eine Geschwindigkeit zu erreichen, die ihm eine Flucht ermöglichen würde.

Verkürzt sich die Entfernung zwischen beiden Mitspielern auf realistischere drei Meter, werden die gewonnenen Erkenntnisse bestätigt.

Eine geradlinige Bewegung weg vom Angreifer ist demnach suboptimal. Eine geradlinige Bewegung hin zum Angreifer scheidet von vorn herein aus. Eine isolierte Bewegung nach links oder rechts ist in Anbetracht des Bewegungsmomentum des Angreifers auch nur ein ungenügender Lösungsansatz. Die Lösung liegt in einer kombinierten Bewegung. Hat der Protagonist einen gestarteten Angriff wahrgenommen, weicht er mit ein oder zwei Schritten nach links oder rechts zur Seite aus, um sich dann in Richtung des Angreifers zu bewegen. Er versucht, den Angreifer in einer halbkreisförmigen Bewegung zu umlaufen. Somit wird der Angreifer genötigt, seine Bewegungsrichtung zu ändern. Der Angegriffene erkauft sich dadurch etwas Zeit. Bereits in der Seitwärtsbewegung hat er seine Schusswaffe gezogen, in der unmittelbar folgenden Vorwärtsbewegung eröffnet er das Feuer auf den Angreifer, der bis zu diesem Zeitpunkt noch keine Möglichkeit hatte, sein Messer einzusetzen. Diese Grundübung wird mehrmals wiederholt. Jeder Teilnehmer hat einige Male den „Guten" und den „Bösen" spielen können. Level-1-Szenarios dauern jeweils nur wenige Sekunden, wobei fast nie mehr als fünf Schüsse abgegeben werden. Dennoch ist der Lerneffekt enorm.

Level 2 – Komplexe Szenarios

Im ersten Level haben die Teilnehmer gelernt, welche Bewegungsabläufe die Wahrscheinlichkeit erhöhen, nicht getroffen zu werden, und welchen gewaltigen Unterschied es macht, auf mehr als nur eine Zielscheibe aus beigefarbenen Karton zu schießen. Level 2 Szenarios sind weniger strukturiert. Der Mitspieler hat mehr Handlungsalternativen, um das Gelernte anzuwenden. Der Schlüssel zum Erfolg ist jedoch auch hier, eine grundsätzliche Realitätsbezogenheit beizubehalten. Überzogene Szenarien, die ein Einzelner kaum bewältigen kann, wären unangemessen. Auch im Level 2 müssen die Aufträge für die Teilnehmer lösbar bleiben, zielgerichtet und realitätsnah sein. Der „Bad Guy" muss sich weiterhin vernunftgesteuert verhalten und strikt an der ihm auferlegten Rolle festhalten, um dem „Guten" die Möglichkeit des Lernens zu schaffen. Typisch für Level 2 sind Lagen mit mehreren Angreifern und Lagen, bei denen der „Gute" von einem „Unbekannten" auf offener Straße angesprochen wird, ohne dabei zu wissen, ob es sich um die Vorbereitung zu einem Angriff handelt oder nur um die Frage nach einer schlichten Auskunft. Es findet eine Kommunikation und Interaktion zwischen „Gut" und (vermeintlich) „Böse" statt. Für den Protagonisten wird es hierbei wichtig, die Verhältnismäßigkeit der Mittel abzuwägen. Gleichzeitig schult er seine Wahrnehmung dafür, Angriffe frühzeitig erkennen zu können. Nicht immer erfordert ein solches Szenario den Gebrauch der Schusswaffe.

Anders hingegen bei der Konfrontation mit mehreren Angreifern. Alle Vorsorgeinstrumente haben versagt, und man ist in einen Hinterhalt mit drei „Bad Guys" gelaufen. Flucht ist keine Option mehr. Der Schusswaffeneinsatz ist unvermeidbar. Die wichtigste Erkenntnis, welche aus diesem Szenario gezogen werden kann, ist: Wenn man schnell reagiert, sich taktisch geschickt bewegt, die Grundfertigkeiten des Schießens verinnerlicht hat und innerhalb weniger Sekunden ein 15-Schuss-Magazin möglichst wirksam auf die Angreifer verteilt, dann hat man eine Chance, davonzukommen. Aber es besteht so gut wie keine Chance, diese Begegnung unverletzt zu überstehen. An dieser Stelle bestätigt das experimentelle Vorgehen beim Force-on-Force die Einschätzung, dass bei jeder bewaffneten Konfrontation die Gefahr einer Verwundung ganz erheblich ins Gewicht fällt.

Level 3 – Integrierte Szenarios

Mit integrierten Szenarien steigen die Anforderungen an die Schüler als auch an den Ausbilder. Beispiele sind eine Geiselnahme, ein Banküberfall oder ein Amoklauf in einer Schule oder anderswo. Die Rolle des Teilnehmers kann jetzt entweder sein, dass er als Zeuge unmittelbar im Zentrum des Geschehens steht oder als Einsatzkraft am Tatort eintrifft. Diese Lagen setzen neben einem taktischen Grundverständnis auch die Teilnahme an den vorher genannten Szenarios voraus. Es wäre für das Lernen kontraproduktiv, die ersten beiden Stufen wegzulassen oder zu verkürzen. In manchen Bundesländern wird verstärkt der Versuch unternommen, Streifenpolizisten auf Amoklagen vorzubereiten. In manchen Fällen wird hierfür bereits ein F-o-F-ähnlicher Übungsaufbau genutzt. Ob dieser prinzipiell gute Ansatz von Erfolg gekrönt sein wird oder als aktionistische Maßnahme verpufft, hängt maßgeblich von der Methodik ab, mit der die Beamten an F-o-F herangeführt werden. Ein Einstieg in die komplexe Materie „Amok" auf zu hohem Niveau wird für die Teilnehmer nicht fruchtbar sein. Amoklagen erfordern weit mehr als nur das Vorgehen von Raum zu Raum, um den Täter zu finden. Weitere Aspekte wären das Annähern an und das Eindringen in das Gebäude selbst. Nicht immer kann und sollte der

Haupteingang genutzt werden. Mitunter müssen mechanische oder ballistische Aufbrechwerkzeuge verwendet werden. Das Vorgehen im Gebäude unter gegenseitiger Sicherung sollte mehr als einmal geübt worden sein. Das Neutralisieren der Gefahr ist ein weiterer Aspekt. Und nicht zuletzt müssen Verwundete versorgt werden, Unbeteiligte evakuiert werden und ein Brückenkopf für alle nachrückenden Kräfte hergestellt werden. Dieser Komplexität sollte man sich zumindest bewusst sein.

2.7.5 Lehren aus Force-on-Force

Die Lehren, die aus einem F-o-F-Training gezogen werden können, sind vielfältig. Sie lassen sich, ähnlich der Struktur des gesamten Buches, in vier Teilbereiche aufgliedern: Bewusstsein, Taktik, Fähigkeiten und die verwendete Ausrüstung.

Bewusstseinshaltung

Am leichtesten ist der Kampf zu gewinnen, der nicht stattfindet. Um einer möglichen Konfrontation aus dem Weg zu gehen, ist eine permanente Beobachtung des eigenen Umfelds erforderlich. Das Beobachten von Mitmenschen und das Abschätzen, ob und inwieweit jemand eine Bedrohung für einen selbst darstellen könnte, sollte zu einer Gewohnheit werden. Zu jeder Ausbildung im Selbstschutz, der Selbstverteidigung oder im Verteidigungsschießen sollte ein Unterrichtsblock gehören, der dem Teilnehmer Grundsätzlichkeiten zum Thema Bewusstseinshaltung vermittelt. Leider ist dieser Themenkomplex am schwersten in ein Ausbildungskonzept zu integrieren und wird daher gern vernachlässigt. Neben der eigenen gesteigerten Aufmerksamkeit gehört auch das Einschätzen anderer Mitmenschen zu diesem Komplex. Die Polizei bezeichnet es als „Profiling“. Äußerlichkeiten, wie Kleidung, Mimik, Gestik und besondere Verhaltensweisen werden dazu herangezogen, eine Person zu klassifizieren. Natürlich kann man dabei nicht in die Köpfe sehen, unter Zuhilfenahme des gesunden Menschenverstandes ist es aber möglich, eine Beurteilung zu treffen, ob das Gegenüber eine potentielle Gefahr darstellt oder nicht. Kommt es dennoch zum Kampf, laufen diese nie so ab, wie in Spielfilmen dargestellt. Die Gefahr einer Verletzung oder Verwundung ist enorm hoch. Im Kopf sollte deshalb ein Notfallplan existieren, wie im Falle der eigenen Verwundung weiter verfahren wird. Basiskenntnisse zur Wundversorgung sind zu einem zentralen Thema der Schießausbildung geworden.

Taktik

Taktik ist kein Buch mit sieben Siegeln und auch keine schwarze Magie. Alle taktischen Regeln sind auf die Elemente Entfernung, Deckung und Bewegung rückführbar sowie auf das Element Kommunikation, sofern man nicht allein handelt, sondern in einer Gruppe oder im Trupprahmen. In einer bewaffneten Konfrontation ist richtiges taktisches Verhalten zuallererst, sich aus der Schusslinie heraus zu bewegen. Eine statistische Auswertung unzähliger F-o-F-Kurse ergab, dass allein diese in der Natur des Menschen begründete Verhaltensweise in den meisten Fällen ausreicht, einen Treffer zu vermeiden.

In diesem Zusammenhang sollte sich jeder selbst fragen, bis zu welcher Distanz er einem Fremden die Annäherung gestattet. In der zivilisierten Welt (Mittel-)Europas ist eine Armlänge vermutlich die Mindestdistanz, die gewahrt bleiben sollte. Eine Kommunikation ist so dennoch problemlos möglich. Alles, was sich mit einer gänzlich unbekannten Person näher als Armlänge abspielt, ist entweder bedrohlich oder zumindest als unangenehm einzustufen. Entfernung bedeutet Sicherheit. Je größer die Distanz ist, die ein Angreifer zu überwinden hat, desto mehr Zeit verbleibt einem selbst, die eigene Verteidigung zu organisieren.

Fähigkeiten und Fertigkeiten

Ein Force-on-Force-Training lehrt, dass Grundfertigkeiten wie Zielen, Abzugskontrolle und das so genannte Nachzielen durch nichts zu ersetzen sind. Worauf es darüber hinaus ankommt ist eine adäquate Schießtechnik mit einer sicheren Grundstellung, die einen praktikablen Kompromiss zwischen Stabilität und Mobilität eingeht, einem flüssigen Ziehvorgang der Waffe und einer festen korrekten Waffenhaltung. Verteidigungsschießen baut unweigerlich auf diesem Fundament auf. Ebenso wird bei einem F-o-F-Kurs deutlich, dass Kenntnisse in waffenloser Selbstverteidigung von großem Nutzen sind. Hierbei ist es völlig gleichgültig, um welche Kampfsportart es sich handelt. Reaktionsschnelligkeit und Motorik sind Fähigkeiten, die bei jedem Kampfsport grundlegend geschult werden.

Eine Erfahrung, welche die Teilnehmer an einem F-o-F-Kurs frühzeitig machen, ist die hohe Wahrscheinlichkeit an den eigenen Händen getroffen zu werden. Die Hände befinden sich beim Schießen (insbesondere mit einer Kurzwaffe) in einer exponierten Stellung und darüber hinaus auf der Mittelinie der primären Trefferzone: Dem Oberkörper. Abgesehen davon ist im Nahbereich selbst ein Treffer mit einer kleinen Plastikkugel auf einem Finger oder gar Fingernagel außerordentlich schmerzhaft und hat selbst bei einem F-o-F-Training meistens das sofortige Einstellen der Verteidigungshandlung zur Folge. Übertragen auf das allgemeine Schießtraining wird deutlich, dass dem einhändigen Schießen wesentlich mehr Bedeutung beigemessen werden sollte. Sowohl mit der schussstarken Hand, als auch mit der Unterstützungshand.

Ausrüstung

Der Ausrüstungsaspekt wird oft überbewertet. Im Verteidigungsschießen ist es nicht von Relevanz, mit welchen Anbauteilen eine Waffe versehen ist, um sie für einen speziellen Einsatzzweck zu optimieren. Die Anforderungen an eine Verteidigungswaffe sind simpel. Zum einen muss sie vorhanden sein, zum anderen muss sie zuverlässig sein, und drittens muss sie einigermaßen für ihren Einsatzzweck geeignet sein – mit Betonung auf „einigermaßen". Mitunter werden Schützen den Sinn von vergrößerten Bedienelementen an ihren Pistolen schnell in Frage stellen, weil dadurch die Wahrscheinlichkeit des Hängenbleibens beim Ziehen steigt, sofern Alltagskleidung getragen wird. Ähnlich verhält es sich mit dem Holster, in dem die Pistole getragen wird: Es sollte das einhändige Ziehen und auch das einhändige Wegstecken der Waffe erlauben. Aus Sicherheitsgründen sollte der Abzug vom Holster verdeckt sein. Das Holster sollte die Waffe straff halten. Dadurch werden zusätzliche Riemenverschlüsse (engl. thumb break) überflüssig.

Der Teilnehmer in einer F-o-F-Klasse wird seine Waffe viele Male ziehen und abfeuern. Durch dieses ständige Wiederholen offenbaren sich Ausrüstungsmängel schonungslos. Ein Holster, das klemmt oder das sich beim Ziehvorgang löst und an der Waffe haften bleibt, sollte ausgetauscht werden. Eine Waffe sollte nicht so kompliziert sein, dass vor der Schussabgabe zwei oder drei manuelle Sicherungen deaktiviert werden müssen. Eine weitere sehr interessante Erfahrung ist die Suche nach alternativen Trageweisen der Waffe bzw. des Holsters. Viele Teilnehmer weichen von der traditionellen Position des Holsters hinten rechts, also auf „5 Uhr" (auch kidney-carry genannt) ab. Der neue Trend geht zum so genannten „appendix-carry". Hierbei wird die Waffe in einem speziell angefertigten Holster vorn recht, also auf „2 Uhr" getragen. Und zwar innerhalb des Hosenbundes. Die Zugriffszeit auf die Waffe verringert sich und die Ausholbewegung des rechten Ellenbogens ist weniger auffällig. Ein Fremdzugriff auf die eigene Waffe wird erschwert. Besonders in einem Handgemenge, bei dem die Waffe noch nicht gezogen werden konnte, versucht der Angreifer oft, die Kontrolle zu erlangen, indem er den Oberkörper seines Opfers nach unten drückt. Der Zugriff auf eine im kidney-carry geführte Waffe bietet sich somit geradezu an. Wird die Waffe jedoch im appendix-carry getragen, ist ein Fremdzugriff nahezu ausgeschlossen. Wohingegen der eigene Ziehvorgang dennoch problemlos möglich ist.

Fertigkeiten & Techniken

3.1 Die vier Generationen der Schießausbildung

"Every citizen should be a soldier. This was the case with the Greek and Romans and must be that of every free state" (Thomas Jefferson)

Nicht nur die Taktik unterliegt einem stetigen Prozess der Weiterentwicklung, sondern auch die Schießausbildung. Oftmals fand eine Wechselwirkung zwischen Taktik und Ausbildung statt. Neue Entwicklungen in der Waffentechnik machten neue Taktiken möglich, was wiederum neue Schwerpunkte in der Schießausbildung erforderte. Andererseits ermöglichten neue Ausbildungskonzepte einen effizienteren Einsatz vorhandener Waffensysteme.

Die Schießausbildung lässt sich bis dato in vier Generationen einteilen:

Die erste Generation begann etwa 1889 mit der Erfindung des Rauchlospulvers und damit einhergehend mit einem neuen Bewaffnungstypus des Soldaten. Mehrladegewehre mit einer großen Reichweite erforderten eine neue, aufs Detail bedachte Schießausbildung. Die Ausbildungsvorschrift „USMC Rifle Marksmanship" gilt noch heute als Meilenstein dieser Epoche. Diese Zeit war beispielsweise geprägt durch die Waffensysteme des Langgewehr 89 (Schweiz), den Karabiner 98 (Deutsches Reich).

In der zweiten Generation ab etwa 1914 erkannte man einen Widerspruch zwischen Schießausbildung und Gefechtsausbildung. Soldaten, die in der Lage waren, wiederholgenau präzise Treffer auf 500 m oder mehr anzubringen, waren nicht automatisch dazu befähigt, im Gruppen- oder Zugrahmen unter Gefechtsbedingungen zu agieren. Auch erkannte man in dieser Epoche schon, dass sich Gefechtsausbildung mit Platzpatronen kontraproduktiv auf eine sichere Waffenhandhabung auswirkt. Soldaten werden grundsätzlich und epochenübergreifend eine Platzpatronenwaffe anders handhaben als eine Waffe mit Gefechtsmunition. Lösungsansätze kamen hier in der Ära des Zweiten Weltkriegs von den britischen und den deutschen Streitkräften.

Die dritte Generation, welche in den 1950er-Jahren begann, war geprägt durch die Namen Jeff Cooper, Chuck Taylor und John Farnham. Es wurden Bestrebungen erkennbar, ganzheitliche Ausbildungssysteme zu entwickeln. Ganzheitlich bedeutet, man war nicht mehr nur auf ein Waffensystem fokussiert, sondern behandelte Gewehr, Pistole, wenn nötig Flinte und leichtes Maschinengewehr sowie Scharfschützengewehr gleichberechtigt. Ganzheitlich bedeutete aber auch, eine Triangel herzustellen, aus Sicherheit, Manipulationen an der Waffe und dem Treffen des Ziels an sich. Jeff Cooper setzte diese Gedanken in seiner Schule API (American Pistol Institute), später als Gunsite Ranch bekannt, um und begründete somit die Lehrmeinung der Modern Technique. Doch auch auch dieses System war vorwiegend auf den zahlenden Einzelschützen ausgerichtet und nicht auf einen militärischen Zwei- oder Vier-Mann-Trupp. Die dritte Generation war darüber hinaus geprägt von einer überwiegend statischen Schussabgabe. Alle entwickelten Systeme vertraten bis dato die Auffassung, jede Konfrontation ließe sich durch Schusswaffeneinsatz lösen. Handlungsdirektiven, wie mit einem Angreifer in unmittelbarer Nahdistanz umzugehen sei, existierten nicht.

Ab dem Jahr 2000 setzte sich jedoch mehr und mehr eine neue Denkweise durch. **Die vierte Generation** erkannte auch im militärischen Bereich die Notwendigkeit, Lösungsansätze für die Nahdistanz zu entwickeln und zu integrieren. So entwarf z.B. die Schweizer Armee das Schema der fünf Ringe. In dieser schematischen Darstellung symbolisiert jeder Ring eine mogliche Entfernung zum Gegner, der eine spezielle, charakteristische Abwehrhandlung erfordert. Im innersten Kreis befindet sich der Kopf bzw. die Psyche (engl. Mindset). Der zweite Kreis entspricht Armlängendistanz, gefolgt von Messer- und Spraydistanz. Beim vierten Kreis spricht man von der Schwert- oder auch Pistolendistanz bis etwa 7 m. Der fünfte Kreis reicht bis zu einer Entfernung von 500 m und symbolisiert die Einsatzentfernung des Sturmgewehrs. Der Erkenntnisgewinn aus diesem Schema ist, dass die Schusswaffe nicht immer das erste Instrument zur Bereinigung eines Angriffs sein kann. Gerade für die Kreise 2 und 3 muss der Soldat mit einfachen Nahkampftechniken befähigt werden. Das Schema zeigt aber auch, dass die Einsatzschießausbildung für das Gewehr nicht bei 100 m enden darf, sondern jeder Soldat sein Sturmgewehr so gut beherrschen sollte, um bis zu 500 m einen präzisen Treffer anzubringen.

3.2 Lehrmeinungen im taktischen Schusswaffengebrauch

„Ein gewisser, wenn auch zahlenmäßig kleiner Teil des Volkes macht mit dem Gegner gemeinsame Sache. Erfahrungsgemäß sind Menschen, die materiell viel zu verlieren haben, der Versuchung zur Kollaboration besonders ausgesetzt." (Hans von Dach in „Der totale Widerstand")

Wer die Technik des Verteidigungsschießens erfunden hat, ist nicht mehr eindeutig nachvollziehbar. Fest steht jedoch, dass viele Personen Einfluss auf die Entwicklung hatten. Es bildeten sich mehrere Lehrmeinungen heraus, die nicht miteinander vereinbar sind. Die beiden wesentlichen sind der Weaver Stance und der Modern Isosceles. Beide haben ihre Anhängerschaft und beide haben sich über die Jahre hinweg unabhängig voneinander weiterentwickelt. Durch das notwendige Einbinden einer Gewehrschießtechnik wurden beide Körperhaltungen zu ganzheitlichen Systemen. Darüber hinaus sorgte eine andere Variante des Schießens in den 1960er-Jahren für Furore – das Deutschießen.

3.2.1 Deutschießen

Während des Zweiten Weltkriegs wurde das Pistolenschießen erstmals zum Untersuchungsgegenstand wissenschaftlicher Betrachtungen. Die beiden britischen Polizeioffiziere William E. Fairbairn und Eric A. Sykes stellten 1942 erstmalig Grundsätze des Pistolenschießens auf. In der Nachkriegszeit adoptierten das amerikanische FBI und einige andere militärische und polizeiliche Spezialeinheiten die als Deutschießen bezeichnete Methode in ihre Ausbildungsprogramme. Heute ist das Deutschießen im ernstfallorientierten und praktischen Schusswaffengebrauch nahezu in der Bedeutungslosigkeit versunken.

Die Idee des Deutschießens basiert auf der Annahme, der Schütze könne im Feuergefecht durch bewusstes Nutzen körpereigener Reflexe und Indexpunkte seinen Gegner bis zu einer bestimmten Distanz schneller treffen. Die Schusswaffe wird lediglich in die Richtung des Ziels gedeutet, was dieser Art des Schießens auch den Name Deutschießen einbrachte. Der Schütze hofft einen Zeitvorteil im Feuergefecht realisieren zu können, indem er bewusst auf die Verwendung seiner Visiereinrichtung verzichtet und sich ganz auf körpereigene Reaktionen verlässt. Deutschießen wurde und wird teilweise immer noch als Allheilmittel verstanden, wonach ein Maximum an Trainingserfolg mit einem Minimum an Trainingsaufwand herbeigeführt werden könne. Quasi Treffferergebnisse sich wie von Geisterhand verbessern könnten. Vergessen wird dabei, dass Schießen zwar keine komplexe Wissenschaft ist, aber dennoch auf einige techniklastige und koordinative Bewegungsabläufe baut. Wie beispielsweise das Abkrümmen bzw. die Abzugskontrolle.

Siegfried F Hübner war einer der Pioniere der Deutschusstechnik und brachte sie in den 1970er- und 1980er-Jahren nach mehreren USA-Aufenthalten auch nach Deutschland. Er veröffentlichte einige Bücher zum Thema und begründete damit hierzulande die Lehrmeinung dieser Schießtechnik.

Der Begriff „Deutschießen" hielt sogar Einzug in Texte des Waffengesetzes der Bundesrepublik Deutschland und erhob diese Art des Schießens damit regelrecht zu einer Geheimwissenschaft. Bis heute stellt Deutschießen in der Bundesrepublik Deutschland ein genehmigungspflichtiges Element der Schießausbildung dar, welches ausschließlich einem kleinen Kreis von Berechtigten vermittelt werden darf.

Anspruch und Realität

So alt der Denkansatz zum Deutschießen auch ist, er wird bis heute kontrovers diskutiert. Diese Kontroverse begründet sich vor allem in der Auffassung, lediglich gedeutete, also ungezielte Schüsse auf ein Ziel abzugeben. Und in der Tat wohnen der Technik des Deutschießens einige Kritikpunkte inne.

Schießausbilder sind in der Regel Schützen mit sehr viel Erfahrung und einer hohen Schusszahl im Training. Für sie spielt die zeitliche Ressource nicht eine derart entscheidende Rolle wie für die Auszubildenden. Aufgrund des hohen Übungsniveaus und ihrer ausgeprägten Schießfertigkeiten treffen sie im Training ihre Ziele schneller und präziser. Diesen Umstand machen sich insbesondere Ausbilder beim Deutschießen zunutze, um den Lehrgangsteilnehmern die vermeintliche Vorteilhaftigkeit ihrer Schießtechnik zu beweisen.

Beim Deutschießen wird meist auf Silhouettenscheiben geschossen, die von der Größe und den Umrissen her einem menschlichen Körper entsprechen. Die Schützen stehen im Training fast immer frontal und in kurzer Entfernung zu diesen Scheiben. Der Ausbilder erkennt nahezu jeden Schuss, der diese riesigen Scheiben trifft, als Treffer an. Auf präzise Schüsse wird selbst in Nahdistanz kein Wert gelegt.

Eine Umsetzung von Grundfertigkeiten des Schießens erfolgt ebenfalls nicht. Lehrgangsteilnehmern im Deutschießen wird allermeistens nicht einmal vermittelt, dass es Grundfertigkeiten gibt. Insbesondere auf die Entwicklung einer guten Abzugskontrolle hat diese Ausbildungsmethodik fatale Auswirkungen. Die Teilnehmer eignen sich falsche Bewegungsabläufe beim Abkrümmen an und vertiefen diese Fehler durch immer weiter fortgesetztes falsches Üben. Von allen Grundfertigkeiten im Schießen ist Abzugskontrolle diejenige, die den größten Einfluss auf präzise Treffer hat. Die meisten Fehlschüsse gehen auf das Konto einer schlechten Abzugskontrolle.

Um die Deuteigenschaften während der ungezielten Schussabgabe zu verbessern, raten Ausbilder dazu, den Abzug nicht mit dem Zeigefinger zu betätigen, sondern mit dem Mittelfinger der Schusshand. Der Zeigefinger solle während des Schießens am Schlitten anliegen und auf das Ziel deuten. Die Waffe wird nur mit zwei Fingern und dem Daumen gehalten. Ein sicheres Treffen bis 10 m wäre so möglich.

Der größte Irrglaube beim Deutschießen besteht allerdings darin, die Schüsse durch visuelle Trefferauswertung ins Ziel lenken zu wollen. Das heißt der Schütze fokussiert sein Ziel an und justiert seine Waffe von Schuss zu Schuss immer etwas mehr in den Bereich, den er letztlich zu treffen beabsichtigt. Bemerkenswert ist dabei, dass selbst beim Übungsschießen zu Beginn der Trainingssitzung die ersten abgegebenen Schüsse ihr Ziel kaum treffen. Erst wenn der Schütze nach kurzer Übungszeit sein Muskelgedächtnis entwickelt bzw. wieder gefunden hat und er seine Körperposition exakt zum Ziel ausrichten konnte, werden die Trefferergebnisse besser. Hierin liegt auch die größte Selbsttäuschung beim Deutschießen: Dem Teilnehmer wird bewusst nicht eine Technik des gezielten Schießens vermittelt – eine Technik, die jederzeit unter jeden Umständen funktioniert, sondern ihm wird eine Technik vermittelt, bei der er sich regelrecht „warm schießen“ muss, um akzeptable Treffer zu erzeugen.

In der Praxis des taktikorientierten Schusswaffengebrauchs stößt dieser rein theoretische Denkansatz daher schnell an seine Grenzen. Kein Gebrauchswaffenträger, egal ob Soldat, Polizist oder freiberuflicher Personenschützer, kann sich bei Beginn einer bewaffneten Konfrontation eine Phase des „Warmschießens“ leisten. Vielmehr sollte er eine Schießtechnik verinnerlicht haben, die ihm in der Ultima Ratio Situation einer bewaffneten Auseinandersetzung ein Höchstmaß an Sicherheit und Effizienz bietet und eine Umfeldgefährdung aufgrund von Fehlschüssen auf ein Minimum reduziert. Diese Schießtechnik kann nur der gezielte Schuss mit dem Fokussieren über das Korn der Waffe sein. Jede ungezielte Schussabgabe birgt ein nicht kalkulierbares Risiko in Bezug auf die Gefährdung Unbeteiligter.

Entgegen der Meinung des Deutschießens sollte die Schussabgabe als Kreislauf verstanden werden. Dieser Kreislauf beginnt mit dem Zielvorgang und endet auch wieder mit dem

Zielvorgang. Dazwischen liegen die Elemente Druckpunkt, Abkrümmen, Schuss, Rückstoßverarbeitung und das Nachzielen. Eine Schussabgabe ist erst dann beendet, wenn der Finger wieder am Druckpunkt liegt und die Visierung – in diesem Fall das Korn – wieder auf dem Ziel. Der Gebrauchswaffenträger ist somit auf einen eventuellen Folgeschuss vorbereitet, sollte die Lage diesen erforderlich machen. Der Kreislauf der Schussabgabe lässt sich nur durch konsequentes Üben beschleunigen. Nicht etwa durch Herauslassen bestimmter Elemente, wie es die Technik des Deutschießens versucht zu vermitteln.

Die historische Entwicklung des Deutschießens brachte durchaus kuriose und teils skurrile Tendenzen hervor. Verschiedene Körperhaltungen und Waffenhaltungen wurden kreiert und fanden auch Einzug in Lehrbücher. Einige Meilensteine dieser Evolution sind in der Fotostrecke abgebildet. Das US-amerikanische FBI entwickelte seine eigenen Hüftschusstechniken. Andere Ausbilder griffen mexikanische Hüftschusstechniken auf. Der so genannte Combat Crouch wird sogar noch dieser Tage bei verschiedenen Ausbildungseinrichtungen gelehrt. Hierbei geht der Schütze zur Schussabgabe in die Hocke, während er gleichzeitig seine Waffe anhebt, ohne dabei jedoch seine Visierung zum Zielen zu nutzen.

Deutschießen heute

Aus vorgenannten Gründen gibt es international nur noch wenige Schulen, die Deutschießen ausbilden. Meistens verkaufen diese ihren Kursteilnehmern eine Mischung aus verschiedenen Techniken und versprechen dabei, mit einem Minimalaufwand an Training ein Maximum an Trainingserfolg erreichen zu können. Auch eine Pflege der erworbenen Fähigkeiten durch regelmäßiges Training mit der Schusswaffe würde dann überflüssig. Alles geschehe ausschließlich durch das Nutzen von körpereigenen Abwehrreaktionen in Stresssituationen. Die Marketingstrategie solcher Schießschulen folgt dem Grundsatz, sich ein Alleinstellungsmerkmal zu geben, indem man behauptet, man würde den Teilnehmern das Schießen schneller und mit weit weniger Aufwand beibringen als die Konkurrenz, weil man Grundmuster des menschlichen Verhaltens in Gefahrensituationen nutze. Gern wird hier genannt, dass sich jeder Mensch in einer Gefahrenlage automatisch zur Gefahr hin ausrichte, die Arme hochreißt und sich wegduckt.

Bei derartigen Versprechungen sollte der Endanwender eine gesunde Skepsis an den Tag legen und keinesfalls die Lehrmeinung unreflektiert übernehmen. Besonders dann nicht, wenn Combat Crouch und Hüftschusstechniken das Kursprogramm abrunden. Diese Schnellbesohlung im kampfmäßigen Schießen suggeriert dem Kursteilnehmerlediglich, überSchießfertigkeiten zu verfügen, die er in Wahrheit gar nicht besitzen kann, weil ihm sowohl das technisch richtige Fundament fehlt als auch die regelmäßige Übung. Einmal trainieren und nie wieder üben müssen ist der Wunschtraum vieler Sportler. Er funktioniert beim Schießen aber genauso wenig, wie bei anderen techniklastigen Sportarten, z.B. der Leichtathletik.

Fazit

Sowohl Praxiserfahrung als auch empirische Studien zum Thema widerlegen die Theorie des Deutschießens. Instinktives Schießen war in der Geschichte der Schießausbildung ein Irrweg. Der Schütze verliert an Flexibilität, da instinktives Schießen nur unter sehr engen Rahmenbedingungen erfolgreich angewandt werden könnte. Überschreitet die Entfernung zum Gegner zwei Armlängen oder steht das Ziel in einem anderen Winkel als es im Training geübt wurde, verliert die Deutschusstechnik außerordentlich stark an Effizienz und an praxisgerechter Anwendbarkeit.

Darüber hinaus erfolgt die Schussabgabe im schlimmsten Fall ohne vorherige Beurteilung der Lage, was wiederum juristische Konsequenzen haben kann. Eine Frage, die selbst Befürworter des Deutschießens nicht beantworten können ist: Weshalb haben Waffen eine Visierung, wenn instinktives Schießen funktionieren würde?

3.2.2 Weaver Stance und Modern Technique

Seit Ende der 1950er-Jahre veranstaltet der ehemalige U.S.-Marinecorps-Offizier John D. „Jeff" Cooper im südlichen Kalifornien freie Pistolenwettkämpfe, die schon bald in der „South West Pistol League" (SWPL) zusammengefasst werden sollten. Bei diesen Veranstaltungen wurde schnell offensichtlich, dass gezieltes Schießen mit der Kurzwaffe auf Augenhöhe der beste Lösungsansatz für die meisten Problemstellungen war. Jeff Cooper analysierte in den 1960er-Jahren die Techniken der Gewinner der Wettkämpfe und leitete daraus die Grundsätze seiner „Modern Technique of Pistol" ab. Sportlich organisiertes Schießen hatte demnach einen großen Einfluss auf die Evolution des Weaver Stance.

Die durch Jeff Cooper entwickelte Schießtechnik ging als „Modern Technique" in die Geschichte ein und wurde von Beginn an auf der „Gunsite Academy" gelehrt. Cooper gründete diese Schule 1976 unter dem Name „American Pistol Insti-

Die Yaqui-Hüftschusstechnik
aus den 1970er-Jahren.

Die FBI-Hüftschusstechnik.

Der Combat Crouch.

tute“ (API) in Arizona. Die Modern Technique besteht aus fünf Elementen:

- Einer großkalibrigen Dienstpistole, wie sie bei Militär und Polizei im Einsatz ist.
- Einem standardisierten Ziehvorgang der Pistole.
- Einer Schussabgabe, sobald der erstbeste Haltepunkt hergestellt wurde.
- Einer Abzugsmanipulation, bei der sich der Schütze vom Schuss überraschen lässt, und dem Weaver Stance.

Wobei der Weaver Stance, wie er von Cooper auf der Gunsite Ranch vermittelt wurde nicht vollends der Körperhaltung entsprach, wie sie der kalifornische Sheriff Jack Weaver originär erdachte. Cooper entwickelte eine Abwandlung, bei der die Füße annähernd auf gleicher Höhe stehen und der Oberkörper somit wesentlich mehr dem Ziel zugewandt ist. Dennoch ist diese Schießhaltung als Weaver Stance definiert. Ein Charakteristikum des Weaver Stance ist der abgewinkelte Unterstützungsarm bei einem ausgestreckten und verriegelten Schussarm. Die gesamte Rückstoßenergie wird somit unmittelbar in den Schussarm übertragen. Ein weiteres Weaver-Stance-Merkmal ist das nach vorn Drücken der Schusshand bei gleichzeitigem Zurückziehen der Unterstützungshand. Der Anwender verspricht sich hierdurch eine bessere Kontrolle über den Hochschlag der Kurzwaffe.

Gunsite war die erste private Schießschule in den USA. Die Modern Technique und damit auch der Weaver Stance erlangten durch den großen Zulauf von trainingswilligen Schützen eine doktrinartige Verbreitung. Viele Gunsite Absolventen gründeten in den 1980er-Jahren ihre eigenen Schulen und trugen somit ebenfalls zur Verbreitung der Modern Technique bei. Heute wird die Modern Technique nur noch bei wenigen Schulen gelehrt.

Weaver Stance bladed

Ebenso großen Einfluss auf die Schießausbildung für Militär, Polizei, aber auch zivile Waffenträger hatte Chuck Taylor. Chuck Taylor erkannte während seiner Zeit als Unteroffizier im Vietnamkrieg den akuten Mangel an einer ganzheitlichen Schießausbildung in den US-amerikanischen Streitkräften. Im Jahr 1980 gründete er die ASAA (American Small Arms Academy). Auch er favorisiert die Lehrmeinung des Weaver Stance. Seine Körperhaltung kommt dem Ursprung sehr nahe. Der Schütze steht dabei deutlich eingedreht vom Ziel weg. Seine Fußspitzen, Hüften und der Oberkörper zeigen etwa nach zwei Uhr, weshalb diese Variante auch als „bladed“ bezeichnet wird. Lediglich die Waffe und der Schussarm sind in Richtung Ziel positioniert. Auch hier ist das charakteristische Merkmal des Weaver Stance mit gebeugtem Unterstützungsarm anzutreffen. Der Ellenbogen zeigt senkrecht nach unten. Von ihren Anhängern wird diese Körperhaltung gern als besonders stabil beschrieben. Sie hat jedoch eine Reihe von Nachteilen. Was sich dabei als stabil anfühlt, wird mit einem enormen Maß an Muskelspannung erreicht. Nahezu der gesamte Oberkörper steht unter Spannung. Durch das Drücken und Ziehen von Schuss- bzw. Unterstützungshand wird ebenfalls eine permanente Muskelspannung erzeugt. Beim Rückstoß bewegt sich die Waffe in dieselbe Richtung, in welche der Unterstützungsarm zieht. Der Schussarm muss zur Rückstoßbewältigung daher doppelte Kraft aufwenden. Diese Kraft kann einzig durch Muskelspannung erzeugt werden. Außerdem steht der Schütze asymmetrisch. Der Körper ist nicht in der Lage, den Rückstoß auf natürliche Weise zu absorbieren. Ebenso gibt der Schütze seinen Natürlichen Zielpunkt auf. Und das ist entscheidend: Der Hochschlag der Waffe im Allgemeinen ist kein ausschlaggebender Faktor für schnelle, präzise Schussfolgen. Von Bedeutung ist viel mehr, wie schnell und vor allem reproduzierbar die Mündung nach Rückstoßverarbeitung wieder auf dem Ziel zum Liegen kommt. Das ist jedoch nur durch eine Körperhaltung zu erreichen, welche automatisch im natürlichen Zielpunkt resultiert.

Dennoch gilt das Chuck-Taylor-System als erstes ganzheitliches Schießausbildungssystem weltweit. Der Weaver Stance wird dabei nicht nur als reiner Kurzwaffenanschlag betrachtet, sondern wird auch als Plattform für das Schießen mit Gewehr und Flinte verwendet. Die Lehrmeinung des Weaver Stance bladed ist zumindest für den taktischen Schusswaffengebrauch überholt, und nur noch sehr wenige Schulen bilden sie aus.

Weaver Stance der Modern Technique: Beide Füße stehen auf einer Linie, dennoch ist der Unterstützungsarm abgewinkelt.

Weaver Stance bladed:
Die Fußspitzen, die Hüfte und der Oberkörper zeigen nach zwei Uhr. Nur der Schussarm zeigt in Richtung Ziel. Der Unterstützungsarm ist ebenfalls abgewinkelt.

3.2.3 Modern Isosceles

In den späten 1970er-Jahren wurde das praxisorientierte Schießen nach den Regeln der IPSC (International Practical Shooting Confederation) immer populärer. Anfangs benutzten die Teilnehmer ausschließlich Waffen und Ausrüstung, die sie ohnehin zum Zweck der Selbstverteidigung mit sich trugen oder zu Haus hatten. Viele Schützen investierten viel Zeit und Munition in ihr Training und suchten ständig nach Wegen, die Ziele schneller und präziser zu treffen als andere Wettkampfteilnehmer. Zügige Positionswechsel und eine schnelle Zielerfassung wurden ebenfalls als kritische Elemente erkannt. Rasch offenbarten sich hier die Nachteile des Weaver Stance und seiner Varianten. Mit seiner verriegelten Körperhaltung bot er für die dynamische Umgebung eines IPSC Wettkampfes nur ungenügende Lösungsansätze. Besonders die beiden US-amerikanischen Sportschützen Rob Leatham und Brian Enos leisteten dabei Entwicklungsarbeit. Mit der Versuch-Irrtum-Methode probierten sie viele neuen Elemente aus. Sie veränderten die Handhaltung an der Pistole, ihre Körperhaltung und auch die Fußstellung. Dabei war ihr Ziel keineswegs, eine neue Schießhaltung zu kreieren, sondern einzig und allein, Wettkämpfe zu gewinnen. Dennoch ähnelte das Endresultat der Isosceles-Körperhaltung frappierend. Im Jahr 1983 errangen beide Schützen mit dieser Technik die Plätze 1 und 2 bei den IPSC US-Nationals. Der Abstand zum Drittplatzierten war enorm. Seit Mitte der 1980er-Jahre entwickelten IPSC-Wettkämpfe jedoch ein Eigenleben. Ein Trend weg vom Verteidigungsschießtraining war erkennbar, hin zu einem rein sportlichen Ansatz. Das war Wasser auf die Mühlen der Isosceles-Kritiker. Die behaupteten jetzt, der Modern Isosceles sei zwar perfekt geeignet für das sportliche Schießen, aber für bewaffnete Konfrontationen sei der Weaver Stance nach wie vor das Maß aller Dinge. Diese Meinung wurde von vielen verantwortlichen Schießausbildern bei Militär und Polizei unreflektiert übernommen. Was von Kritikern gern übersehen wurde, ist die Tatsache, dass die Körperhaltung des Isosceles sehr ähnlich der Grundstellung bei Kampfsportarten ist und natürliche Körperreaktionen besser nutzt als der Weaver. Der Isosceles ist somit vorteilhafter für dynamische Szenarien. Durch die symmetrische Armhaltung kann der Rückstoß besser vom gesamten Körper absorbiert werden. Die im Vergleich zum Weaver Stance geringere Muskelanspannung im Körper führt eher zu einer Schießhaltung, welche das Herstellen des natürlichen Zielpunkt begünstigt. Mit etwas Training wird die Waffe nach dem Schuss fast automatisch wieder auf dem Ziel liegen. Gleichzeitig erhöht sich die Erstschusstrefferwahrscheinlichkeit. Zur Technik des Modern Isosceles gehören aber neben dem Element Körperhaltung auch eine Handhaltung, die möglichst viel Handfläche an die Waffe bringt und ein vierstufiger Ziehvorgang. Auch darf der Modern Isosceles nicht nur als reiner Kurzwaffenanschlag betrachtet werden. Es ist ebenso möglich, ihn beim Schießen mit einer Langwaffe zu nutzen.

Der ehemalige FBI-Agent Bill Rogers war Ende der 1980er-Jahre einer der ersten Ausbilder, der mit seiner „Rogers Shooting School" im US-Bundesstaat Georgia die Lehrmeinung des Modern Isosceles auch an behördliche Waffenträger vermittelte. Trainer wie beispielsweise Andy Stanford und Craig Douglas entwickelten den Isosceles weiter. Besonderes Augenmerk galt dabei der Problemstellung von Konfrontationen, die sich im extremen Nahbereich ereignen. Hier ist die Einnahme einer lehrbuchmäßigen Körperhaltung zum Schießen meist nicht möglich. Der Verteidiger muss seine Waffe entweder ganz nah am Körper halten, um sie abfeuern zu können, oder er muss von Nahkampftechniken gebrauch machen. Das Resultat dieser Überlegungen könnte als „Fighting Isosceles" bezeichnet werden. Für beide Fälle hat der Weaver Stance „bladed" bzw. die Modern Technique keine Lösungen parat.

3.3 Anforderungen an ein Schießausbildungssystem

"Demokratie bedeutet: Zwei Wölfe und ein Schaf stimmen darüber ab, was es zu essen gibt. Freiheit bedeutet: Das Schaf ist bewaffnet"

Das Vermitteln eines allgemeingültigen Systems der Waffenhandhabung ist zu einem zentralen Punkt der Ausbildungsszene geworden. Ein Schießausbildungssystem sollte folgende Anforderungen erfüllen: Es muss für alle Waffenarten gleichermaßen anwendbar sein. Es muss den Einzelschützen genauso ausbilden können, wie die Kleingruppe bestehend aus zwei, vier oder mehr Personen. Außerdem hat es den Forderungen nach Einfachheit, Unabhängigkeit und Kohärenz zu genügen, und robust sollte es auch sein. Es muss Abwehr- als auch Angriffshandlungen im Entfernungsbereich von 0 m bis 500 m abdecken können. Eine weitere Anforderung ist die nach einem doktrinfreien System. Die Verbreitung eines Dogmas für eine bestimmten Schießtechnik mit einer bestimmten Waffenart findet nur noch bei Ausbildungseinrichtungen statt, an denen der Umbruch der Szene spurlos vorbeigegangen ist.

Der Modern Isosceles ist die derzeit bestimmende Lehrmeinung.

Die Plattform lässt sich sowohl für den Kurzwaffenanschlag als auch den Langwaffenanschlag nutzen.

Darüber hinaus sollte ein Schießausbildungssystem von den Eckpunkten „Sicherheit“, „Waffenmanipulation“ und „Treffen“ begrenzt werden. Das Resultat ist eine Triangel. Erstmals publiziert wurde dieser Modellgedanke von Jeff Cooper. Es entstanden seither mehrere Abwandlungen und Modifikationen. Die derzeit gebräuchliche Triangel kann wie folgt abgebildet werden:

Triangel der Schießausbildung

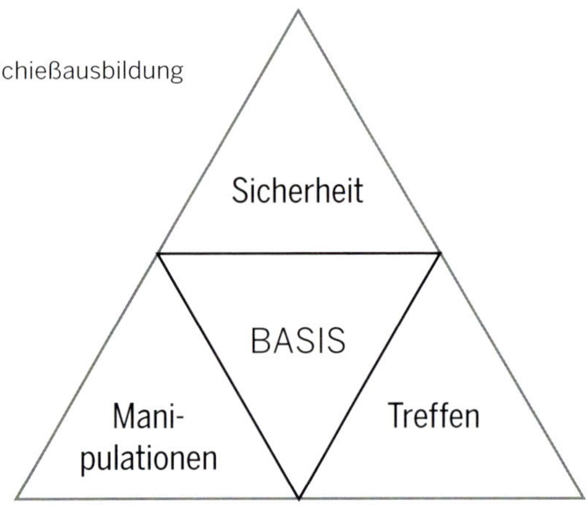

Sicherheitsregeln

Es existiert eine Vielzahl von Sicherheitsregeln. Insbesondere Schießsportordnungen und unzeitgemäße behördliche Schießausbildungen unterliegen dem Dogma der absoluten Sicherheit. Oftmals wird versucht, durch mehr Sicherheitsregeln mehr Sicherheit zu erzeugen. Dieser rein theoretische Denkansatz führt jedoch regelmäßig zu einer nicht mehr praxisgerechten Waffenhandhabung.

Ebenfalls Jeff Cooper war es, der vier Sicherheitsregeln aufstellte, die bis heute Gültigkeit besitzen:

1.) Jede Waffe ist geladen. (Keine Zusätze. Keine Einschränkungen.)
2.) Die Mündung überstreicht nur das, was ich auch beschießen will.
3.) Der Finger berührt erst dann den Abzug, wenn ich die Entscheidung zum Schuss getroffen habe.
4.) Ich kenne mein Ziel und achte auf das, was dahinter ist.

Relevante Manipulationen an der Waffe und wie sich der Schütze selbst dazu befähigen kann, sein Ziel zu treffen, werden nachfolgend in Teil III des Buches beschrieben.

Triangel

Erst wenn der Anwender die Eckpunkte der Triangel fehlerfrei umsetzen kann, sollten weitere Ausbildungssegmente integriert werden. So z.B. das Nutzen von anderen Schießpositionen, das Schießen aus der Deckung und die Integration des Elements Bewegung. Es könnte noch ein weiteres Segment hinzugefügt werden, bei dem der Schütze alle Waffenmanipulationen und das Schießen bei Dunkelheit übt sowie das Schießen im extremen Nahbereich oder auch die Messgröße Zeit implementiert wird. Dieser erweiterte Teilbereich der Schießausbildung lässt sich in

Erweiterte Triangel

einer erweiterten Triangel darstellen.

Bis zu diesem Punkt fand lediglich die Ausbildung am Einzelschützen statt. In einem aufbauenden Schritt werden von nun an Partnerübungen im Zwei-Mann-Trupp integriert. Die Komplexität erhöht sich und damit auch die Anforderungen an den Schützen. Er muss jetzt nicht nur sich selbst kontrollieren, sondern auch jederzeit über die Bewegungen seines zweiten Mannes im Bilde sein. Defizite in der kleinsten Triangel „Sicherheit, Waffenhandhabung und Treffen“ sind jetzt nicht mehr akzeptabel und würden eher eine Gefährdung darstellen, als den Lernfortschritt zu fördern.

Lehrinhalte im Zwei-Mann-Trupp sollten sich zu allererst um den Punkt „Feuerüberlegenheit“ drehen. Wie kann Feuerüberlegenheit gewonnen, wie kann gehalten werden? Über welche Hilfsmittel zur Destabilisierung des Gegners verfügt der Zwei-Mann-Trupp und wie können die eingesetzt werden. Das Gewinnen von Feuerüberlegenheit lie-

Triangel 2-Mann-Trupp

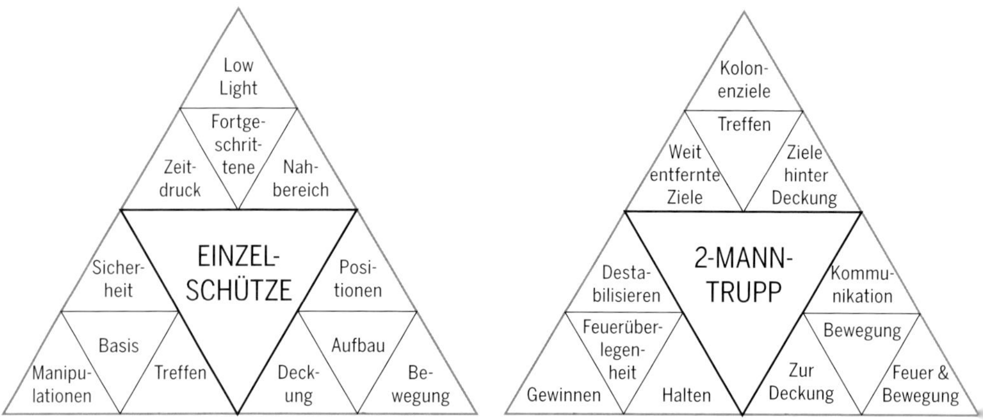

ße sich mit der Abkürzung BAD zusammenfassen: Brutal – Aggressiv – Dynamisch. Auch für alle anderen Vorgehensweisen im Trupprahmen sollten diese Eigenschaften bestimmend sein. Das Element „Bewegung“ erhält im Trupprahmen eine neue Dimension. Feuer und Bewegung müssen unter den Partnern abgestimmt werden. Kein Feuer ohne Bewegung, keine Bewegung ohne Feuer. Das taktische Element Kommunikation muss ab diesem Niveau der Ausbildung mit eingebunden werden.

Die bereits erworbene Befähigung zum Treffen des Ziels wird jetzt um Ziele erweitert, die außerhalb der Normaldistanz des Durchgehenden Visierbereichs liegen, um Ziele hinter Deckungen und um multiple Ziele (Ziele in Überzahl).

Nachdem der Zwei-Mann-Trupp dieses Ausbildungssegment durchlaufen hat, ist die Symbiose hin zum Vier- oder gar Acht-Mann-Trupp nur noch ein formeller Schritt. Im letzten Segment liegt der Schwerpunkt auf Führungsarbeit des jeweiligen Gruppen-

Vollständige Triangel

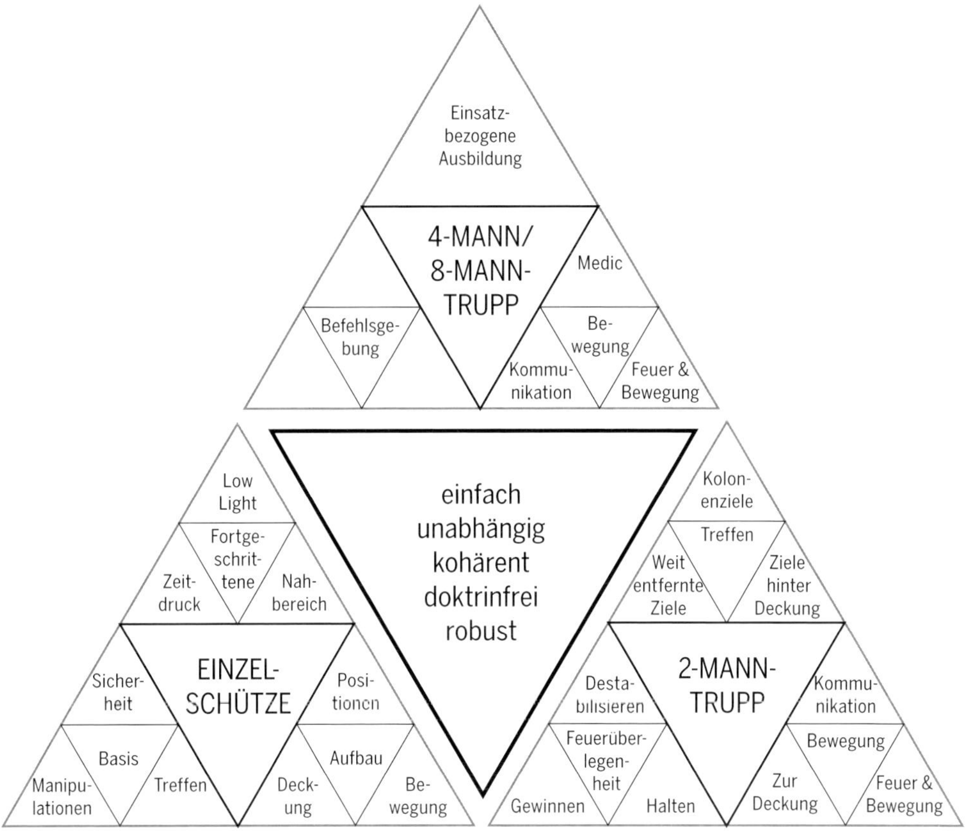

führers. Diese Lehrinhalte sollten aber dennoch jedem Gruppenmitglied nahe gebracht werden. Ein Ersatz des Gruppenführers sollte in einer Kleingruppe ad hoc ohne Abstriche in der Führungsbefähigung möglich sein.

Darüber hinaus ließen sich in diesem Segment noch Elemente der einsatzbezogenen Ausbildung integrieren.

Die Triangel der Schießausbildung stellt in dieser oder ähnlicher Form das Gerüst der Schießausbildung in der Schweizer Armee dar. Das Schweizer Schießkonzept gilt als das weltweit durchdachteste.

3.4 Die 4 Grundfertigkeiten des Schießens

"Accuracy takes precedence over speed."
(Michael Plaxco shooting principle, # 1)

Schießen ist keine komplexe Wissenschaft, sondern eine Kombination von einfachen Bewegungsabläufen. Es gibt vier Grundfertigkeiten, die beim Schießen beherrscht werden müssen. Unabhängig von der Waffenart und vom Zweck des Schießens spielen diese Grundfertigkeiten immer eine gleich große Rolle. Ohne sie ist der präzise Schuss nicht das Ergebnis eines methodischen Vorgehens, sondern lediglich Zufall. Die Rede ist vom Visierbild, dem Haltepunkt, Abzugskontrolle und dem so genannten Nachzielen.

Neben diesen Grundfertigkeiten existieren verschiedene Schießtechniken. Schießtechniken unterscheiden sich hinsichtlich der Zweckbestimmung der Schussabgabe. Zu ihr gehören die Elemente Körperhaltung, Waffenhaltung und Atmung. Sie dient lediglich dazu, die vier Grundfertigkeiten unter gegebenen Rahmenbedingungen effektiv umzusetzen.

Ein Sportschütze in der Olympischen Disziplin Freie Pistole nutzt eine andere Technik als ein IPSC-Schütze – bedient sich allerdings derselben vier Grundfertigkeiten. Im Langwaffenbereich unterscheidet sich die Schießtechnik eines Biathleten ganz erheblich von der eines Gebrauchswaffenträgers, dessen Training auf den Verteidigungsfall ausgerichtet ist. Ein Biathlet hat seine Schießtechnik den sportlichen Gegebenheiten angepasst. Er kennt die Anzahl und die Entfernung seiner Ziele. Seine Technik als auch die gesamte Ausrüstung sind speziell darauf abgestimmt, unter sehr hoher körperlicher Belastung und Zeitdruck zu schießen. Ohne diese Spezifikation in der Schießtechnik ist eine erfolgreiche Teilnahme in dieser Hochleistungssportart nicht denkbar. Dennoch sind für einen Biathleten die vier Grundfertigkeiten Visierbild, Haltepunkt, Abzugskontrolle und Nachzielen von ebenso großer Bedeutung wie für einen Gebrauchswaffenträger. Allerdings würde eine derart weit reichende Spezifikation in Sachen Technik und Ausrüstung die Universalität einschränken und zum Nachteil ausarten.

Visierbild

Methodisch ist es sinnvoll, den Zielvorgang in zwei Teilaspekte zu zerlegen: In das Zielen im Sinne von Herstellen eines Visierbilds aus Kimme und Korn (engl. sight alignment) und das Projizieren des Visierbilds auf das Ziel, dem so genannten Haltepunkt (engl. sight picture). Das Zielen kann als ein Zustand beschrieben werden, bei dem die Spitze des Korns horizontal und vertikal in der Kimme zentriert wird. Ungeachtet dessen, ob ein Ziel vorhanden ist oder nicht. Bei einer Kimme kann es sich sowohl um eine Loch- als auch V-Kimme handeln. Das Auge bringt beim Herstellen des Visierbilds zwei Punkte in eine Linie: Die Kimme und das Korn. Insbesondere beim Schießen mit Langwaffen lässt sich die Eigenpräzision des Schützen dadurch erhöhen, dass immer derselbe Augenabstand zur Kimme hergestellt wird. Der Augenabstand wird bestimmt durch die Kopfhaltung des Schützen. Im weiteren Verlauf der Abhandlung wird noch beschrieben werden, mit welchen Hilfsmitteln eine beliebig oft reproduzierbare Kopfhaltung erreicht werden kann.

Haltepunkt

Der Haltepunkt entsteht, wenn das Visierbild auf ein Ziel gelegt, bzw. projiziert wird. Das menschliche Auge hat jetzt drei Objekte in eine Linie zu bringen. Die Kimme, das Korn und das Ziel. Das Auge ist nicht in der Lage alle drei Ebenen in gleicher Schärfe wahrzunehmen. Es sollte sich daher grundsätzlich auf das Korn fokussieren. Kimme als auch das Ziel werden dennoch mit einer hinreichenden Schärfe erkennbar bleiben.

Praktische Anwendungen der Grundfertigkeit „Haltepunkt" können z.B. das „Fleckzielen" sein oder „Ziel aufsitzen lassen" oder die Arbeit mit einem Vorhaltemaß bei Schüssen auf bewegte Ziele oder bei Seitenwind.

Abzugskontrolle

Die wichtigste Grundfertigkeit bei der Schussabgabe ist die ergonomisch-menschliche Mechanik des Abkrümmens; auch als Abzugskontrolle (engl. Trigger Control) bezeichnet. Bei einer korrekten Abzugskontrolle darf weder das Visierbild noch der Haltepunkt gestört werden. Die überwiegende Menge von schlechten Schießergebnissen ist auf eine mangelhafte Abzugskontrolle zurückzuführen. Selbst erfahrene Schützen sollten diesen kritischen Aspekt des Schießens nicht leichtfertig übergehen, sondern regelmäßig Trainingseinheiten durchführen, die sich ausschließlich mit dem Drücken des Abzugs befassen. Ziel muss sein, dass sich die Waffe beim Abdrücken nicht bewegt. Eine Waffe bewegt sich aufgrund des Rückstoßes und nicht aufgrund des Abkrümmens des Abzugs.

Grundsätzlich sollte die Hand das Griffstück der Waffe so hoch wie möglich erfassen. Sie muss fest, aber nicht verkrampft am Griffstück anliegen. Beim Abdrücken darf sich ausschließlich der Zeigefinger bewegen. Alle anderen Finger der Hand dürfen sich bei einer korrekten Abzugsbewegung nicht bewegen. Wie schwer diese einfache Forderung umzusetzen ist, zeigt sich, wenn man den Zeigefinger abkrümmt, ohne dabei eine Waffe oder einen

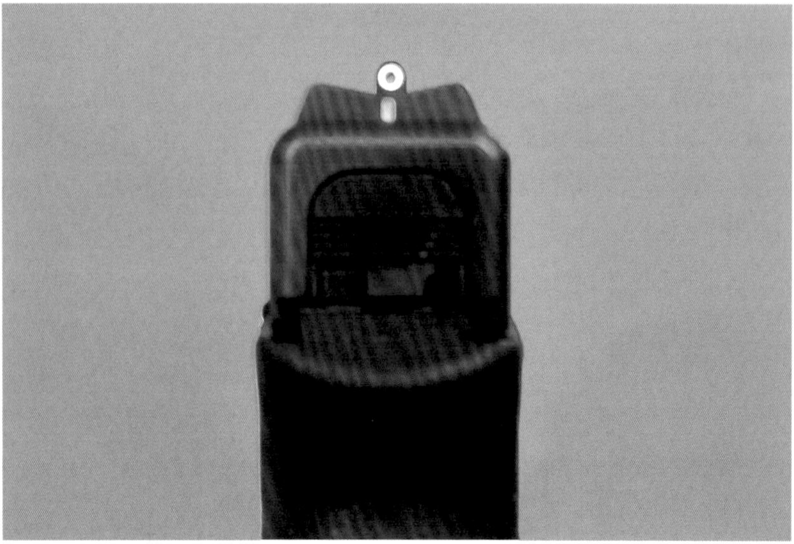

Visierbild mit Haltepunkt: Der Zielvorgang teilt sich in zwei Aktionen. Herstellen des Visierbilds und der Projektion auf das Ziel. Das Auge ist dabei nur auf das Korn fokussiert.

anderen Gegenstand in der Hand zu haben. Bei den meisten Menschen wird sich bei dieser Übung mindestens der Mittelfinger mitbewegen.

Der Weg des Zeigefingers sollte parallel zur Laufachse und ruckfrei verlaufen. Die Auslösung des Schusses sollte überraschen und nicht bewusst herbeigeführt werden. Der Zeigefinger zieht den Abzug bis zum hinteren Anschlag. Nach der Rückstoßverarbeitung lässt der Finger den Abzug in einer kontrollierten Bewegung nach vorn gleiten, bis dieser spürbar und hörbar wieder einrastet. Der Finger liegt jetzt automatisch wieder am Druckpunkt an und wäre auf einen Folgeschuss vorbereitet. Diese Technik wird auch als Trigger Reset bezeichnet. Während des gesamten Abzugsvorgangs hat der Finger nie den Kontakt zum Abzug verloren.

Von Beginn an sollte in der Ausbildung auf eine korrekte Umsetzung des Trigger Reset geachtet werden. Diese Technik trägt dazu bei, auch bei Gebrauchswaffen mit relativ hohen Abzugsgewichten eine gute Abzugskontrolle zu entwickeln. Sie verhindert eine Falschkonditionierung des Abzugsfingers und ermöglicht im weiteren Verlauf eine bessere Entwicklung hin zu schnelleren Schussserien.

Oft wird in der Fachliteratur beschrieben, dass nur ein bestimmter Teil des Zeigefingers den

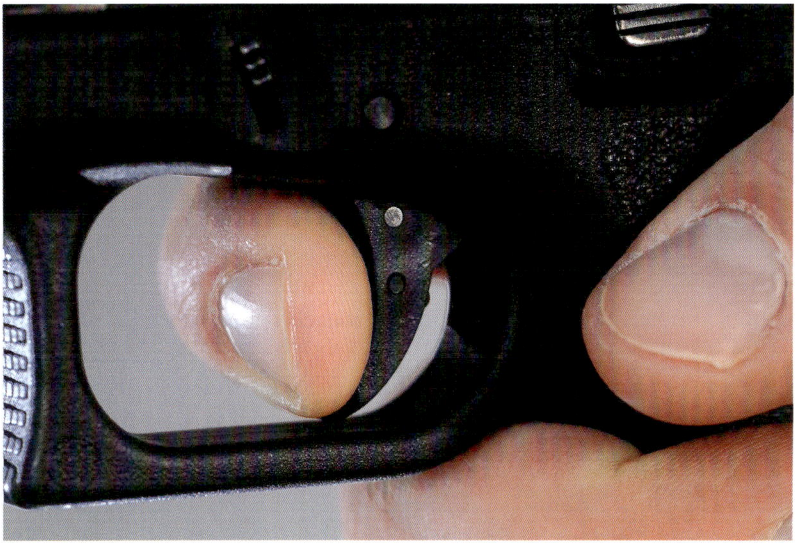

Abzugskontrolle: Beim Schießen mit Gebrauchswaffen ist es zweitrangig, welcher Teil des Fingers den Abzug berührt. Der Abzugsvorgang muss ruckfrei und parallel zur Laufachse erfolgen. Erst wenn der Abzug den hinteren Endpunkt erreicht hat, wird er in einer kontrollierten Bewegung nach vorn begleitet, bis er hörbar und spürbar wieder einrastet.

Abzug der Waffe berühren darf. Dieser Forderung ist in der Realität aber nicht immer nachzukommen, weil die anatomischen Gegebenheiten jedes Menschen verschieden sind. Im Grunde spielt es keine Rolle, welcher Teil des Fingers am Abzug liegt, so lange der Abzugsvorgang kontinuierlich, ruckfrei und parallel zur Laufachse verläuft.

Nachzielen

Beim Nachzielen (engl. Follow Through) werden nach Rückstoßverarbeitung und Trigger Reset wieder das Visierbild und der Haltepunkt hergestellt. Der Finger liegt wieder am Druckpunkt. Erst jetzt ist die Schussabgabe beendet. Der Schütze ist auf einen schnellen Folgeschuss vorbereitet.

Umsetzen der vier Elemente

Die vier Elemente Visierbild, Haltepunkt, Abkrümmen und Nachzielen müssen bei jeder Schussabgabe angewandt werden. Zum Training der vier Grundfertigkeiten empfiehlt sich der so genannte „Dot Drill“ (siehe Kapitel 3.16 Standard- und Grundübungen). Bei dieser Übung werden mit der Kurzwaffe aus 3 m Entfernung Punkte von etwa einem Zoll Durchmesser beschossen. Als Zielmedium dient ein A4-Blatt mit zwölf Punkten. Dem

Schützen wird kein Zeitlimit gesetzt. Die Übung gilt als erfüllt, wenn pro Punkt drei Treffer platziert werden können. Fehlschüsse sind nicht akzeptabel. Das fehlerfreie Absolvieren der Übung gelingt nur, wenn die vier Grundfertigkeiten korrekt umgesetzt werden. Sie ist somit nicht nur Trainingsmöglichkeit, sondern auch Indikator für das individuelle Leistungsniveau des Schützen.

3.5 Modern Isosceles – Die bestimmende Technik

„If your shooting stance is good, you are probably not moving fast enough."
(James Yeager, Tactical Response)

Schießausbilder haben die Verpflichtung, ihren Schülern Techniken und Taktiken zu vermitteln, die deren Leben oder das Leben anderer retten könnten. Diese Verantwortung sollte nicht auf die leichte Schulter genommen werden. Fertigkeiten, die in bestimmten Situationen das Überleben sichern sollen, müssen insbesondere um drei Schlüsselfaktoren herum aufgebaut werden.

Der erste Schlüsselfaktor ist die schnelle Erlernbarkeit der Technik, der zweite Schlüsselfaktor ist die universelle Einsetzbarkeit und der dritte die Stressstabilität bei ihrer Anwendung. Alle neuen Ideen und Lösungsansätze für taktische Szenarios, aber auch altbewährte Techniken müssen an diesen drei Kriterien gemessen werden. Nicht jede Technik, die im Training hervorragend funktioniert, ist auch für den Ernstfall geeignet.

Angewandt auf eine adäquate Schießtechnik bedeuetet dies, dass grobmotorische Bewegungen in Stresssituationen eher funktionieren als das feinmotorische Fingern an filigranen Hebelchen. Bewegungen, die einem Baukastensystem entstammen, sind prinzipiell besser geeignet als hochspezifizierte Bewegungen, die nur in einer bestimmten Situation erfolgreich angewandt werden können. Denn jede Spezifikation kann Universalität einschränken und zum Nachteil ausarten. Es sollte nie nach dem theoretischen Optimum für eine bestimmte Situation gesucht werden, sondern nach einem praktikablen Maximum für den allgemeinen Fall.

Grobmotorische Bewegungen werden allgemein definiert als Bewegungen, bei denen große Bereiche der Hauptmuskelgruppen involviert sind und keine Notwendigkeit einer komplexen Entscheidungsfindung besteht. Feinmotorische Bewegungen hingegen erfordern nur die Anwendung kleiner Muskelgruppen sowie zusätzlich immer eine Hand-Auge-Koordination.

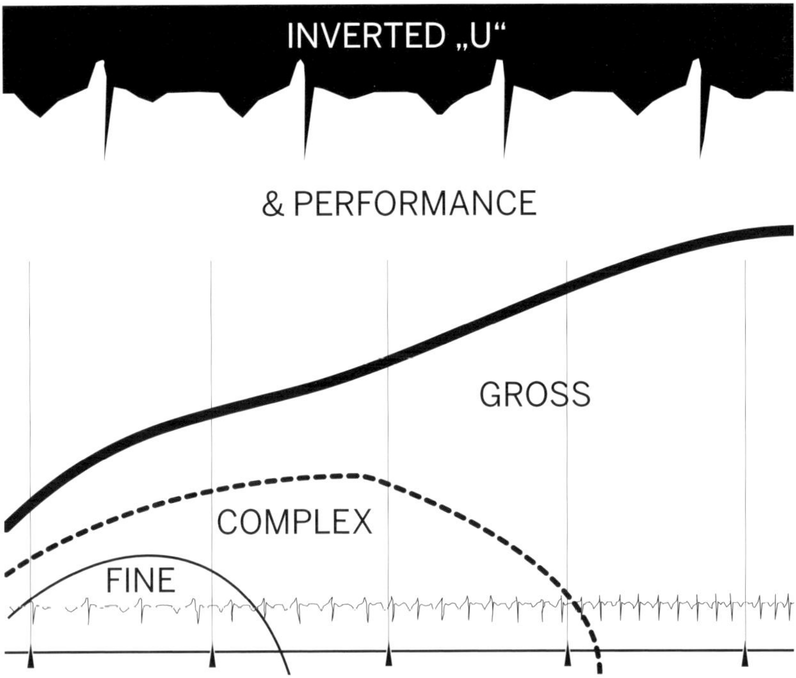

Inverted-U Hypthese: Zusammenhang zwischen Stresslevel (Herzschlag) und der Durchführbarkeit von fein-, komplex- und grobmotorischen Bewegungen.

Relevanten Einfluss auf die erfolgreiche Anwendung bestimmter Bewegungsabläufe hat unter anderem die Herzfrequenz. Dieser Zusammenhang wurde erstmals in der „Inverted-U-Hypothese“ dargestellt(13). Deren Kernaussage ist, dass ab einer Herzfrequenz von 120 Schlägen pro Minute feinmotorische Abläufe kaum noch erfolgreich ausgeführt werden können. Wohingegen grobmotorische Bewegungen, denen kein Zwang zur Entscheidungsfindung zu Grunde liegt, kaum vom Stresslevelund der Herzfrequenz beeinflusst werden.

In einer 1989 erschienen Studie von H. Westmoreland wird der Frage nachgegangen, welche Schießtechnik bei unerwartet auftretenden Situationen eher angewandt wird. Die Teilnehmer waren überwiegend Schützen, die den Weaver Stance favorisierten. Bei insgesamt 66 Fällen nutzten die Teilnehmer in etwa 95% die Isosceles Körperhaltung, obwohl sie auf den Weaver Stance trainiert waren. Westmoreland zog aus diesem Experiment die

(13) Vgl. Siddle, Bruce, Sharping the Warriors Edge, PPCT Research Publications, Belleville (IL), 2006

Schlussfolgerung, dass der Weaver Stance mit seiner unsymmetrischen Stellung eine eher unnatürliche Körperhaltung darstellt, der menschliche Körper in Extremstresssituationen allerdings dazu neigt, einem angeborenen Reflex zu folgen. Dieser Reflex äußert sich in einer nahezu symmetrischen Bein- und Armhaltung und einer Drehung des gesamten Körpers hin zur Gefahr.

3.5.1 Körperhaltung und Atmung

Szenarien, in denen die Schusswaffe als Ultima Ratio zur Selbstverteidigung eingesetzt werden soll, sind immer von einer hohen Eigendynamik geprägt. Die Körperhaltung bzw. die Grundstellung sollte immer einen praktikablen Kompromiss aus Stabilität und Mobilität darstellen. In der Grundstellung steht der Schütze mit dem Oberkörper dem Ziel zugewandt. Die Füße sind schulterbreit positioniert. Der rechte Fuß ist zurückgesetzt und der Oberkörper etwas nach vorn gebeugt. Erfahrungsgemäß bedient die versetzte Fußstellung, die im Kampfsport mitunter auch als Standkreis bezeichnet wird, die Forderung nach Mobilität am besten. Gleichzeitig erhöht sie die Stabilität. Mit dieser Körperhaltung und Gewichtsverteilung ist zügiges Reagieren bzw. Ausweichen nach allen Richtungen möglich, und zwar unabhängig davon, ob eine Kurz- oder Langwaffe benutzt wird. Die hier vorgeschlagene Körperhaltung und Fußstellung dient lediglich als eine Technik, um die Grundfertigkeiten unter gegebenen Rahmenbedingungen des taktischen Handelns effektiv umzusetzen. Unter diesen Rahmenbedingungen wird eine statische Schussabgabe sehr unwahrscheinlich sein. Die hohe Eigendynamik des Szenarios wird zwangsläufig auch eine Eigenbewegung des Schützen erforderlich machen. Die Grundstellung dient deswegen mehr dazu, sich in einer bewaffneten Konfrontation ein Maximum an Bewegungsoptionen offen zu halten.

Großen Einfluss auf die erfolgreiche Umsetzung der Grundfertigkeiten hat die Waffenhaltung. An dieser Stelle zeigt sich ein Vorteil der eben beschriebenen Körperhaltung: Kurzwaffe und Langwaffe (z.B. Büchse oder Flinte) können benutzt werden, ohne das der Bediener dafür seine Grundstellung ändern muss.

Die Atmung als Element der Schießtechnik gewinnt besonders beim Präzisionsschießen (mit Langwaffen) an Bedeutung. Ohne eine spezielle Atemtechnik haben Wettkampfteilnehmer beim Biathlon kaum Aussicht auf Erfolg. Bei der Verwendung von Gebrauchswaffen in taktischen Szenarios ist die Atemtechnik nicht ausschlaggebend.

3.5.2 Grifftechnik Pistole

Die Grifftechnik ist die unmittelbare Schnittstelle zwischen Mensch und Waffe. Sie hat erheblichen Einfluss auf die Präzision bei schnellen Schussserien. Die eigene Grifftechnik zu perfektionieren, kann manchmal ein Prozess von mehreren Jahren sein.

Für den Aufbau einer stabilen Grifftechnik sind zwei Kriterien ausschlaggebend: Zum einen muss die Pistole so hoch wie möglich gefasst werden, um die bestmögliche Kontrolle über das Drehmoment der Waffe während der Schussabgabe zu erlangen. Zum anderen muss so viel Handfläche wie möglich an der Pistole anliegen, um den Rückstoß der Waffe besser verarbeiten zu können. Je mehr Handfläche, desto mehr Reibung, desto mehr Rückstoßkontrolle.

Aufbau des stabilen Waffengriffs

Der Griff muss fest sein, darf aber nicht verkrampfen. Empfehlenswert ist, die Waffe mit der rechten Hand so hoch zu fassen, wie es die Griffstückgestaltung erlaubt. Der Daumen der Rechten (also der Schusshand) darf dabei nicht an der Waffe liegen, sondern muss der linken Hand ausreichend Platz lassen, dass auch diese möglichst hoch an das Griffstück angelegt werden kann. Der linke Daumen zeigt dabei nach vorn und liegt am Rahmen an, um die Waffe zusätzlich zu stabilisieren. Die Finger der linken Hand sollten das Griffstück so umschließen, dass sie geöffnet in einem Winkel von ca. 45° nach unten zeigen würden. Im oberen Bereich des linken Handgelenks (die Verlängerung des Daumens) sollte sich dabei etwas Spannung aufbauen. Die Haltearbeit wird maßgeblich von der linken Hand erbracht. Die Rechte liegt relativ entspannt am Griffstück. Der Daumen der rechten Hand kommt ohne weitere Funktion auf der linken Hand zu liegen. Ein Drücken mit dem rechten Arm nach vorn bei gleichzeitigem Zurückziehen der linken Hand ist bei dieser Technik nicht erforderlich.

Auf was zu achten ist

Manchmal kommt es vor, dass der Daumenballen der Linken Kontakt zum Schlittenfanghebel bekommt und somit ein Arretieren des Schlittens bei leergeschossenem Magazin unterbindet.

Nach dem Beseitigen einer Störung oder dem Nachladen der Waffe sollte im Training unbedingt darauf geachtet werden, wieder die korrekte Grifftechnik herzustellen. Alle anderen Varianten, die zwar einen vermeintlichen Zeitgewinn bringen aber weit weniger stabil sind, sollten als nicht akzeptabel verworfen werden. Das Gleiche gilt für das Ziehen der Waffe unter Zeitdruck.

Was ebenfalls kontraproduktiv wirkt, sind diverse Grifftechnik-Variationen. Beide Daumen nach

Die Schusshand greift die Waffe so hoch wie möglich, der Daumen liegt nicht an.

Die Unterstützungshand fügt sich mit dem Handballen in die freie Stelle ein. Die Finger zeigen in einem 45°-Winkel nach unten.

Die Unterstützungshand umschließt die Schusshand. Der linke Daumen zeigt nach vorn und liegt am Rahmen der Waffe an.

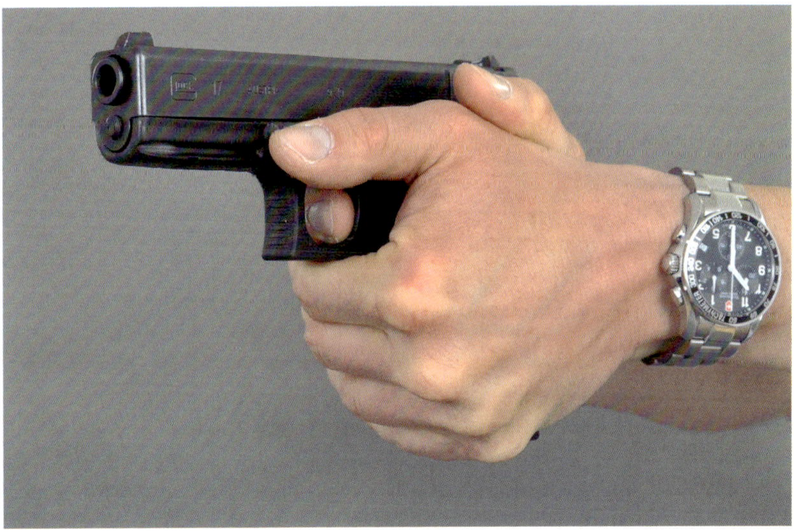

Der beidhändige Waffengriff ist hergestellt. Der Schütze verfügt so über ein Maximum an Rückstoßkontrolle.

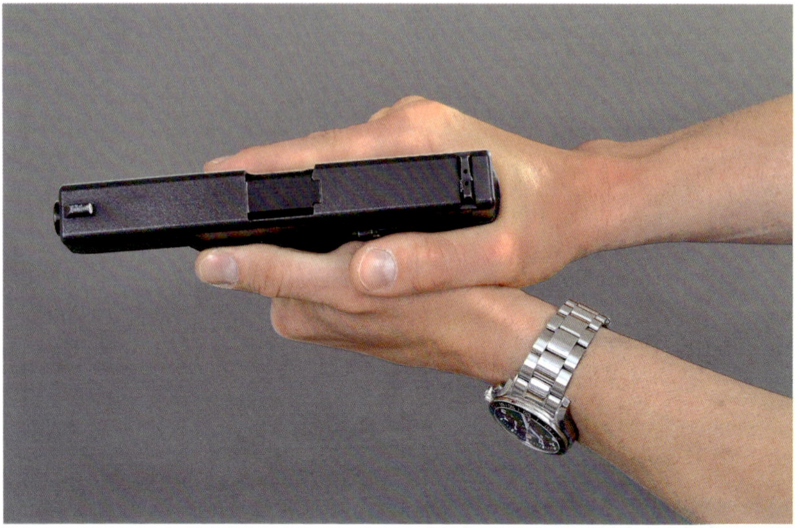

Der beidhändige Waffengriff von oben.

Falsch: Waffe wird zu tief gegriffen. Körbchenbildung mit der linken Hand ist unzweckmäßig und verhindert eine Weiterentwicklung zu schnellen Schussfolgen.

oben stehen lassen, ist auf Schießständen oft zu beobachten. Besonders bei Schützen, die nach der Lehrmeinung der Modern Technique oder des Weaver Stance schießen. Einen Vorteil bringt diese Modifikation ebenso wenig wie das Kreuzen der Daumen auf der linken Waffenseite oder eine Körbchenhaltung.

3.5.3 Ziehvorgang

Das Ziehen einer Kurzwaffe ist ein komplexer Bewegungsablauf. Zur Vervollkommnung bedarf es nicht nur der Unterweisung eines kompetenten Ausbilders, sondern auch des regelmäßigen Übens. Durch die Aufgliederung des Ziehvorgangs in vier Phasen und das Nutzen von Referenzpunkten wird das Erlernen erleichtert und die Selbstkontrolle beim Üben verbessert.

Phase 1

In der Grundstellung steht der Schütze mit dem Oberkörper dem Ziel zugewandt. Die Füße sind schulterbreit positioniert und befinden sich fast auf einer Linie. Der rechte Fuß ist geringfügig zurückgesetzt. Die rechte Hand geht zur geholsterten Waffe und umschließt das Griffstück. Die linke Hand geht zur Brust und wird flach auf den Brustkorb abgelegt. Der Daumen ist dabei abgespreizt und zeigt nach oben. Der Oberkörper des Schützen ist jetzt leicht nach vorn gebeugt.

Phase 2

Die rechte Hand zieht die Waffe in einer geraden Bewegung nach oben aus dem Holster. Der Ellenbogen geht dabei so weit wie möglich nach oben und nach hinten. Die Mündung der Waffe zeigt in Schussrichtung nach vorn und in einem Winkel von ca. 45° nach unten. Die Waffe liegt teilweise mit dem Griffstück am Rippenbogen des Schützen an. Der Schlitten der Pistole darf in seiner Funktion nicht beeinträchtigt sein. Die linke Hand hat ihre Position noch nicht verändert.

Phase 3

Der beidhändige Waffengriff wird hergestellt. Dabei bewegt sich die rechte Hand mit Waffe nach vorn, in dieser Vorwärtsbewegung schließt sich die linke Hand sowohl um die Rechte als auch um das Griffstück der Waffe. Die Laufachse befindet sich jetzt parallel zum Erdboden und zeigt in Richtung des Ziels.

Phase 4

Die Waffe wird auf Augenhöhe gebracht und stößt nach vorn dem Ziel entgegen. Erst jetzt wird der Finger an den Abzug gelegt. Die Arme werden dabei nicht ganz ausgestreckt, die Muskulatur in den Schultern sowie im restlichen Oberkörper sollte nicht unter Spannung stehen. Der Rückstoß von modernen Gebrauchspistolen ist aber nicht so

Phasen des Ziehvorgangs:
Phase 1

Phase 2

Phase 3

Phase 4

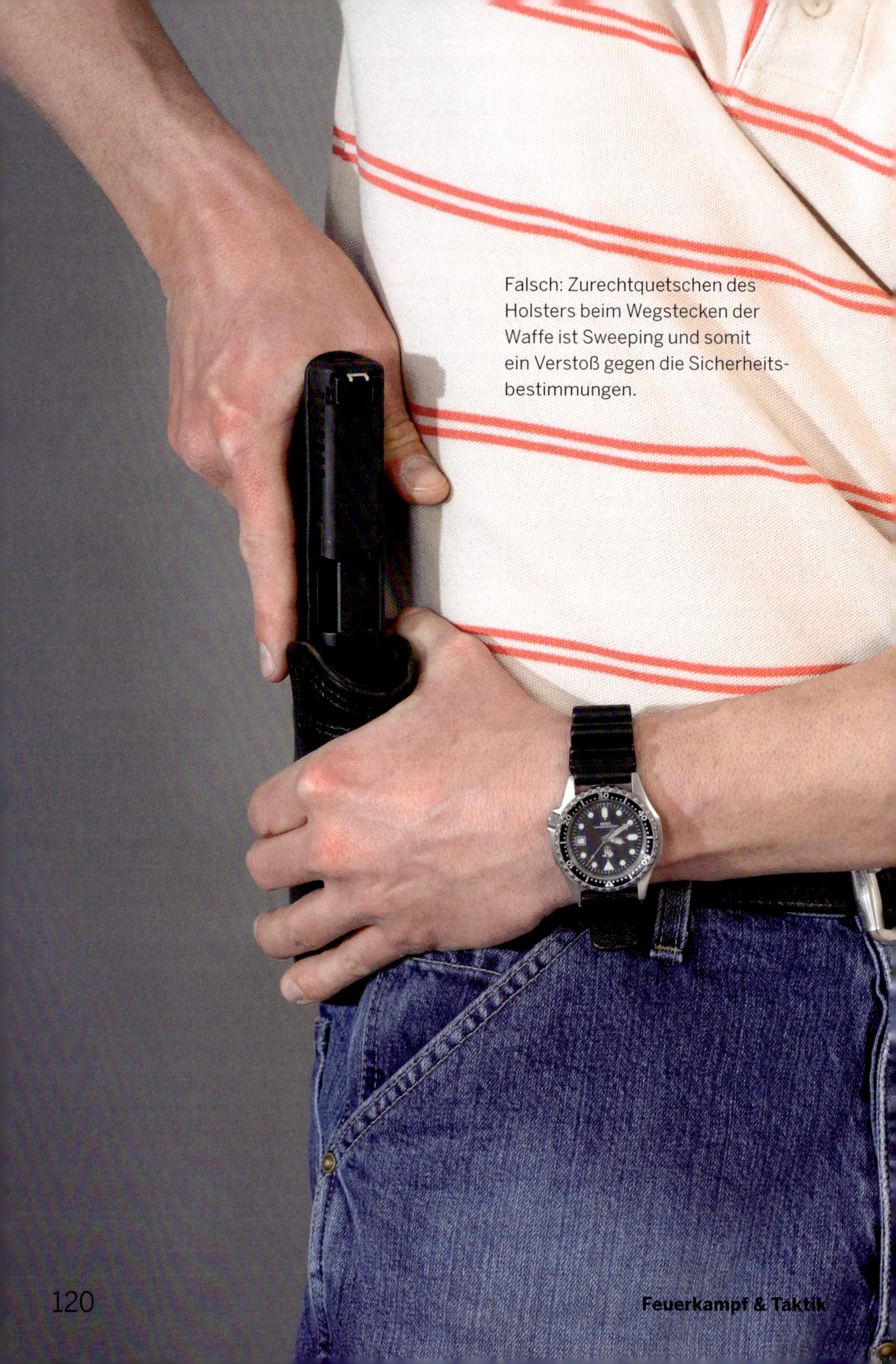

Falsch: Zurechtquetschen des Holsters beim Wegstecken der Waffe ist Sweeping und somit ein Verstoß gegen die Sicherheitsbestimmungen.

stark, dass man sich ihm mit verkrampfter Muskelkraft entgegenstemmen müsste. Die Arme bilden ein gleichschenkliges Dreieck, über das der Rückstoß problemlos über den Körper abgetragen werden kann.

Die Visiereinrichtung der Waffe, also Kimme und Korn, müssen am Ende des Ziehvorgangs ohne zusätzliche Korrektur auf dem gewünschten Zielmedium zu liegen kommen. Ein schnelles Ziehen der Waffe tritt vorerst in den Hintergrund. Wichtig ist der flüssige Bewegungsablauf. Schon nach kurzer Übungsdauer wird der Bewegungsablauf von selbst schneller. Mit fortschreitender Automatisierung der Bewegung wird die Selbstwahrnehmung und Selbstkontrolle des Schützen wichtig, um ein Ausdünnen der korrekten Bewegung zu vermeiden. Beim Erlernen dieses in vier Phasen gegliederten Bewegungsablaufs hat sich das Üben von Phase 4 beginnend zurück zu Phase 1 bewehrt. Der Schütze arbeitet sich dabei von Referenzpunkt zu Referenzpunkt bis er die Waffe holstert. Wichtig ist, dass beim Holstern der Waffe die linke Hand auf dem Brustkorb bleibt, und nur die rechte steckt die Waffe in das Holster. Ein häufig zu beobachtender Fehler ist das Zurechtrücken oder ein Quetschen des Holsters mit der linken Hand. Diese schlechte Angewohnheit soll offensichtlich dazu dienen, die Waffe leichter ins Holster schieben zu können. Die Mündung der Waffe überstreicht unweigerlich Teile der linken Hand, was vermieden werden sollte.

3.6 Natürlicher Zielpunkt und Stabile Schießplattform (Langwaffe)

"When all else fails, align the sights ... squeeze the trigger."
(Michael Plaxco shooting principle, # 2)

Der Natürliche Zielpunkt (engl. natural point of aim, NPoA) ist erreicht, wenn der Schütze einen Anschlag eingenommen hat, der sowohl stabil ist als auch entspannt und bei dem die Visiereinrichtung auf dem Zielmedium liegt.

Dieses Prinzip lässt sich in jeder der vier Standardschießposition Stehend, Hockend, Kniend und Liegend anwenden. Anstatt die Waffe mittels Muskelspannung in Armen und Oberkörper ins Ziel zu bringen, verändert der Schütze lediglich seine Schießplattform – also seine Fußstellung bzw. im Liegendanschlag die Position seines Körpers von der Hüfte abwärts. Der Natürliche Zielpunkt bleibt somit gewahrt, da sich kaum negative Muskel-

und Körperspannung aufbauen kann. Zum einen ist es so einfacher möglich, den jeweiligen Anschlag über einen längeren Zeitraum ermüdungsfrei zu halten, zum anderen sind Visierbild und Haltepunkt nach der Rückstoßverarbeitung fast automatisch wieder hergestellt. Wandert die Waffe während des Schusses stark aus oder muss sie nach der Rückstoßverarbeitung mittels Muskelkraft wieder ins Ziel gelenkt werden, befindet sich der Schütze nicht im NPoA.

Im stehenden Anschlag beide Füße auf einer Linie zu haben, läuft zu der Lehrmeinung des NPoA konträr. Der Schütze baut besonders im Oberkörper zu viel Spannung auf. Er verliert damit das natürliche Gefühl für die Waffe, was sich vor allem bei schnellen Schussfolgen und Schüssen über weitere Distanzen negativ bemerkbar macht. Ein Rechtsschütze sollte den rechten Fuß etwas zurücksetzen. Der stehende Anschlag wird dadurch nicht nur entspannter, sondern auch stabiler. Wodurch der Schütze bereits zwei der drei Forderungen erfüllt hat.

Die Gesamtpräzision einer Schussabgabe wird beeinflusst von der Eigenpräzision der Waffe, der Eigenpräzision der Munition und der Eigenpräzision des Schützen. Durch hohe Qualitätsstandards in der modernen Industrieproduktion haben sowohl Waffe als auch Munition gemessen an Anforderungen des gebrauchsmäßigen Schießens einen relativ geringen Einfluss auf die Gesamtpräzision. Der Schütze selbst ist vermutlich der größte Schwachpunkt in dieser Triangel. Der menschliche Körper wird somit die wichtigste Voraussetzung für den präzisen Schuss. Fehler in der Eigenpräzision des Bedieners ließen sich (theoretisch) dadurch abstellen, dass man den Unsicherheitsfaktor Schütze eliminiert und die Waffe in eine Haltevorrichtung fest einspannt. Schützenverursachte Fehler kämen so nicht mehr zum Tragen. Dieser Gedanke ist praktisch aber nicht umsetzbar, schon gar nicht im taktisch geführten Feuerkampf. Allerdings greift die moderne Schießausbildung diese Idee auf und versucht methodisch eine Schießplattform herbeizuführen, die dem Zustand des „Einspannens“ der Waffe so nah wie möglich kommt.

Mit vier bzw. fünf Referenzpunkten ist es dem Schütze möglich, in jeder Schießposition eine stabile Schießplattform aufzubauen. Wiederholgenau und reproduzierbar.

Referenzpunkte

Der Schütze beginnt mit dem vorderen Referenzpunkt und arbeitet sich gedanklich nach hinten.

Die Position der linken Hand am Vorderschaft ist der erste Referenzpunkt. Unabhängig von der Schießposition und der Ent-

Referenzpunkte: Der Handteller stützt den Vorderschaft unmittelbar von sechs Uhr, der Unterarm liegt wenn möglich am Magazin an, die rechte Hand greift auch bei Langwaffen das Griffstück so hoch wie möglich. Die Technik „Nose to Charginghandle" ist bei AR-15-Systemen ein Hilfsmittel für eine reproduzierbare Kopfposition.

fernung zum Ziel sollte immer dieselbe Handposition gewählt werden. Der Handteller befindet sich auf sechs Uhr und stützt den Vorderschaft unmittelbar von unten. Diese Handhaltung ist ebenso für Jagdgewehre und auch für Vorderschaftrepetierflinten anwendbar. Damit wird sie zu einer Universaltechnik ohne Entscheidungszwang, die für die Mehrzahl aller zu erwartender Fälle zweckmäßig ist.

Die rechte Hand umschließt das Griffstück so hoch wie möglich.

Der dritte Referenzpunkt ist die Position der Schulterstütze. Diese sollte immer im selben Bereich der Schulter anliegen. Dieser Punkt kann je nach Anatomie des Schützen variieren.

Der wichtigste Referenzpunkt bezogen auf die Präzision des Schusses, ist die Kopfposition. Der Schütze muss in der Lage sein, seine Kopfhaltung bei jedem In-Anschlag-Gehen exakt zu reproduzieren. Dadurch gewährleistet er einen immer gleichen Einblickwinkel und Augenab-

Falsch: Beide Füße auf einer Linie. Es entsteht zu viel Spannung im Oberkörper. Der Natürliche Zielpunkt geht verloren.

Richtig: Dominanter Fuß zurückgesetzt. Der Anschlag ist entspannt und stabil.

SUREFIRE

stand zur Visiereinrichtung. Mit etwas Übung gelingt es, bei jedem Anschlag automatisch die erste Grundfertigkeit (Visierbild) herzustellen. Die Wahrscheinlichkeit eines schnellen und präzisen ersten Schusses wird dadurch signifikant erhöht.

Achtet der Schütze jedoch nicht auf dieses Detail und wird die Kopfposition mehr oder minder willkürlich gewählt, können unter Umständen erhebliche Treffpunktverlagerungen die Folge sein.

Eine Unterstützung zum Referenzpunkt Kopfposition bieten beispielsweise AR-15-Waffensysteme. Mit der Technik „nose-to-charginghandle" lässt sich eine beliebig oft reproduzierbare Kopfhaltung mit konstantem Augenabstand zur Visierung erzeugen. Der Schütze verändert die Länge seines Schiebeschaftes so, dass er mit seiner Nase am Durchladehebel des AR-15 anliegt oder diesen fast berührt. Beim rückstoßarmen Kaliber .223 Remington ist diese Technik problemlos umsetzbar, ohne dass der Schütze dabei mit Verletzungen zu rechnen hätte. Anfangs ist diese Art des Schießens ungewohnt und bedarf etwas Übung. Allerdings wird sich binnen kürzester Zeit eine Steigerung in der Präzision einstellen. Dieser Trick funktioniert sowohl im Liegendanschlag als auch in allen anderen Schießpositionen.

Der fünfte Referenzpunkt ist waffensystemabhängig. Er erfordert ein entsprechend langes Magazin. Der linke Unterarm stellt Kontakt zum Magazin her. Dadurch wird zum einen sichergestellt, dass die linke Hand die Waffe unmittelbar von unten stützt. Beispielsweise wird somit das Einnehmen eines korrekten Kniendanschlags erleichtert. Außerdem liegt die Waffe im Schuss deutlich stabiler.

3.7 Schießpositionen mit der Langwaffe

„Ein Zweibein am Sturmgewehr ist der Beginn des Kommunismus."
(Ein Schießausbilder der Schweizer Armee)

Neben dem Stehendanschlag gibt es noch weitere Schießpositionen. Diese lassen sich danach charakterisieren, wie schnell sie eingenommen werden können und wie lange der Schütze braucht, sie wieder zu verlassen, welche Stabilität und damit Eigenpräzision der jeweiligen Körperhaltung innewohnt und welcher Winkel in der Horizontalen und Höhe beim Schießen überstreichbar ist. Außerdem gibt es noch Schießpositionen, in denen sowohl die stabile Plattform als auch der Natürliche Zielpunkt bewusst aufgegeben werden, um beispielsweise ein Höchstmaß an Deckung zu erreichen (SBU Prone und Reverse Rollover), oder Positionen, die der Schütze unfreiwillig einnimmt, um in einer Kampfsituation dennoch das Feuer erwidern zu können (Supine).

Stehendanschlag

Die Körperhaltung und Grundstellung für den Anschlag mit einer Langwaffe unterscheiden sich kaum von denen mit einer Kurzwaffe. Der Oberkörper ist dem Ziel zugewandt und leicht nach vorn gebeugt. Die Füße stehen etwa schulterbreit auseinander, der rechte Fuß ist zurückgesetzt. Die Knie sind nicht arretiert, um ein Höchstmaß an Beweglichkeit zu gewährleisten.

Bei einigen wenigen Schulen wird eine Anschlagvariante gelehrt, bei der die Füße auf einer Linie stehen und die Schulterstütze auf den Brustmuskel gesetzt werden soll. Diese Körperhaltung bringt dem Schützen keine Vorteile, aber eine Reihe von Nachteilen. Die Kopfposition, die der Schütze zum Zielen einnehmen müsste, ist unnatürlich und ermüdend. Er gibt seinen Natürlichen Zielpunkt auf. Ebenso verhindert die enorme Muskelspannung im Körper präzise Schüsse jenseits der 50 m.

Hocke

Die aus dem Stand am schnellsten einzunehmende Schießposition ist die Hocke[14]. Sie ist auch die, die am schnellsten wieder aufgegeben werden kann. Diese Schießposition wird im englischen auch als „squatting" bezeichnet. Richtig ausgeführt ist sie sehr stabil. Sie erfordert jedoch ein gewisses Maß an körperlicher Flexibilität. Die Hocke bietet sich an, wenn der Untergrund oder der Bodenbelag eines Schießstandes mit Hülsen oder Steinen gespickt ist und der Kniendanschlag ein Verletzungsrisiko birgt.

(14) Vgl. Suarez, Gabe, The Tactical Rifle, Paladin Press, Boulder (CO), 1999

BILD OBEN: Hocke
BILD LINKS: Stehendanschlag: Jeder Anschlag sollte stabil und entspannt sein. Die Waffe sollte sich automatisch im Ziel befinden.

In die Hocke gehen heißt in diesem Fall, den Oberkörper so weit senken, bis die obere Wadenmuskulatur Kontakt zum hinteren Oberschenkel bekommt. Die gesamte Fläche der Fußsohlen bleibt dabei auf dem Boden. Falsch wäre es, die Fersen anzuheben. Das würde zu Instabilität führen. Die Ellenbogen kommen innerhalb der Knie zu liegen und drücken leicht nach außen. Die Knie wiederum drücken beide leicht nach innen. Somit ist eine tiefe und stabile Schießposition hergestellt. Die Waffe hat ein festes Widerlager in der Schulter. Wichtig ist jedoch, dass der Schütze im Stehendanschlag den rechten Fuß etwas zurückgesetzt hat. So ist es ihm ohne weiteres möglich, unter Beibehaltung seines Anschlags von Stehend in die Hocke zu wechseln. Stehen jedoch beide Füße auf einer Linie, ist diese Bewegung nicht möglich, ohne dabei Spannung im Körper aufzubauen. Unbedingt zu vermeiden ist, die Ellenbogenknochen direkt auf die Kniescheiben aufzulegen und dort abzustützen. Durch „Knochen auf Knochen“ wird fast die gesamte Stabilität aus dieser Schießposition genommen.

Kniend

Der Kniendanschlag ist fast genau so schnell eingenommen, wie die Hocke. Aus der Stehendposition setzt der Schütze den linken Fuß nach vorn. Dabei überschreitet er die imaginäre Linie zwischen rechten Fuß und Ziel. Er senkt den Oberkörper. Zeitgleich dient die Muskulatur im linken Bein dazu, die Bewegung entsprechend abzubremsen. Das rechte Knie berührt den Boden und zeigt nach zwei oder drei Uhr, d.h. es ist ca. 50° bis 80° nach rechts versetzt. Das linke Knie zeigt in Richtung des Ziels. Um den Kniendanschlag stabiler zu gestalten, kann sich der Schütze auf die Ferse seines rechten Fuß setzen. Der rechte Fuß selbst steht aufrecht, nur die Zehen und der Zehenballen berühren den Boden. Die Muskeln im Fuß und in der Wade bleiben unter Spannung, was das Verlassen der Position nach dem Schießen erleichtert.

Im Gegensatz zur Hocke gibt es drei Kontaktpunkte mit dem Untergrund: Die ganze Sohle des linken Fußes, das rechte Knie und der rechte Zehenballen.

Der Unterstützungsarm (links) befindet sich lotrecht unter der Waffe und ruht auf dem linken Knie. Auch hier sollte vermieden werden, den relativ spitzen Ellenbogenknochen direkt abzustützen. Besser ist es, den linken Arm weiter vorn zu platzieren und den Ansatz des Trizepsmuskels auf dem Knie abzulegen. Die Referenzpunkte zwischen Waffe und Körper haben sich während des Bewegungsablaufs nicht verschoben.

BILD LINKS: Aus dem Stehendanschlag setzt der Schütze den linken Fuß nach vorn, ...
BILD MITTE: ...sodass er die imaginäre Linie zwischen rechten Fuß und Ziel betritt.
BILD RECHTS: Dann senkt er den Oberkörper ab. Das linke Knie zeigt zum Ziel. Der linke Arm liegt lotrecht unter der Waffe und stützt sich auf dem Bein ab.

Um die Kniendposition einzunehmen, kann optional auch der rechte Fuß hinter den linken gesetzt werden. Nachteilig ist hierbei, dass der Schütze in den meisten Fällen nicht sieht, wohin er den Fuß setzt, was u.U. ein Verletzungsrisiko bergen kann.

Beim Kniendanschlag gibt es verschiedene Abwandlungen. Eine Variante verzichtet auf das Abstützen mit dem linken Ellenbogen. Der Unterstützungsarm wird wie im Stehendanschlag frei in der Luft gehalten. So ist es dem Schützen einfacher möglich, Ziele in unterschiedlichen Winkeln zu beschießen bzw. ein Hindernis mit einer bestimmten Höhe zu überschießen.

Eine andere Variante ist das beidseitige Knien. Hierbei berühren beide Knie den Boden und der Schütze sitzt gewissermaßen auf seinen Füßen. Das Verlassen dieser Position erfordert jedoch mehr Zeit, da erst ein Bein aufgestellt werden muss, um aufzustehen zu können.

Das beidseitige Knien erleichtert das Schießen aus einer Deckung heraus bzw. um die Deckung herum. Der Schütze braucht seine stabile Schießplattform nicht aufzugeben. Der Oberkörper ist in seiner Bewegung weniger eingeschränkt als beim einseitigen Knien. Der Schwerpunkt des Oberkörpers sollte auch hier etwas nach vorn geneigt sein.

Sitzend

Der Sitzendanschlag ist verhältnismäßig wenig verbreitet. Dennoch: Der Sitzendanschlag ist, wenn richtig angewandt, eine sehr stabile Position, die auch über einen längeren Zeitraum ermüdungsfrei aufrechterhalten werden kann. Darüber hinaus ermöglicht er es, Ziele in einem sehr

großen Winkel sowohl horizontal als auch vertikal zu beschießen.

Aus der Grundstellung heraus setzt sich der linke Fuß in

Der Kniendanschlag von links.

einer kreisförmigen Bewegung vor den Rechten. Die Beine sind jetzt überkreuzt und der Oberkörper beginnt, sich nach unten abzusenken, bis eine sitzende Körperhaltung erreicht ist. Der Schütze befindet sich jetzt in einer Art „Schneidersitz". Die Bei-

Kniend beidseitig.

ne sind gekreuzt, die Knie zeigen nach oben. Bei korrekter Ausführung hat sich der Anschlag der Langwaffe in der Schulter nicht verändert. Wie in der Hockposition auch befinden sich die Ellenbogen innerhalb der Knie und drücken leicht nach außen. Die Knie wiederum drücken beide leicht nach innen. Die Ellenbogenknochen werden dabei nicht auf die Kniescheiben aufgelegt. Die Höhe des Anschlags lässt sich sehr einfach durch ein Heben und Senken der Oberschenkel und Knie beeinflussen. Und zwar ohne dadurch die Gesamtstabilität der Schießposition aufgeben zu müssen.

Liegend

Der Liegendanschlag (englisch prone) ist die stabilste der hier aufgeführten Schießpositionen. Es ist möglich, aus dieser Position heraus – auch über eine lange Distanz – einen sehr präzisen Treffer anzubringen.

Das Einnehmen und das Verlassen des Liegendanschlags ist vergleichsweise zeitraubend. Die auf Schießständen zu beob-

Der beidseitige Kniendanschlag erleichtert das Schießen um eine Deckung herum...

achtende Bandbreite choreografischer Darbietungen ist enorm und lässt sich häufig am besten beschreiben als unkontrolliertes Fallenlassen des Körpers.

Die Wahrscheinlichkeit, dass der Schütze dabei in einer unbequemen oder gar falschen Position zu Liegen kommt, ist hoch und wird entweder seine Trefferergebnisse negativ beeinflussen oder das erforderliche Zurechtrücken des Körpers schlägt sich in einem Zeitverlust nieder. Beides ist grundsätzlich zu vermeiden. Auch hier gilt wieder der Grundsatz von der Ökonomie der Bewegung. Das heißt, direkte Bewegungen werden mit einem kontinuierlichen Fluss und Rhythmus vollzogen und überflüssige Bewegungen werden vermieden. Erschwerend kommt hinzu, dass die Waffe bei der Ausführung der Bewegung nicht wie bei den anderen Positionen im Schulteranschlag belassen werden kann. Für die Handhabung der Waffe bieten sich zwei Möglichkeiten: Die Waffe wird während der Bewegung mit der Unterstützungshand am vorde-

...Der Schütze braucht dabei seine Plattform nicht zu verändern.

ren Handschutz gehalten oder die Waffe wird beim Hinlegen mit der schussstarken Hand am Griffstück gehalten. Es ist unbedingt darauf zu achten, dass der Finger den Abzug nicht berührt. Aus der Stehendposition beginnt der Bewegungsablauf damit, dass der Schütze eine kniende Stellung einnimmt, seinen Oberkörper nach vorn fallen lässt und mit der linken Hand am Boden abstützt. Die Waffe wird jetzt nur mit der schussstarken (rechten) Hand gehalten. Die Beine strecken sich nach hinten. Der Oberkörper wird über den linken Arm abgesenkt, bis er den Boden berührt. Die linke Hand ergreift den Vorderschaft und stellt den Waffenanschlag her. Die Beine liegen in einem Winkel von etwa 30° bis 45°. Der Liegendanschlag wird in sich etwas stabiler, wenn die Füße flach am Boden liegen und die Zehen nach außen zeigen.

(15) Vgl. Lamb, Kyle, Green Eyes and Black Rifles, Viking Tactics, 2008

Sitzend

Alternativformen des Liegendanschlags

Eine Abwandlung ist der so genannte SBU-Prone. Dieser Anschlag ist militärischen Ursprungs und SBU steht für „Special Boat Unit". Hierbei versucht der Schütze seine Silhouette zu verkleinern, indem er die Waffe um ca. 45° verkantet und mit Oberkörper und Kopf näher an den Boden rückt. Die Anwendung des SBU-Prone ermöglicht es, beispielsweise auch unter einer sehr niedrigen Barrikade oder einem Kraftfahrzeug hin durchschießen zu können. Der Schütze gibt hierbei sowohl seine stabile Schießplattform als auch seinen Natural Point of Aim auf, da er die Waffe nicht richtig in die Schulter einziehen kann. Das Fehlen eines festen Widerlagers in der Schulter sollte besonders bei rückstoßstärkeren Kalibern beachtet werden.

Bei der so genannten Reverse-Rollover-Position liegt der Schütze auf dem Rücken(15). Dieser Anschlag ist vor allem maßgeblich,

Liegendanschlag: Auch der Liegendanschlag wird über die Referenzpunkte aufgebaut. Linke Hand ergreift den Vorderschaft von unten. Linker Unterarm sucht Kontakt zum Magazin (waffensystemabhängig). Rechte Hand liegt so hoch wie

möglich am Griffstück. Widerlager in der Schulter. Mit einem Referenzpunkt für die Kopfposition lässt sich der gleichen Augenabstand und Einblickwinkel zur Optik herstellen, wie in anderen Anschlagsvarianten auch.

SBU Prone.

Reverse Rollover.

wenn die Situation das maximale Ausnutzen von spärlicher Deckung erfordert, z.B. in Form einer Bordsteinkante, während der Schütze auf der Straße liegt. Auch hier wird ein festes Widerlager in der Schulter nicht zur Verfügung stehen. Um die gesamte Silhouette so flach wie möglich zu halten, sollte der rechte Ellenbogen am Oberkörper anliegen.

Das Wort Supine bezeichnet im Englischen das Gegenteil von Prone. Es ist daher semantisch nicht korrekt, diese Schießposition als Supine Prone zu bezeichnen. Auch hier liegt der Schütze auf dem Rücken. Die Beine können angewinkelt oder gestreckt sein. Die Supine Position ist weder stabil, noch wird sie eingenommen, um ein Höchstmaß an Deckung zu erhalten. Sie ist vielmehr aus der Notwendigkeit heraus entstanden, den Kampf auch dann weiterführen zu können, wenn der Schütze gezwungenermaßen auf dem Boden liegt. Die Waffe findet kein Widerlager in der Schulter. Zur Stabilisierung des Schusses kann der Schütze allerdings die Waffe nach vorn drücken, bis sich der Trageriemen spannt. Supine ist nur geeignet für Nahdistanzen bis zu 15 Metern.

Alle Liegendpositionen sollten zumindest einige Male mit vollständiger Ausrüstung im scharfen Schuss auf verschiedene Entfernungen geübt worden sein, um deren Nutzen sowie Pro und Kontra für taktische Situationen abwägen zu können.

Supine.

Modified Prone

Eine Mischform aus Kniend und Liegend ist der Modified-Prone-Anschlag. Diese Anschlagform ermöglicht ein tiefes Absenken des Oberkörpers, ohne sich dabei mit einer Hand am Boden abstützen zu müssen. Keiner der Referenzpunkte zwischen Körper und Langwaffe muss bei der Einnahme der Position aufgegeben werden. Der Schütze gewinnt dadurch eine hohe Flexibilität, was das Schießen um Deckungen herum und unter Deckungen hindurch erleichtert.

Eingenommen wird Modified Prone aus dem Kniendanschlag heraus. Der Schütze streckt sein linkes Bein nach vorn und legt den linken Fuß möglichst flach auf den Boden. Der rechte Fuß wird ebenfalls auf den Boden gelegt. Danach neigt der Schütze, soweit es anatomisch machbar ist, seinen Oberkörper nach rechts. Die Waffe verkantet sich dabei um 90°. Da sich während des gesamten Bewegungsablaufs die Referenzpunkte nicht ändern, ändert sich auch die Position der Waffe in der Schulter nicht. Mit etwas Übung ist es dem Schützen über den gesamten Bewegungsablauf hinweg möglich, sein Visierbild aufrechtzuerhalten.

Modified Prone.

3.8 Bereitschaftshaltungen

„Strong people are harder to kill than weak people, and more useful in general." (Mark Rippetoe)

Der taktische Schusswaffengebrauch unterliegt wie auch Taktik selbst einem ständigen Prozess der Weiterentwicklung. In welcher Position eine Waffe gehalten werden sollte, wenn gerade nicht mit ihr geschossen wird, ist eine kontrovers diskutierte Frage und ein wichtiger Baustein im Gesamtkonzept einer auf taktische Belange ausgerichteten Schießausbildung. Die Art und Weise der Bereitschaftshaltung wird im taktischen Schusswaffengebrauch durch mehrere meist unbekannte Faktoren determiniert. Ein Kompromiss ist daher meist unumgänglich. Zieht man in Betracht, dass eine „sichere Richtung" nicht existiert, sondern vielmehr eine reale 360°-Umgebung, wird Mundungsdisziplin zu einer Hauptforderung. Schließlich soll eine Gefährdung eigener Teammitglieder durch das so genannte „Sweeping" ebenso vermieden werden, wie die Gefährdung von umherstehenden Unbeteiligten.

Kurzwaffe

Die kompakte, kurze Bauweise von Pistolen trägt zur Verschärfung dieser Problematik bei. Viele Bereitschaftshaltungen für Kurzwaffen bringen hier nur ungenügende Lösungsansätze. Die typische Low-Ready-Haltung der Pistole ist ein fester Bestandteil der Schießtechnik des Weaver Stance bzw. der Modern Technique. Low-Ready, wo die Kurzwaffe am ausgestreckten Arm um etwa 30° bis 45° abgesenkt wird, ist im engbebauten Umfeld nicht durchführbar. Ein Vorgehen von Raum zu Raum ist mit einer derart steifen Armhaltung nicht nur anstrengend, sondern auch gefährlich. Darüber hinaus überstreicht die Mündung ständig Beine und Füße der anderen Teammitglieder.

Ein ebenfalls unbefriedigender Lösungsansatz ist die daraus resultierende Close-Quarter-Retention-Position, bei der die Pistole zurückgezogen und mit beiden Händen nah am Oberkörper gehalten wird. Allerdings waagerecht, was wieder zu einer mangelhaften Mündungsdisziplin führt. Dennoch besitzt die Close-Quarter-Retention-Position im Gegensatz zum Low-Ready am ausgestreckten Arm eine feste Daseinsberechtigung. Sie ist Bestandteil des vierstufigen Ziehvorgangs einer Pistole. Eben nur bei dieser sehr speziellen Aufgabenstellung des Vorgehens im Team wird sie den Sicherheitsanforderungen nicht im vollen Umfang gerecht.

Position Sul

Eine Waffenhaltung, die so gut wie alle vorgenannten Nachteile ausmerzt, ist die Position Sul.

Entwickelt wurde sie im Jahre 1997 vom amerikanischen Schießausbilder Max Joseph. Joseph ging zu dieser Zeit einem Engagement als Ausbilder bei der brasilianischen Polizei nach. Daher auch der Name Sul, was im Portugiesischen „Süd“ bedeutet.

Der Schütze hält die Waffe eng am Oberkörper auf Höhe des Solarplexus mit der Mündung nach unten – südwärts – gerichtet. Die Mündung zeigt dabei auf den Boden etwa 30 Zentimeter vor dem Schützen. Die linke Hand liegt flach auf dem Solarplexus bzw. Bauch. Der Schlitten der Pistole befindet sich auf den Knöcheln der linken Hand, welche gleichzeitig als Indexpunkte dienen. Der Finger ist lang und berührt den Abzug nicht. Wahlweise kann der Schütze seine beiden Daumen gegeneinander pressen. Bei einer etwas abgewandelten Ausführung von Sul befindet sich die linke Hand nicht hinter der Waffe, sondern liegt darüber.

Im Resultat kommt Sul allen Anforderungen nach, die an eine Bereitschaftshaltung gestellt werden: Bei korrekter Anwendung gefährdet der Schütze im Einsatz weder sein Team noch unbeteiligt Umherstehende und auch nicht sich selbst. Sul ermöglicht sowohl ein schnelles Einnehmen des Anschlags als auch ein sicheres Holstern der Waffe. Darüber hinaus: Während der Ausbildung hat Sul den Vorteil, dass der Trainer weiß, die Mündungen aller Teilnehmer zeigen nach dem Kommando „Sul!“ nach unten.

Sul bietet aber nur ungenügenden Möglichkeiten für das Nachladen der Pistole. Als weiterer Nachteil werden gern die vermeintlich unnatürlich überdehnten Handgelenke angeführt. In der Realität spielen diese rein theoretischen Bedenken jedoch keine Rolle.

Position „Norte“

Eine weitere Option wäre, die Mündung in die entgegengesetzte Richtung, nämlich nach oben zu halten. In Anlehnung an die portugiesische Bezeichnung „Sul“ heißt diese Position auch „Norte“, also Nordwärts. Von Kritikern wird sie mitunter ins lächerliche gezogen und als „Sabrina-High-Ready“ bezeichnet. Die Schauspielerin Kate Jackson war mit der Serie „Drei Engel für Charlie“ öfters auf einem Kinoplakat mit Pistole in Position „Norte“ abgebildet, was dieser Waffenhaltung eine unverhoffte und auch ungewollte Popularität einbrachte.

Um die Position „Nordwärts“ einzunehmen, wird die Kurzwaffe aus dem Anschlag heraus zurückgebracht und die Mündung nach oben gerichtet. Der beidhändige Waffengriff bleibt dabei bestehen. Der Abzugsfinger sollte lang an der Waffe anliegen. Die Pistole befindet sich jetzt auf Kopfhöhe jeweils rechts bzw. links neben dem Kopf. Das Sichtfeld wird somit nicht eingeschränkt.

Position Sul:
Die Daumen können aneinander gedrückt werden, müssen es jedoch nicht.

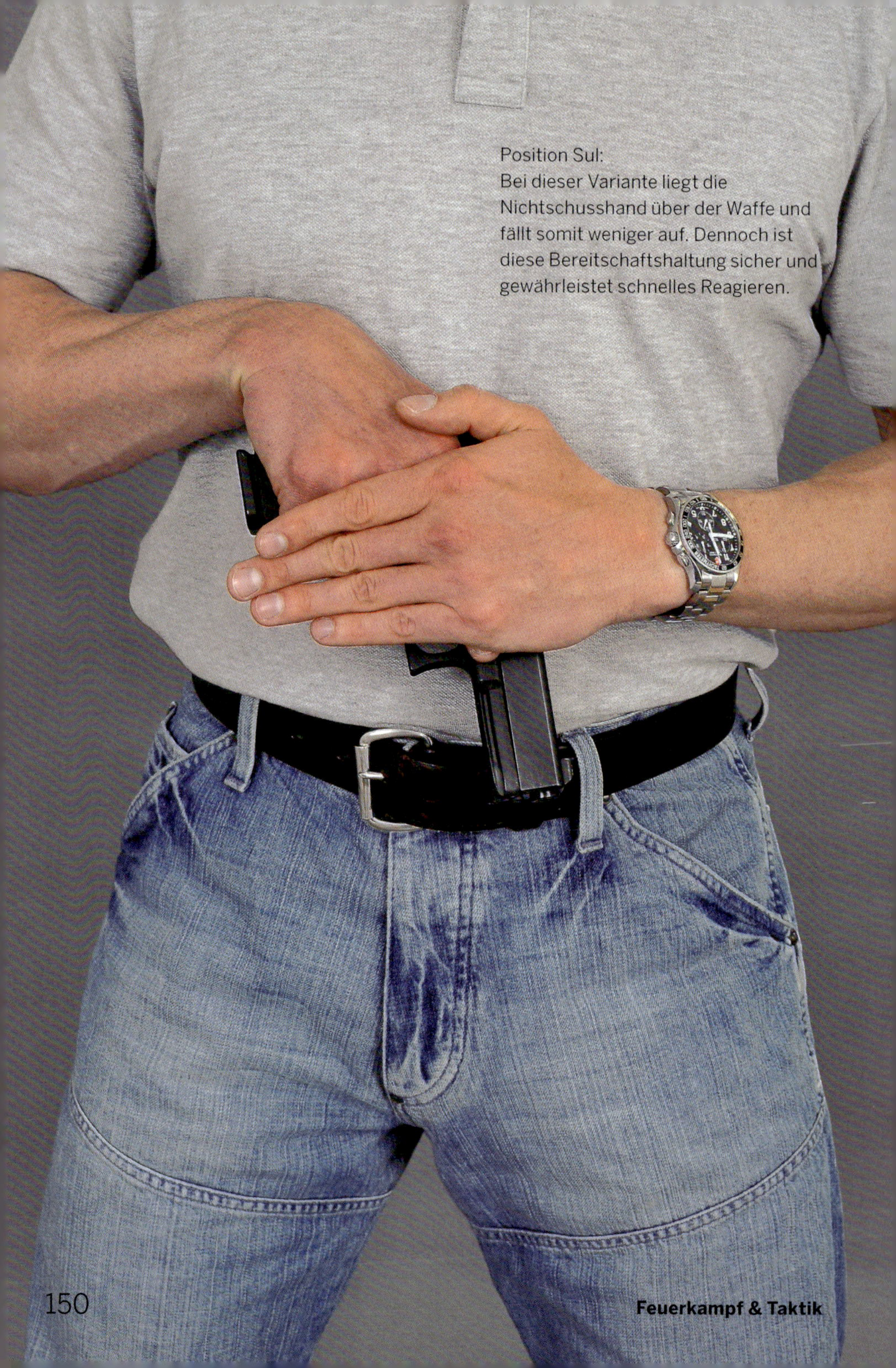

Position Sul:
Bei dieser Variante liegt die Nichtschusshand über der Waffe und fällt somit weniger auf. Dennoch ist diese Bereitschaftshaltung sicher und gewährleistet schnelles Reagieren.

Compressed-Contact-Ready-Position: Ist Bestandteil des vierstufigen Ziehvorgangs. Die Waffe befindet sich kompakt am Körper, allerdings ist Sweeping von Teammitgliedern unvermeidbar.

Taktischer Unfug: Der Low-Ready-Anschlag mit Kurzwaffe ist im taktischen Bereich gefährlich.

Norte als beidhändige Bereitschaftsposition mit der Kurzwaffe.

Eine Variante kann das einhändige Ausführen von „Norte“ sein. Aus der reinen Bereitschaftsposition wird somit eine Nachladeposition. Die Waffe wandert dabei unmittelbar ins Sichtfeld des Schützen, was ihm weiterhin eine Vorfeldbeobachtung erlaubt. Der US-amerikanische Schießtrainer Ken Hackathorn war es, der als erster lehrte, dabei durch den Abzugsbügel zu sehen.

Der größte Vorteil von Nordwärts ist das Herstellen einer 360°-Sicherheit. Weitere Vorteile sind beispielsweise, dass die Waffe in dieser Position nachgeladen werden kann, sie dient außerdem in gewisser Weise als Kopfschutz und die Waffe befindet sich in einer günstigen Position, um sie zum Schlagen nutzen zu können, sollte das die Situation erforderlich machen. Ein wesentlicher Punkt, der ebenfalls noch für die Anwendung von „Nordwärts“ spricht, ist die Körpersprache. Indem man die Waffe auf Augenhöhe hält wird vermieden, eine gebückte und gekrümmte Körperhaltung einzunehmen. Das ist leider viel zu oft bei Schützen zu beobachten, die Nachladetätigkeiten unmittelbar vor dem Oberkörper ausführen oder gar in einer Haltung, in der beide Arme 45° nach vorn unten ausgestreckt werden. Eine gekrümmte Körperhaltung signalisiert dem Gegner Angst, Wahrnehmungs-

Andy Stanford demonstriert Norte als Nachladeposition.

entkopplung und Hilflosigkeit. Wohingegen eine aufrechte Körperhaltung hohe Wahrnehmungsfähigkeit und Bereitschaft zum Kampf ausdrückt.

Beim Herstellen der Position „Nordwärts" ist unbedingt darauf zu achten, dass sich die Waffe neben dem Kopf befindet und nicht unterhalb des Kinns. Überstreicht die Mündung Teile des Kopfs, kann das fatale Folgen bei einer unbeabsichtigten Schussabgabe haben.

„Nordwärts" wohnt im Grunde nur ein Nachteil inne: Soll die Waffe aus dieser Position heraus direkt geholstert werden, muss der Schütze hohe Mündungsdisziplin walten lassen. Anatomisch bedingt neigt ein Rechtsschütze dazu, mit der Waffe den Bereich zu seiner Linken zu überstreichen und somit unter Umständen Teammitglieder oder Unbeteiligte zu gefährden. Hier einen korrekten Bewegungsablauf ins Training zu integrieren und regelmäßig zu üben, erhöht die Stresssicherheit.

Langwaffe

Spricht man über Techniken des taktischen Schusswaffengebrauchs, reicht es nicht aus, diese Techniken isoliert zu betrachten. Vielmehr muss man sie als Baustein eines ganzheitlichen Konzeptes sehen. Das beinhaltet in diesem Fall auch eine Analyse, wie sich die beiden Bereitschaftspositionen Sul und Norte in die Handhabung einer Langwaffe, sprich Sturmgewehr, einbinden lassen. Beide Waffenhaltungen stellen sich diesbezüglich unkompliziert dar.

High-Ready / Norte

In vielen Konzepten ist ohnehin ein Hochanschlag (High-Ready) mit der Langwaffe vorgesehen. Diese Waffenhaltung kommt der Pistolenbereitschaftshaltung „Nordwärts" sehr nahe und kann als ihr Langwaffenäquivalent angesehen werden. Bei der High-Ready-Position (dem Hochanschlag) befindet sich die Mündung der Langwaffe auf Augenhöhe oder höher und der Kolben auf Hüfthöhe oder im Bereich des Oberkörpers. Womit diese Bereitschaftshaltung umfassend beschrieben wäre. Eine dogmatische Festsetzung, wo genau sich Mündung bzw. Schulterstütze zu befinden haben, ist bei der High-Ready-Position nicht möglich. Auch beim Hochanschlag mit dem Sturmgewehr macht sich der Anwender folgende Vorteile zu Nutze: Es existiert 360°-Sicherheit ohne nennenswerte Einschränkung des Sichtfeldes, Nachladetätigkeiten werden ergonomisch unterstützt und der Schütze verfügt dennoch über eine ausreichende Bewegungsfreiheit. Besonders beim überschlagenen Vorgehen oder Ausweichen in der Kleingruppe hat der High-Ready große Bedeutung. Zeigt die Mündung nach oben, ist die Wahrscheinlichkeit gering, andere Teammitglieder mit der Waffenmündung zu überstreichen und so dadurch potentiell zu gefährden.

Low-Ready

Beim Low-Ready-Anschlag verbleibt die Langwaffe mit der Schulterstütze in der Schulter. Sie wird nur soweit abgesenkt, dass der Schütze ungehinderte Sicht auf sein Vorfeld hat. Diese Bereitschaftshaltung durch einen bestimmten Winkel des Absenkens der Mündung zu definieren, ist nicht immer möglich. Der Grad des Absenkens richtet sich nach der Entfernung zur Bedrohung und anderen taktischen Gegebenheiten. Im militärischen Bereich fand eine Umformulierung von Low-Ready zu Contact-Ready statt. Beide Begrifflichkeiten beschreiben jedoch dieselbe Bereitschaftshaltung.

Sul

Bei Sul mit einer Langwaffe befindet sich das Gewehr direkt auf der Körpermittellinie. Die Mündung zeigt wiederum in „Richtung Süden", auf den Grund, einige Zentimeter vor dem Schützen. „Langwaffen-Sul" sollte jedoch nicht mit dem Low-Ready Anschlag verwechselt werden, bei dem die Langwaffe mit dem Schaft in der Schulter verbleibt und lediglich die Mündung abgesenkt wird. Auch soll durch sie keine andere Bereitschaftshaltung ersetzt werden, sie sollte lediglich als Option zu anderen Waffenhaltungen angewandt werden. Ein typisches Einsatzgebiet von „Langwaffen-Sul" kann beispielsweise das Vorgehen in Gebäuden und engen Räumlichkeiten darstellen.

Tragehaltungen

Neben speziellen Bereitschaftshaltungen existieren insbesondere für Langwaffen auch noch Tragehaltungen. Die empfohlene Konfiguration für ein Selbstlade-/Sturmgewehr ist ein Zwei-Punkt-Riemen. Der Markt bietet verschiedene Varianten an. Die US-amerikanische Firma Viking Tactics hat mit ihrem verstellbaren VTAC-Sling eine sehr durchdachte Lösung geschaffen. (siehe Kapitel 4.2 Trageriemen)

Möglichkeit 1: Der Schütze hängt sich die Waffe nur um den Hals. Das Griffstück sollte sich dabei etwa auf Bauchhöhe befinden. Dank des längenverstellbaren Riemens kann dieser Anforderung schnell nachgekommen werden. Der Vorteil dieser Variante ist, der Schütze kann sich die Waffe ohne weiteres auf den Rücken legen, indem er einfach noch den rechten Arm durch den Riemen steckt.

Möglichkeit 2: Der Schütze fixiert den Riemen am Körper, indem er Kopf und linken Arm durch den Riemen führt. Achtung: Bei Rechtsschützen muss die Waffe an der linken Körperseite zu Hängen kommen, damit der Zugriff auf die Kurzwaffe (rechts) nicht behindert wird.

High Ready mit Langwaffe: Diese Waffenhaltung kann auch für Ladetätigkeite genutzt werden.

High Ready mit Langwaffe: Die Mündung befindet sich etwa auf Augenhöhe.

Sul mit Langwaffe.

Tragevariante 1: Nur der Kopf wird durch den Riemen geführt.

Tragevariante 2: Kopf und linker Arm werden durch den Riemen gesteckt. Der Zugriff auf die Kurzwaffe darf nicht eingeschränkt sein.

3.9 Nachladetechniken

"Speed is economy of motion and speed will come with practice (if you practice to be fast)." (Michael Plaxco shooting principle #2 & #3)

Nachladetechniken werden durch die Umstände der jeweiligen Situation determiniert. Betrachtungen sollten nie das Gesamtgeschehen eines Schusswechsels außer Acht lassen, indem sie sich lediglich auf theoretische Betrachtungen und kognitive Denkansätze beschränken. Es können folgende Möglichkeiten unterschieden werden:

Administrative Ladetätigkeiten

Dazu zählt das Laden der Waffe nach einer Waffenreinigung oder zum Dienstbeginn oder zum Übungsschießen auf dem Schießstand. Diese Tätigkeiten finden grundsätzlich in einer kontrollierbaren und vorherbestimmbaren Umgebung statt.

Proaktives Nachladen

Proaktives Nachladen ist auch unter dem Begriff „taktisches Nachladen" bekannt. In den letzten Jahren hat besonders im amerikanischen Sprachgebrauch eine Umformulierung von „tactical reload" hin zum „proactive reload" stattgefunden.

Zum Zeitpunkt des proaktiven Nachladens ist der Waffenträger keinem gegnerischen Feuer unmittelbar ausgesetzt. Sei es, weil er sich in einer Deckung befindet oder weil eine kurze Feuerpause eingetreten ist. Das Wesensmerkmal des proaktiven Magazinwechsels ist, dass er grundsätzlich ohne Zeitdruck abläuft. Proaktives Nachladen bedeutet, das Magazin wird gewechselt, bevor es leergeschossen ist, es wird dabei nicht auf den Boden fallen gelassen, sondern der Schütze nimmt es aus der Waffe, verstaut es am Mann und ersetzt es durch ein volles Magazin, um eine ständige Feuerbereitschaft mit maximaler Schusszahl zu gewährleisten. Das halbvolle Magazin darf dabei aber keinesfalls zurück in die Magazintaschen gesteckt werden. In Magazintaschen dürfen sich nur Magazine befinden, die bis zur vollen Kapazität aufmunitioniert sind.

Das Magazin sollte generell nur mit 28 anstatt der möglichen 30 Patronen geladen sein sofern, es sich um ein Gewehr handelt. Bei einem Kurzwaffenmagazin sollte jeweils eine Patrone weniger als maximal möglich geladen werden. Die Magazinfeder ist somit nicht voll komprimiert und hat etwas Spiel, um ein leichtes sicheres Einrasten des Magazins in der Waffe zu gewährleisten.

Bei einem proaktiven Magazinwechsel befindet sich mit hoher Wahrscheinlichkeit eine Patrone im Patronenlager. Eine hundertprozentige Sicherheit über den Ladezustand seiner Waffe hat der Schütze jedoch nicht. Es ist durchaus möglich, dass unmittelbar vorm Magazinwechsel eine Zuführstörung vorgelegen hat oder das ausgewechselte Magazin zufällig leergeschossen war und der Verschlussfanghebel zufällig seinen Dienst versagt hat.

Zum proaktiven Nachladen gehört daher auch immer eine Kontrolle des Patronenlagers. Diese Routine wird im amerikanischen als „Brass-Check“ bezeichnet oder im militärischen Sprachgebrauch als persönliche Sicherheitskontrolle (PSK). Beide Begriffe beschreiben die Nachschau, ob sich eine Patrone im Patronenlager befindet. Das geschieht durch ein bewusstes, koordiniertes Öffnen des Verschlusses, bis das Messing („Brass“) der Patronenhülse zu sehen ist. Bei Dunkelheit sollte der Brass-Check zusätzlich durch eine physische Kontrolle, durch Tasten mit einem Finger ergänzt werden. Beim Schließen ist auf eine korrekte Verriegelung des Verschlusses zu achten.

Reaktives Nachladen

Die Begriffe des „emergency reload“ oder auch „speed reload“ wurden mehr und mehr durch die treffendere Bezeichnung des „reactive reload“ ersetzt. Reaktives Nachladen impliziert, dass der Schütze in einem Feuerkampf gebunden ist und er all seine Handlungen unter einem gewissen Zeitdruck ausführen muss. Sein Ziel ist dabei, die Schusswaffe schnellstmöglich wieder in Feuerbereitschaft zu versetzen.

Das so genannte „Schnelle Nachladen“ allein, was bislang als eigenständige Nachladetechnik proklamiert und ausgebildet wurde, stellt jedoch keinen brauchbaren Lösungsansatz dar. Die Entwicklungstendenzen in der Ausbildungsszene der vergangen Jahre greifen verstärkt Aspekte einer realitätsnahen Betrachtungsweise des Schusswaffeneinsatzes auf. Die taktischen Elemente Entfernung, Deckung und Bewegung spielen bei der Neubetrachtung des „Schnellen Nachladens“ eine wesentliche Rolle.

Insbesondere das Element Entfernung determiniert die Handlungsoptionen; je nachdem, ob der Schusswechsel im absoluten Nahbereich stattfindet oder ob die Distanz dem Verteidiger genug Zeit einräumt, eine Deckung aufzusuchen.

Besteht die Möglichkeit von Deckung, ist es ein natürliches Wesensmerkmal des Menschen, diese auch aufzusuchen. Niemand wird in einem Feuergefecht offen stehen bleiben, um seine Waffe nachzuladen. Der Selbsterhaltungstrieb an sich schließt schon eine praktische Umsetzung der Nachladetechnik des „speed reload“ aus.

In Deckung kann die Primärwaffe nachgeladen werden oder gegebenenfalls eine Störung beseitigt werden. Auch dann ist es nicht zwingend erforderlich ,das Magazin auf den Boden fallen zu lassen, sondern es kann wieder am Mann verstaut werden. Sich seiner Magazine durch Fallenlassen zu entledigen, ist ein Luxus, der im sportlichen Schießen akzeptabel erscheint, im taktischen Schusswaffengebrauch allerdings sollte, wann immer möglich Ausrüstungsgegenstände wieder aufgenommen und mitgeführt werden.

Findet die Konfrontation jedoch im absoluten Nahbereich statt, besteht aufgrund der hohen Eigendynamik der Situation fast nie die Möglichkeit eine Deckung aufzusuchen. In den meisten Fällen wird auch ein Handgemenge unausweichlich sein. Die Wahrscheinlichkeit, einen erfolgreichen „speed reload" zu bewerkstelligen, sinkt dadurch rapide.

Das taktische Element Bewegung hingegen gewinnt an Bedeutung. Der Verteidiger sollte unter allen Umständen versuchen sich zu bewegen. Bewegliche Ziele sind schwerer zu treffen. Die sofortige Bewegung aus der Feuerlinie heraus, genügt oftmals schon einen Ersttreffer zu vermeiden. Das Wiederherstellen der eigenen Feuerbereitschaft geschieht jetzt entweder durch einen reaktiven Magazinwechsel oder durch einen Wechsel zur Zweitwaffe (so genannte Transition). Eine Transition ist in jedem Fall der schnellere Weg seine Feuerbereitschaft wiederzuerlangen. Dieser Variante sollte im Feuergefecht auf Nahdistanz daher der Vorzug gegeben werden. (Transition siehe Kapitel 3.10)

Auch wenn keine belastbaren Statistiken vorliegen, es dürfte kaum einen Schusswechsels gegeben haben, bei dem ein „speed reload" Magazinwechsel Einfluss auf den Ausgang der Schießerei gehabt haben dürfte.

Der Wechsel von Langwaffe zur Kurzwaffe ist aber nur dann sinnvoll, wenn mit der Kurzwaffe schnell und ausreichend Wirkung ins Ziel gebracht werden kann. Die Grenze liegt hier bei etwa 20 bis 25 Metern. Jenseits dieser Distanz würde die Zielerfassung mit einer Kurzwaffe für ein komplexes Verteidigungsszenario zu viel Zeit in Anspruch nehmen.

Eine Methodik ließe sich wie folgt festlegen:

Die Primärwaffe versagt ihren Dienst.

→ Innerhalb von 20 Metern Wechsel zur Zweitwaffe: Feuerkampf fortsetzen, eventuell Deckung suchen

→ Außerhalb der 20 Meter Distanz: Sofort Deckung suchen (was aufgrund der größeren Entfernung einfacher möglich ist), Störung der Primärwaffe beseitigen, Feuerkampf fortsetzen

Nachladetechniken Pistole

Beim Magazinwechsel, insbesondere beim sportlichen Schießen, kann das Magazin bedenkenlos auf den Boden fallen gelassen werden – ungeachtet der Tatsache, ob es leergeschossen ist oder sich noch einige Patronen darin befinden. Im taktischen Schusswaffengebrauch hingegen wäre das ein elementarer Fehler. Hier sollte auch bei Verwendung einer Pistole grundsätzlich versucht werden, die Magazine aus der Waffe herauszunehmen, und diese am Mann zu verstauen.

Die Positionierung der Magazine am Gürtel ist wichtig. Bewährt hat sich, die Magazine so in den Cliphaltern oder Taschen zu tragen, dass die Geschossspitze nach vorn zeigt. Beim Erfassen legt sich der Zeigefinger an die Vorderseite des Magazins. Die ausgeprägte Sensorik des menschlichen Zeigefingers macht es dem Schützen mit diesem kleinen Kniff einfacher, den Magazinschacht der Pistole zu treffen. Viele Schützen tun sich leichter, wenn sie den gesamten Nachladeprozess bewusst mit den Augen verfolgen. Die linke Hand greift das Magazin, der Zeigefinger legt sich flach an die vordere Kante des Magazins an. Die Waffe wird etwas zum Körper zurückgebracht, bleibt jedoch auf Augenhöhe. Einige Ausbilder sagen, man solle durch den Abzugsbügel der Pistole sehen können. Die Griffhaltung der rechten Hand verändert sich dabei nicht. Die linke Hand führt das Magazin zum Magazinschacht der Pistole. Der Handballen der linken schiebt es kraftvoll in den Schacht, bis es einrastet. Das Nachladen sollte sich grundsätzlich auf Augenhöhe abspielen. Durch das Zurückführen der Waffe zum Körper ist die Koordinationsfähigkeit beider Hände größer als am ausgestreckten Arm. Durch das Halten der Waffe auf Augenhöhe, und nicht wie oft gezeigt auf Höhe des Brustkorbs, vermeidet der Schütze den Kopf zu senken. Er ist somit weiterhin in der Lage, sein Vorfeld zu beobachten, und seine Körpersprache signalisiert auch während der Nachladetätigkeit Kampfbereitschaft.

Je nachdem, welche Handlungsroutine der Anwender sich angeeignet hat, kann die Waffe jetzt noch prophylaktisch durchgeladen werden, um eine Patrone aus dem Magazin zuzuführen. Dazu greift die linke Hand über den Schlitten und repetiert diesen mit einer grobmotorisch-ruckartigen Bewegung. Ein häufig zu beobachtender Fehler ist, den Schlitten wieder mittels Handbewegung nach vorn gleiten zu lassen. Selbstladepistolen sind Maschinen, deren Konstruktion für schnelle Schussfolgen ausgelegt ist. Eine langsame von Hand ausgeführte Bewegung des Schlittens kann deshalb zu Waffenstörungen führen.

Oder der Schütze führt den „Brass-Check" bzw. eine PSK durch.

Der Schlittenfanghebel

Die Benutzung des Schlittenfanghebels zum Laden der Pistole ist nicht zweckmäßig. Hierfür gibt es zwei technische und zwei motorische Gründe. Konstruktionsbedingt handelt es sich um einen Schlittenfanghebel, der den Verschluss der Kurzwaffe

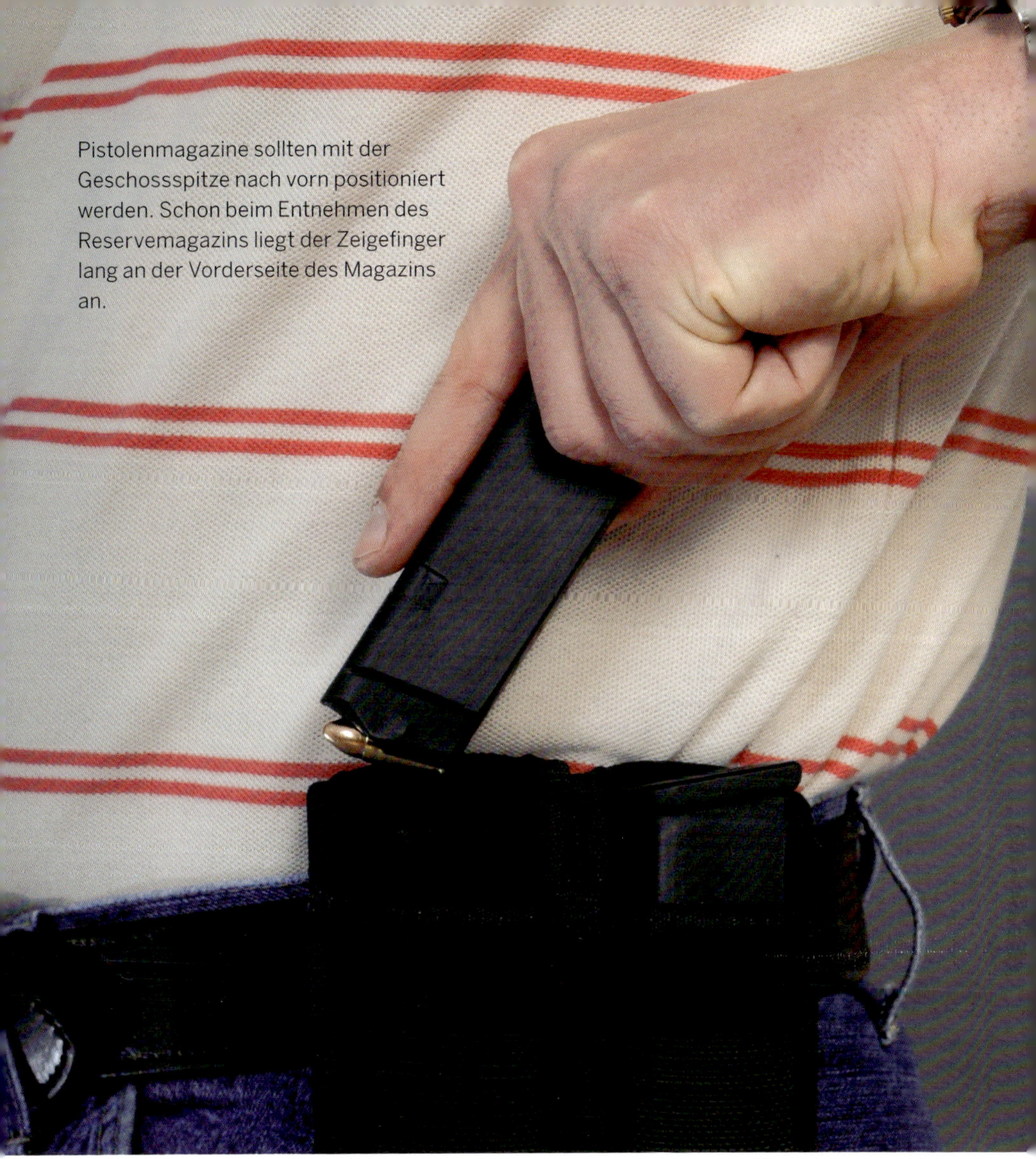

Pistolenmagazine sollten mit der Geschossspitze nach vorn positioniert werden. Schon beim Entnehmen des Reservemagazins liegt der Zeigefinger lang an der Vorderseite des Magazins an.

bei leerem Magazin nach dem letzten Schuss automatisch in hinterer Position halten soll. Der Name allein signalisiert schon, dass es sich dabei nicht um den Schlittenauslösehebel handelt. Ein permanenter Missbrauch dieses Bauteils zum Auslösen der Verschlussbewegung nach vorn, bringt eine übermäßige Abnutzung mit sich, die zur Folge haben kann, dass die zweckbestimmende Funktion (das Arretieren des Schlittens in hinterer Stellung) außer Kraft gesetzt wird. Der zweite Grund

Der Zeigefinger zeigt den Weg zum Magazinschacht. Das Magazin wird mit seiner Rückseite an den Schacht angesetzt...

...und mit einer rollenden Bewegung hineingestoßen. Der Handballen stößt dabei kräftig gegen den Magazinboden.

Zum Durchladen greift die linke Hand grobmotorisch über den Schlitten...

...und zieht ihn kraftvoll bis zur Endposition nach hinten, um ihn dann loszulassen.

liegt in der Größe des Bauteils Schlittenfanghebel. Bei den meisten Gebrauchspistolen ist er sehr filigran gehalten. Zur Bedienung filigraner Bauteile sind aber feinmotorische Fertigkeiten erforderlich, die immer eine Hand-Auge-Koordination erfordern. In Verteidigungssituationen ist sowohl die Wahrnehmung als auch das feinmotorische Koordinationsvermögen eingeschränkt. Dadurch erhöht sich die Wahrscheinlichkeit, mit Benutzung des Schlittenfanghebels eine Waffenstörung zu verursachen. Drittens: Ist der Verschluss mittels Fanghebel arretiert worden, ist die Schließfeder trotzdem noch nicht voll komprimiert und verfügt somit noch nicht über ihre Gesamtspannkraft. Technisch betrachtet verläuft die Kraftentwicklung einer Druckfeder progressiv. Sie entwickelt im Verhältnis zum zurückgelegten Weg überproportional mehr Kraft. Das heißt, dass unter Umständen, wie z.B. einem hohen Verschmutzungsgrad oder einer heißgeschossenen Waffe, die Federspannkraft nicht ausreichen kann, um eine neue Patrone zuzuführen. Und schlussendlich ist die Bedienung des Schlittenfanghebels mit dem Daumen eine zusätzliche (überflüssige) Bewegung. Eine Bewegung die grundsätzlich vermieden werden kann und sehr leicht durch eine Bewegung aus dem Baukastensystem ersetzbar ist: Wie beim Durchladen auch, greift der Schütze mit der linken Hand über den arretierten Schlitten der Pistole, zieht ihn das kurze verbleibende Stück kraftvoll nach hinten, um die Arretierung zu lösen, und lässt den Verschluss durch die Federspannung nach vorn schnellen.

Nachladetechniken Gewehr

Das Buch folgt einer Lehrmeinung, die besagt, dass es besser ist, mit einer Art Baukastensystem zu trainieren, als für jede Waffenart spezifische Handhabungsvorschriften zu entwickeln und auszubilden. Dabei stehen die schnelle Erlernbarkeit einer Technik im Vordergrund sowie deren universelle Einsetzbarkeit und die Stressstabilität. Es ist besser eine systemrelevante Technik, die auf fast alle Fälle anwendbar ist, richtig zu beherrschen, als viele verschiedene Spezialtechniken nur einige Male geübt zu haben. Die Vorteile dieses allgemeingültigen Systems zeigen sich unter anderem auch bei Ladetätigkeiten. Die notwendigen Handgriffe unterscheiden sich nur unwesentlich zwischen Pistole und Selbstladegewehr. Durch die Entwicklung von Selbstladeflinten mit Kastenmagazin, ist das System auch auf die Waffenart der Flinten anwendbar.

Die Körperhaltung beim Nachladen der Langwaffe ist weitgehend die gleiche wie beim Nachladen der Kurzwaffe. Das Gewehr wird dabei mit der rechten Hand am Griffstück im Hochanschlag gehalten und leicht ein-

Bei AR-15-Derivaten wird das Magazin mit seiner Rückseite an den Schacht angesetzt ...

...und dann mit einer rollenden Bewegung kraftvoll in den Magazinschacht gestoßen. Der kleine Finger kann dabei zur Stabilisierung am Magazinboden anliegen.

gedreht. Die rechte Hand gibt den stabilen Waffengriff dabei nicht auf. Auch hier werden wieder alle Abläufe auf Augenhöhe des Schützen durchgeführt. Mit visueller Überwachung ist es leichter, ein neues Magazin in den Magazinschacht einzuführen oder kalaschnikowtypisch die Nase des Magazins in die korrespondierende Aussparung am Rahmen einzusetzen. Auch die Durchladebewegung ist vergleichbar mit der einer Pistole. Bei der Kalaschnikowbaureihe greift die linke Hand unter der Waffe hindurch und betätigt kraftvoll den Spannschieber. Beim AR-15 und baugleichen Modellen bedient der Schütze den Durchladehebel mit dem Handballen der Unterstützungshand (links). Sowohl Winkel des Arms als auch Weg der Kraftübertragung zur Waffe sind bei dieser Art des Durchladens eine nahezu optimale Lösung für AR-15-Derivate. Die Montage eines vergrößerten Durchladehebels (engl. tactical latch) erleichtert die Arbeit etwas. Allerdings sollte der Benutzer wissen, dass sich vergrößerte Bedienelemente an Bekleidung und Ausrüstungsgegenständen verfangen können und somit zu einem Nachteil ausarten können. Auch beim Umgang mit der Langwaffe sollte die Positionierung von Reservemagazinen methodisch erfolgen und nicht willkürlich. Das bedeutet: Die Geschossspitzen zeigen alle in die gleiche Richtung.

Nachladetechniken beim Flintenschießen

In den vergangen Jahren wurden insbesondere im Sportbereich verschiedene Nachladetechniken neu entwickelt oder bestehende verfeinert. Derzeit steht dem Flintenschützen eine Vielzahl von Methoden zur Verfügung. Diese lassen sich danach kategorisieren, in welcher Position sich die Waffe befindet, von wo die Munition kommt und ob mit der linken oder rechten Hand nachgeladen wird. Aber nicht alles, was sich im Sportbereich bewährt hat, darf unreflektiert für den taktischen Schusswaffengebrauch übernommen werden. Auch Nachladetechniken für Flinten müssen an den drei Hauptkriterien gemessen werden: Sie müssen ohne großen Trainingsaufwand erlernbar sein, sie müssen für mehrere taktische Applikationen universell einsetzbar sein und sie müssen stressstabil sein. Bei der althergebrachten Technik des taktischen Nachladens von Flinten verbleibt die Waffe in der Schulter und der Schütze hält sie ausschließlich mit der schussstarken (rechten) Hand. Die linke Hand führt von unten die Reservemunition in das Röhrenmagazin ein. Mit dem vermeintlichen Vorteil einer unmittelbaren Feuerbereitschaft erkauft sich der Schütze aber gleichzeitig eine Reihe von Nachteilen. Die linke Hand führt die Munition zur Waffe und hat dabei eine vergleichsweise lange Strecke zu überbrücken, was den Nachladevorgang insgesamt verlangsamt. Der Nachladeschacht des Röhrenmagazins ist für den Schützen in dieser Position nicht sichtbar. Das macht die Technik weniger stressstabil und erfordert einen hohen Übungsaufwand. Darüber hinaus ist es für weniger kräftig gebaute Schützen fast unmöglich, eine Flinte nur mit der rechten Hand in der Schulter zu halten. Was das Kriterium der universellen Einsetzbarkeit einschränkt.

Prinzipiell verfolgen alle theoretischen Betrachtungen zur Optimierung einer Nachladetechnik zwei Ziele: Die notwendigen Handgriffe minimieren und den Weg zwischen Munition und Waffe verkürzen. Diesem Grundsatz ist die Waffenindustrie in gewisser Weise mit der Einführung von Selbstladeflinten nachgekommen, die in ihrem Funktionsprinzip dem von Selbstladebüchsen entsprechen. Die auf dem deutschen Markt erhältlichen Flinten Saiga 12 und Molot Vepr 12 entstammen der Kalaschnikowbaureihe. Ihre Handhabung ist weitgehend analog zu allen anderen Kalaschnikows. Auch hier kommt wieder das Baukastenprinzip zum Tragen. Dem Bediener ist es möglich, diese Flinten in taktischen Szenarios ohne zusätzlichen Ausbildungsaufwand einzusetzen. Dennoch ist es den Kastenmagazinflinten bisher nicht gelungen, traditionelle Flinten mit Röhrenmagazin aus taktischen Einsatzfeldern zu verdrängen.

Nachladetechniken für Flinten mit Röhrenmagazin

Laden aus dem Clipgürtel

Eine weit verbreitete Nachladetechnik ist das Laden aus dem Clipgürtel heraus. Diese Clips müssen nicht zwangsläufig an einem Gürtel befestigt sein, sie können auch unmittelbar an taktischer Zusatzausrüstung angebracht sein. Clips halten Schrotkartuschen oder andere Flintenmunition genauso sicher, wie Nylon- oder Gummischlaufen. Allerdings ist das Herauslösen oder das Herausbrechen der Munition aus Clips wesentlich einfacher und stressstabiler.

Der Schütze nimmt die Waffe beim Nachladen aus der Schulter. Er führt sie zur Reservemunition hin und verkürzt somit den Weg zwischen Waffe und Munition. Die rechte Hand, welche beim Schuss am Griffstück ist, bleibt am Griffstück, und die zweite Hand nimmt die erforderlichen Manipulationen an der Waffe vor. Der Schütze dreht die Waffe etwas um ihre eigene Achse, so dass er das Röhrenmagazin bequem befüllen kann. Kurze Wege zwischen Munition und Magazinschacht begünstigen einen zügigen Ladevorgang. Der Finger befindet sich nicht am Abzug. Die Patronen werden einzeln mit Daumen und Zeigefinger der linken Hand aus den offenen Clips herausgebrochen und in das Röhrenmagazin geschoben. Diese Art des Nachladens ist einfach zu erlernen und

Drei Waffenarten - eine Körperhaltung beim Nachladen.

Drei Waffenarten - eine Körperhaltung beim Nachladen.

Drei Waffenarten - eine Körperhaltung beim Nachladen.

der „Schiefgehfaktor“ ist klein, allerdings ist der Zeitbedarf vergleichsweise sehr hoch.

Seit mehreren Jahren hat sich parallel dazu die so genannte Doppelladetechnik entwickelt: Der Schütze präpariert seine Plastikclips so, dass er zwei Patronen übereinander hineinklemmen kann. Zum Nachladen werden beide Patronen zwischen Daumen und Mittelfinger erfasst und in das Röhrenmagazin geschoben. Die Nachladezeit verkürzt sich zwar, allerdings sind Übungsaufwand und Schiefgehfaktor unverhältnismäßig hoch. Für den taktischen Einsatz ist die Doppelladetechnik aus mehreren Gründen ungeeignet. Der Anwender muss seine Ausrüstung in einer Weise präparieren, die für Konfrontationen nicht zweckmäßig ist, da die Munition mitunter nicht sicher genug gehalten wird. Die Anwendung basiert hauptsächlich auf feinmotorischen Bewegungen, was der geforderten Stressstabilität widerspricht. Hoher Übungsaufwand und hohe Spezifikation widersprechen den geforderten Kriterien nach Einfachheit und Universalität.

Laden aus einem Patronenspender (Shotshell Caddy)

Diese Art von Patronenspendern werden am Gürtel oder anderen Ausrüstungsteilen befestigt und mit vier bzw. sechs Patronen bestückt. Die Kartuschen zeigen dabei nach vorn in Richtung Gürtelschnalle. Der Schütze kann die Flinte beim Nachladevorgang in der Schulter lassen, wo sie mit der rechten Hand gehalten wird, ohne dass der Finger den Abzug berührt. Für weniger kräftig gebaute Personen ist diese Prozedur fast nicht durchführbar bzw. erfordert gezieltes Krafttraining. Alternativ könnte die Waffe auch in einer Art Hochanschlag gehalten und der Schaft zur Unterstützung unter den Arm geklemmt werden. Die linke Hand löst sich vom Vorderschaft der Waffe, geht zum Patronenspender und bringt die Munition zur Waffe. Es hat sich bewährt, die Patronen nur mit Zeige- und Mittelfinger aus dem Halter zu ziehen. Der Ringfinger liegt an der Seite des Patronenhalters an. Haben die Patronen ihren Halter verlassen, kommen die Patronenböden unmittelbar auf dem Ringfinger zu liegen. Die linke Hand geht jetzt zum Magazinschacht und der Daumen drückt die Patronen ins Röhrenmagazin. Der Vorteil dieser Technik liegt in der Minimierung der notwendigen Handbewegungen, da die erforderliche Anzahl der Patronen (4) mit einer Bewegung zur Waffe gebracht wird.

Der Schütze sollte seine ganze Wahrnehmung dem Nachladevorgang widmen. Er fixiert mit seinen Augen die Patronen in seiner Hand und den Nachladeschacht des Röhrenmagazins und kontrolliert dabei jeden Handgriff. Vier Patronen auf einmal in der Hand zu bewältigen, stellt zum einen eine Mindestforderung an

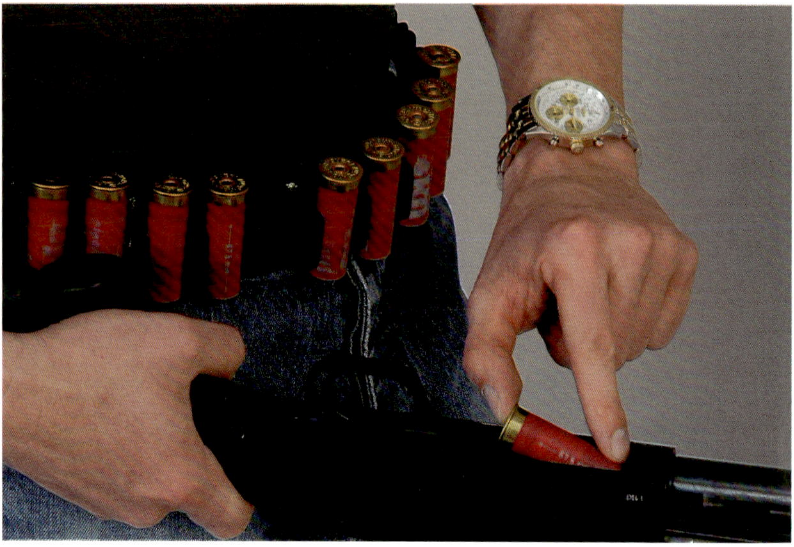

Laden aus dem Clipgürtel heraus: Die Flinte wird auf Hüfthöhe gebracht und um die eigene Achse gedreht. Vorteilhaft ist der kurze Weg zwischen Munition und Waffe.

die Handgröße und verlangt zum anderen etwas Begabung. Der Übungsaufwand wird sich aber in einer nachhaltigen Reduzierung der Ladezeit widerspiegeln. Mit einem Patronenspender, der sechs Stück fasst, können leicht zwei Nachladezyklen zu je drei Patronen durchgeführt werden. Drei Patronen sind verhältnismäßig leicht in der Hand zu bewältigen. So gesehen ist die Nachladtechnik mittels Patronenspender eine sinnvolle Ergänzung für taktische Applikationen.

Laden mit einem Schnellader (Speedloader)

Diese Form des Nachladens ist derzeit die schnellste, zumindest was die Waffenmodelle mit einem Röhrenmagazin betrifft. Der Schütze muss allerdings geringfügige Umbauten an seiner Flinte vornehmen. Um den vier Patronen fassenden Schnellader an der Lademulde platzieren zu können, ist der Anbau eines Widerlagers in Form einer kleinen Rampe notwendig.

Der Speedloader selbst besteht aus einer simplen Plastikröhre und einem Griff. Transportiert werden die Speedloader in einer am Gürtel befestigten Tasche. Beim Nachladevorgang bleibt die rechte Hand am Griffstück der Waffe und die Waffe entweder in der Schulter des Schützen oder sie befindet sich im Hochanschlag. Die linke Hand holt den

Mit der Doppelladetechnik verkürzt sich die Nachladezeit. Der Übungsaufwand ist allerdings für den taktischen Einsatz zu hoch.

Der Patronenspender: Die Halteplatte (gelb) wird exakt auf die Patronenlänge angepasst, um einen optimalen Ausziehwiderstand zu gewährleisten. Das abgebildete Modell fasst vier Patronen des Kalibers 12.

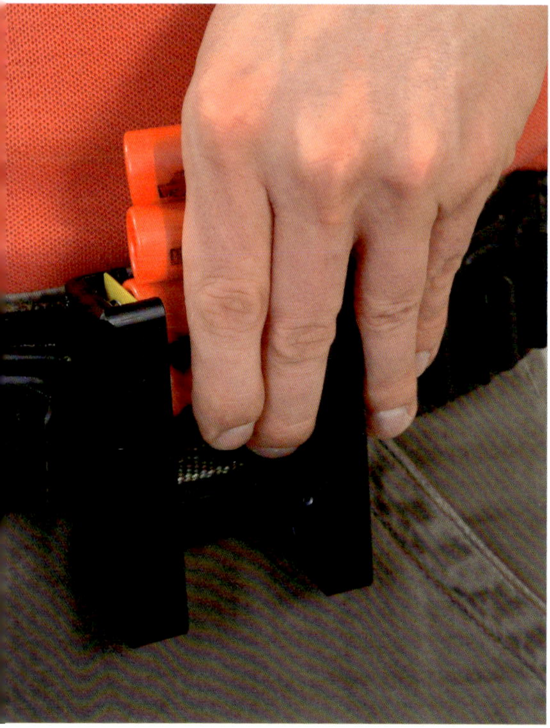

Speedloader aus der Tasche und führt ihn zur Rampe an der Lademulde. Alle vier Patronen werden in einem Zug in das Röhrenmagazin gedrückt. Plastikröhre als auch Griff werden danach einfach fallen gelassen.

Diese Art von Schnelladern sind speziell für Wettkämpfe im IPSC-Scheiben entwickelt wurden. Ihr Gebrauch erfordert sehr viel Übung, Konzentration und Koordinationsfähigkeit. Eine Übernahme dieser Nachladetechnik für den taktischen Einsatz sollte nicht unreflektiert erfolgen.

Cooley Forearm Twist

Eine weitere Methode des Nachladens ist der „Forearm Twist". Sie wird dem amerikanischen Schützen Bennie Cooley zugeschrieben und trägt zumindest im Sportbereich auch seinen Namen. Bei dieser Technik können z.B. die weit verbreiteten Patronenhalter am Systemkasten der Flinte verwendet werden. Die linke Hand verbleibt am Vorderschaft der Flinte und die Rechte bestückt das Röhrenmagazin. Die linke Hand vollzieht dabei eine Bewegung ähnlich der eines Bizeps-Curls beim Krafttraining

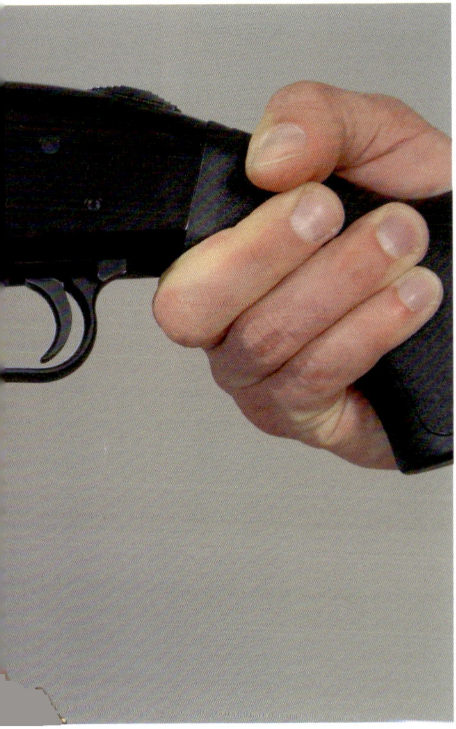

BILD LINKS: Zeige- und Mittelfinger ziehen die vier Patronen auf einmal aus dem Halter. Der Ringfinger liegt außen am Spender an und kommt anschließend auf den Patronenböden zu liegen.

BILD MITTE: Die Patronen werden mit der linken Hand in das Röhrenmagazin geschoben. Die verbleibt dabei im Anschlag, kann aber auch im Hochanschlag gehalten werden.

BILD UNTEN: Ein vier Patronen fassender Speedloader mit Widerlager. Für taktische Applikationen ebenfalls ungeeignet.

und dreht die Flinte zum Brustkorb hin ein. Der Magazinschacht liegt jetzt direkt unter den Augen des Schützen. Die Munition befindet sich im Patronenhalter am Systemkasten der Flinte. Geladen wird mit der Rechten, und zwar jede Patrone einzeln. Der Schiefgehfaktor ist relativ gering, da hier nur ein kurzer Weg zum Magazinschacht überbrückt werden muss. Die Wahrscheinlichkeit, dass man beim Nachladen entweder mit dem Handballen, Handgelenk oder Teilen des linken Unterarms den heißgeschossenen Lauf berührt, ist sehr hoch, was ein ausgesprochener Nachteil dieser Technik ist.

Laden aus einem Micro Chest Rig heraus

Eine durchdachte Lösung bietet hier die US-amerikanische Ausrüsterfirma Special Operations Equipment (SOE). Der 12 Gauge Micro-Rig ist eine Umhängetasche in Chest-Rig-Form. Das bedeutet, die Tasche wird mit zwei Schulterriemen direkt vorm

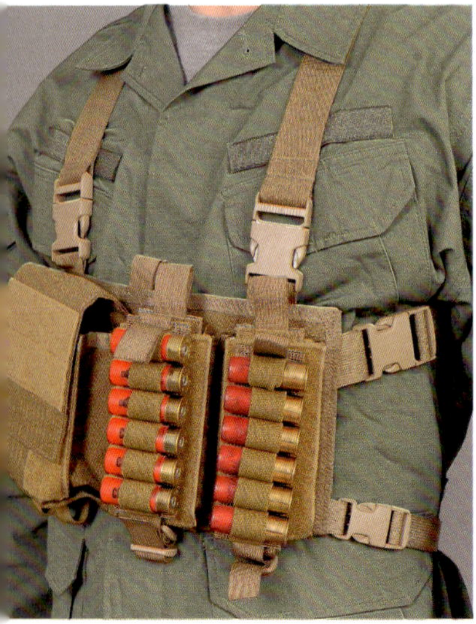

Oberkörper getragen. Die Größe ist durch verstellbare Riemen individuell an den Körperbau des Nutzers anpassbar. Das Rig ist in den Farben Olivgrün, Coyote-Braun, Schwarz und verschiedenen Tarnmustern erhältlich.

Das besondere am Micro-Rig ist eine Panelkonstruktion mit zwei nebeneinander angebrachten Taschen für Schrotkartuschen im Kaliber 12. Jede Tasche fasst zweimal sechs Kartuschen. Das erste Panel mit sechs Schlaufen ist mittels Klett auf der Oberseite einer Tasche befestigt. Ist es leergeschossen, wird es nach unten abgezogen. Danach wird ein zweites Panel nach oben aus der Tasche gezogen und auf dem Klettstreifen befestigt. Beide Panelgrundplatten sind durch einen Fangriemen mit dem Rig verbunden. Es können Schrotkartuschen bis zum Kaliber 12/76 verwendet werden, sofern deren Länge im nicht abgeschossenen Zustand 67mm nicht übersteigt. Längere Kartuschen würden nicht problemlos in die beiden Taschen passen, könnten aber dennoch auf den jeweils oberen Panelgrundplatten verstaut werden. Die Kaliberbezeichnung gibt immer die Länge der Hülse nach dem Verschuss an. Somit dürfte es nur sehr wenige Fabrikate geben, die für eine Verwendung im 12 Gauge Micro-Rig nicht in Frage kommen.

Durch die Panelkonstruktion hat der Schütze auf engen Raum bis zu 24 Schuss, aufmunitioniert in Schlaufen, zur Verfügung. Im Vergleich entspricht das drei Magazinen einer Saiga 12 oder Vepr 12 bzw. je nach Bauchumfang des Schützen einem gefüllten Klippgürtel.

VON LINKS NACH RECHTS:
Das 12 Gauge Micro-Rig voll aufmunitioniert.
Ist das erste Panel leergeschossen...
...wird es abgeworfen.
Ein neues Panel wird herausgezogen...
...und auf dem Klett befestigt.

Darüber hinaus besitzt das Micro-Rig noch eine innen liegende Dokumententasche und eine Mehrzwecktasche, die nochmals bis zu 25 lose Schrotkartuschen oder auch andere Ausrüstungsgegenstände wie zum Beispiel ein Funkgerät fassen kann. An der Unterseite dieser Mehrzwecktasche sind zwei Dehnschlaufen angenäht, die zur Aufnahme von Gegenständen bis zu 4 cm Durchmesser dienen können.

Das 12 Gauge Micro-Rig unterstützt durch seine Konstruktion eine Nachladetechnik mit kurzen Wegen. Gegenüber anderen taktischen Munitionsträgern, die beispielsweise als eine Art Oberschenkeltasche am linken Oberschenkel getragen werden, oder Mehrzwecktaschen, die am Gürtel getragen werden, besitzt das Chest-Rig von SOE eindeutige Vorteile.

Die räumliche Trennung in zwei separate Taschen erleichtert das Mitführen von verschiedenen Munitionssorten: So kann zum Beispiel im linken Panel eine Door-Breaching-Munition zum ballistischen Aufbrechen von Türen verstaut werden und rechts je nach taktischen Gegebenheiten Postenschrot oder Flintenlaufgeschosse.

Das Rig ist schnell anzulegen und relativ unauffällig zu tragen; sollte es die Situation erfordern, auch unter einer Jacke.

3.10 Transition

"A rifle turns a taxpayer into a citizen." (Jeff Cooper)

Versagt im taktischen Schusswaffeneinsatz die Primärwaffe, muss auf eine Sekundärwaffe zurückgegriffen werden. Für eine Ursachenforschung, weshalb die Waffe ihren Dienst versagt hat, bleibt dem Schützen während einer gewalttätigen Konfrontation keine Zeit. Meistens hat er nicht einmal die Zeit, eine Störung zu beseitigen oder einen Magazinwechsel durchzuführen. Er muss schnellstmöglich seine Feuerbereitschaft wiederherstellen und ist gezwungen, das Gefecht mit einer anderen Waffe fortzusetzen. Selbstladegewehr, Maschinenpistole oder Flinte besitzen eine wesentlich höhere Feuerkraft als Kurzwaffen. Der Langwaffe sollte daher stets der Vorzug in der Verwendung eingeräumt werden. Der schnelle Wechsel von Langwaffe auf Kurzwaffe wird als Transition oder auch als Wechseldrill bezeichnet.

Gründe für den Wechseldrill

Gründe, die einen Wechseldrill erforderlich machen, können neben der bereits erwähnten Waffenstörung auch sein, dass das Magazin des Gewehrs leergeschossen ist oder die räumliche Umgebung sehr beengt ist und den Einsatz einer Langwaffe nicht mehr erlaubt.

Zum Durchführen einer Transition ist das Anbringen eines Trageriemens am Gewehr zwingend erforderlich. Zwar könnte die Waffe auch mit der Unterstützungshand gehalten und die Pistole nur mit der schussstarken Hand bedient werden, Störungsbeseitigung oder Nachladen der Pistole gestalten sich in dieser Konstellation allerdings sehr schwierig. Ein Ablegen der Langwaffe sollte in einem taktischen Szenario grundsätzlich vermieden werden. Mit einem Trageriemen versehen, kann das Gewehr am Körper in verschieden Positionen fixiert werden. Es ist somit sicher vor dem Zugriff durch Dritte und behindert die Bewegungsfreiheit nicht. Der Schütze hat beide Hände zur Bedienung der Kurzwaffe frei.

Derartige Trageriemen gibt es in unterschiedlichen Ausführungen. Generell wird nach drei Varianten unterteilt: Der Ein-Punkt-Sling, der Zwei-Punkt-Sling und der Drei-Punkt-Sling.

Drei Slingvarianten

Am komfortabelsten für den Schützen war die Arbeit bisher mit einem Drei-Punkt-Sling. Diese Version von Trageriemen wird am vorderen und hinteren Teil der Waffe befestigt. Ein dritter Aufnahmepunkt befindet sich am Riemen selbst, wodurch dieser zwei Schlingen bildet. Die Erfindung des Drei-Punkt-Trageriemens wird der Firma Heckler & Koch zugeschrieben. Heute bietet eine Vielzahl von Herstellern die unterschiedlichsten Modelle an. Das Anbringen eines Drei-Punkt-Slings an ein Gewehr und die Benutzung gestalten sich mitunter etwas kompliziert, was ein Nachteil dieser Konfiguration ist.

Der Zwei-Punkt-Sling ist ein normaler Gewehrtrageriemen, wie er häufig an Jagdwaffen Verwendung findet. Er wird lediglich am vorderen und hinteren Waffenende in dafür vorgesehene Ösen eingehakt. Ein Wechseldrill mit dieser Riemenausführung kostet etwas mehr Zeit und der Bewegungsablauf bedarf etwas mehr Übung. Dennoch ist eine schnelle und sichere Transition möglich (siehe Bildfolge).

Seit einigen Jahren sind längenverstellbare Zwei-Punkt-Riemen am Markt erhältlich. Diese Trageriemen vereinen die Vorteile von Drei- und Zwei-Punkt-Varianten ohne größere Nachteile aufzuweisen. Empfehlenswerte Produkte sind beispielsweise der VTAC von Viking Tactics und der VCAS von Blue Force Gear.

Die dritte Variante, der so genannte Ein-Punkt-Sling, besitzt nur eine Aufnahme an der Waffe. Meist im Bereich des Griffstücks. Er eignet sich im Grunde nur für Maschinenpistolen oder kurze Ausführungen von Selbstladegewehren, da die Waffen im hängenden Zustand mit der Mündung nach unten „baumeln". Der Bewegungsablauf bei einem Wechseldrill ist weitestgehend analog zu einem Drei-Punkt-Sling.

Der Bewegungsablauf mit einem Zwei-Punkt-Gewehrtrageriemen stellt sich wie folgt dar. Immer dem Grundsatz von der Ökonomie der Bewegung folgend, sollten direkte Bewegungen mit einem kontinuierlichen Fluss und Rhythmus vollzogen werden und überflüssige Bewegungen vermieden werden. In der Ausgangsstellung hat der Schütze das Gewehr im Anschlag. Wird ein Wechseldrill erforderlich löst sich die Unterstützungshand (links) vom Vorderschaft und greift durch den nach unten hängenden Sling hindurch. Die Schusshand (rechts) bleibt am Griffstück und zieht die Waffe nach hinten über den Kopf. Das Gewehr kommt mit Mündung nach unten auf dem Rücken zu Hängen. Die rechte Hand kann jetzt zum Holster geführt werden und leitet den Ziehvorgang der Pistole ein.

Eine Langwaffe, die mit einem Drei-Punkt-Riemen fixiert wird, trägt der Schütze ständig am Körper. Ein Umhängen und Abhängen der Waffe entfällt hier. Rechtsschützen führen den Kopf und den linken Arm durch den Sling. Die Waffe hängt jetzt quer vor dem Oberkörper mit Lauf nach unten bzw. nach links unten. Aus dieser Tragehaltung heraus ist es dem Schützen sehr

Der Schütze befindet sich im Anschlag.

schnell möglich, das Gewehr in Anschlag zu bringen. Ein weiterer Vorteil des Drei-Punkt-Slings.

Ist eine Transition erforderlich, wird die Waffe aus dem Schulteranschlag heraus mit beiden Händen an die linke Seite des Körpers gezogen. Während dieser Bewegung löst sich die rechte Hand vom Griffstück und leitet den Ziehvorgang der Pistole ein. Die linke Hand vollendet die Wegschiebebewegung der Langwaffe. Auch hier wird die Pistole im vierstufigen Ziehvorgang gezogen und in Anschlag gebracht.

Es ist ebenso möglich, das Gewehr einfach senkrecht nach unten am Körper hängen zu lassen. Für welche Variante sich der Schütze entscheidet, ist auch abhängig von der Ausrüstung, die in Form von taktischer Weste oder Chest-Rig getragen wird, von der Konfiguration des Drei-Punkt-Slings, und obliegt letztlich auch persönlichen Präferenzen.

Was vermieden werden sollte

Eine Langwaffe besitzt ein signifikantes Gesicht. Mit diversem Zubehör kann es sich schnell auf 4 kg bis 5 kg summieren. Außerdem befinden sich an jeder Waffe abstehende Bauteile, wie z.B. Visiereinrichtung, Durchladehebel, Schrotpatronenhalter und so weiter. Sowohl bei beim Wechseldrill

Der Wechseldrill wird eingeleitet, indem sich die Führhand durch den lose hängenden Trageriemen schiebt.

mit einem Zwei-Punkt-Sling, wo sich der Schütze die Waffe auf den Rücken wirft, als auch beim Drei-Punkt-Sling, wo die Waffe vorm Bauch oder an der linken Seite hängt, besteht eine ernsthafte Gefahr, sich eine Verletzung zuzuziehen, die die weitere Einsatzfähigkeit ausschließt oder zumindest in Frage stellt. Auch wenn es spaßig klingen mag: Das Letzte, was man in einer Verteidigungshandlung haben möchte, ist sich selbst außer Gefecht zu setzen, weil man sich mit dem eigenen Gewehr eine Prellung im Schritt zuzieht oder ähnliches.

Grundsätzlich sollte die Transition niemals mit einer ungesicherten Waffe vollzogen werden. In einer taktikorientierten Schießausbildung sollte man sich selbst dazu erziehen, die Langwaffe immer zu sichern, sobald sie aus der Feuerhaltung in eine Bereitschaftsposition gebracht wird, bei der die Schulterstütze den Kontakt zur Wange verliert. Es sind Fälle dokumentiert, bei denen sich Einsatzkräfte selbst angeschossen haben, weil sich beim Wechseldrill ein Ausrüstungsteil (beispielsweise vom Chest-Rig) im Abzug verfing.

Die Schusshand hebt die Waffe über den Kopf und lässt sie nach hinten auf den Rücken fallen.

Der Ziehvorgang der Kurzwaffe beginnt.

3.11 Störungsbeseitigung

„Das lauteste Geräusch, das es gibt, ist ein Klick, wenn man ein Bumm erwartet." (Quelle unbekannt)

Selbstladewaffen sind von ihrem Konstruktionsprinzip her technisch relativ einfache Maschinen. Wie bei jeder anderen Maschine auch, kann es zu Funktionsstörungen kommen. Funktionsstörungen werden im Allgemeinen hervorgerufen durch Materialermüdung, unregelmäßige Wartung, die z.B. einen hohen Verschmutzungsgrad nach sich zieht, oder unsachgemäße Handhabung, wie z.B. der Einsatz falscher Betriebsstoffe. Übertragen auf eine Schusswaffe bedeutet das: Auch das zuverlässigste Waffenmodell wird im Laufe der Zeit einer Materialermüdung unterliegen, die Waffenstörungen wahrscheinlicher werden lässt. Ein hoher Verschmutzungsgrad begünstigt zweifelsohne Fehlfunktionen. Eine Reinigung nach jedem Schießen ist dennoch übertrieben. Moderne Gebrauchswaffen sind so konstruiert, dass sie auch mit einem gewissen Verschmutzungsgrad sicher funktionieren. Der Betriebsstoff einer Schusswaffe ist die Munition. Zu schwach geladene Fabrikate oder spezielle Geschoßformen können bei Selbstladewaffen Zuführstörungen verursachen. Hier bleibt dem Anwender letztlich nur, auf ein Fabrikat auszuweichen, das in seiner Waffe zuverlässig funktioniert.

Versagt eine Schusswaffe ihren Dienst, lies: Es bricht kein Schuss, ist die Wahrscheinlichkeit eines leeren Magazins zwar größer als eine Störung, aber trotzdem ist eine gepflegte Waffe in Verbindung mit hochwertiger Munition kein Garant für störungsfreies Schießen bis in alle Ewigkeit. Der Schütze muss mit Funktionsstörungen rechnen und sollte Maßnahmen zur Störungsbeseitigung in sein Trainingsprogramm integrieren. Es bietet sich eine Art Baukastensystem an, bei dem bekannte und bereits eingeübte Handgriffe, wie z.B. das administrative Laden oder das taktische Nachladen, genutzt werden können. Das Ziel jeder Handlungsroutine zur Störungsbeseitigung ist die Wiederherstellung der Feuerbereitschaft, und zwar möglichst schnell. Im taktischen Schusswaffeneinsatz besteht nie die Zeit einer genauen Analyse der Störung. Die Handlungsroutinen müssen daher auch in einer Umgebung geprägt von zeitlichen und psychischen Druck sicher beherrscht werden können. Zu viele verschiedene Handlungsoptionen begünstigen Fehlentscheidungen.

Bringt man alle möglichen Waffenstörungen in ein Ordnungssystem ein, kristallisieren sich vier verschiedene Störungstypen heraus. Obwohl im Folgenden ausschließlich Selbstladepistolen betrachtet werden, gelten die Störungstypen sinnverwandt auch für Selbstladegewehre:

Fehlertyp 1

Nach Betätigen des Abzugs bricht kein Schuss, sondern es ertönt das lauteste Geräusch, das es gibt, wenn man ein „Bumm" erwartet – nämlich ein „Klick". Von außen ist kein Defekt erkennbar. Der Schlitten der Pistole ist verriegelt. Die Ursache für Fehlertyp 1 kann beispielsweise ein leeres Patronenlager sein oder ein Zündversager. Daher wird Typ 1 im Englischen auch als „Failure to Fire" bezeichnet. Erste Reaktion des Schützen sollte sein, eine Repetierbewegung durchzuführen, um die schadhafte Patrone auszuwerfen und eine neue Patrone ins Patronenlager zuzuführen. Dieser Manipulation sollte immer ein Schlag auf den Magazinboden vorausgehen. Damit stellt der Schütze sicher, dass sein Magazin richtig eingerastet ist. Denn auch ein nicht eingerastetes Magazin kann zu einer Störung des Typ 1 führen, indem es keine Patrone zuführt.

Der Bewegungsablauf erfolgt analog zu dem Bewegungsablauf, der auch bei Nachladetätigkeiten angewandt wird: Die Pistole wird etwas zum Körper zurückgebracht und leicht eingedreht, bleibt jedoch auf Augenhöhe. Die Griffhaltung der rechten Hand verändert sich nicht. Die Linke schlägt von unten gegen das Magazin und greift danach über den Pistolen-Schlitten, um ihn energisch nach hinten zu repetieren und sogleich loszulassen. Diese Handlungsroutine ist auch als „Tap-Rack" bzw. bundeswehrintern als „Push-Pull" bekannt,.

Ein häufig zu beobachtender Fehler bei Störungsbeseitigungsdrills ist ein zu zaghaftes Manipulieren an der Waffe. Wird der Schlitten zu langsam nach hinten gezogen oder gar mit der linken Hand wieder nach vorn geschoben, erhöht sich die Wahrscheinlichkeit einer weiteren Störung. Oftmals baut sich der Schütze dadurch selbst eine wesentlich komplexere Störung vom Typ 3 in die Waffe. Moderne Großkaliberpistolen sind Gebrauchsgegenstände, die für eine gebrauchsmäßige Verwendung konzipiert wurden. Es ist ausgeschlossen, dass durch eine Störungsbeseitigung mittels Tap-Rack Beschädigungen an der Waffe herbeigeführt werden könnten. Dementsprechend kraftvoll sollte die Bewegung ausgeführt werden. Die Überwiegende Mehrheit aller möglichen Störungen lassen sich unter der Kategorie Typ 1 zusammenfassen.

Auch für Nahkampf

Darüber hinaus ist es sinnvoll, den Störungsbeseitigungsdrill Tap-Rack obligatorisch nach jeder Nahkampfsituation durchzuführen. Im Handgemenge passiert es schnell, dass ein Magazin entriegelt wird und die Waffe temporär zum Schießen unbrauchbar wäre. Der Schlag aufs Magazin ist daher wichtig, um die Funktionsfähigkeit der Schusswaffe wiederherzustellen. Die folgende Durchladebewegung gehört zum Baukastensystem und ist nur eine konsequente Umsetzung der Handlungsroutine für Beseitigungen des Fehlertyps 1.

Fehlertyp 2

Eine Störung vom Typ 2 ist von außen am nicht verriegelten Verschluss erkennbar. Eine Hülse wurde nicht richtig ausgeworfen und hat sich im Auswurffenster verklemmt, woran sich die Störung leicht identifizieren lässt. Darüber hinaus nimmt der Schütze bei den meisten Pistolenmodellen eine untypische Abzugscharakteristik wahr. Das bezeichnende „Klick" bleibt aus. Diese Störung wird im Englischen auch als „Failure to Eject" bezeichnet oder als so genannte „Stove Pipe", weil die leere Hülse manchmal an ein Ofenrohr erinnert.

Die Handlungsroutine zu ihrer Behebung entspricht der von Fehlertyp 1 – nämlich Tap-Rack. Um sicherzustellen, dass die Hülse auch wirklich aus der Waffe entfernt wird, sollte der Schütze die Waffe im Handgelenk etwas drehen, damit der Hülsenauswurf nach unten zum Boden zeigt.

Die Ursachen für eine „Stove Pipe" sind in der Regel zu schwach geladene Laborierungen. Der Schlitten läuft nicht hart genug zurück, um die leere Hülse auswerfen zu können. Daher konnte auch noch keine neue Patrone aus dem Magazin zugeführt werden. Das Patronen-

BILD 1: Störung vom Typ 2, auch Stove Pipe genannt. Eine Hülse hat sich im Auswurffenster verklemmt. BILD 2: Störung vom Typ 3: Feedway Stoppage oder auch Double Feed. Die Störungsbeseitigung ist etwas komplexer. BILD 3: Störung vom Typ 4: Die Schließfeder ist zu schwach, den Verschluss zu verriegeln. Die Handlungsroutine „Tap-Rack" würde zu einer Typ-3-Störung führen.

lager sollte demnach bei einer Typ-2-Störung leer sein. Durch den obligatorischen Schlag aufs Magazin und das Repetieren des Schlittens wird zuerst die leere Hülse entfernt und danach eine neue Patrone zugeführt. Auch eine zu lockere Handhaltung an der Waffe beim Schuss in Verbindung mit einem hohen Verschmutzungsgrad kann einen Fehlertyp 2 hervorrufen.

Fehlertyp 3

Bei Fehlertyp 3 befinden sich mehr als eine Patrone gleichzeitig im System. Das Patronenlager kann entweder noch durch eine leere Hülse belegt sein oder schon durch eine neue Patrone, es kann aber auch leer sein. Die Störung ist durch den nicht verriegelten Verschluss erkennbar. Auch hier bleibt das charakteristische „Klick" beim Abkrümmen aus. Als zusätzliche Erschwernis drückt der unverriegelte Schlitten unmittelbar gegen eine im Magazin befindliche Patrone. Die Folge ist, dass sich das Magazin je nach Pistolenmodell nur mit Geschick und erhöhtem Kraftaufwand aus der Waffe entfernen lässt.

Im Englischen bezeichnet man den Typ 3 auch als „Feedway Stoppage" oder „Double Feed".

Der Fehlertyp 3 ist bei Selbstladepistolen eher selten anzutreffen. In den meisten Fällen ist er das Resultat einer fehlerhaften Beseitigung von Typ-1- oder Typ-2-Störungen. Aber auch mechanische Probleme können zu einer „Feedway Stoppage" führen. Ursachen können beispielsweise eine gebrochene Ausziehkralle sein oder beschädigte Magazine, bei denen abgenutzte Magazinlippen zwei Patronen gleichzeitig freigeben.

3

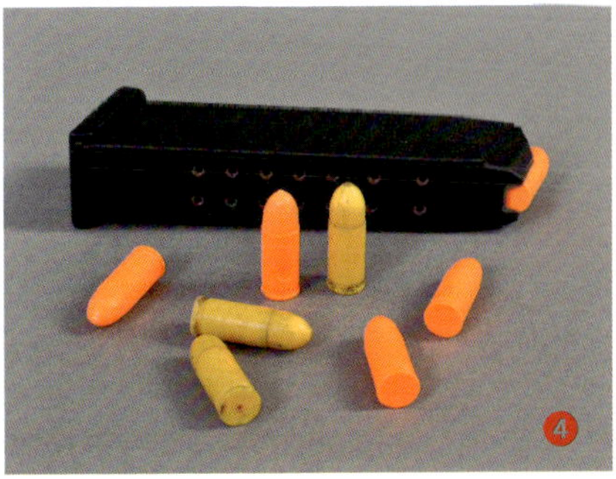
4

5

BILD 4: Pufferpatronen sind für alle Kaliber erhältlich. Sie erleichtern das Training zur Störungsbeseitigung ungemein. BILD 5: Bei Selbstladegewehren, insbesondere AR-15-Systemen, werden Typ-3-Störungen häufig durch alte Magazine mit abgenutzten Magazinlippen verursacht.

Bei der Behebung von Fehlertyp 3 führt das bekannte „Tap-Rack“ nicht mehr zum Erfolg und kann im schlimmsten Fall die vorherrschende Situation noch komplizierter machen.

Fehlertyp 3 ist eine komplexe Störung und erfordert einen komplexeren Handlungsablauf. Zuerst muss der Schlitten mittels Schlittenfanghebel arretiert werden. So wird gewährleistet, dass der Druck vom Magazin genommen wird und das Magazin entfernt werden kann. Beim Entfernen des Magazins fällt meistens eine einzelne Patrone mit aus dem Magazinschacht. Danach sollte der Schlitten dreimal repetiert werden, um sicherzustellen, dass das Patronenlager leer ist. Daraufhin kann ein neues Magazin in die Waffe eingeführt, die Waffe fertiggeladen und die Schussfolge fortgesetzt werden.

Sind wirklich technische Mängel, wie eine defekte Ausziehkralle oder abgenutzte Magazine die Ursache, muss von immer wiederkehrenden Typ-3-Störungen ausgegangen werden. Die Waffe hat demnach einen Totaldefekt, der sie zunächst für eine weitere Verwendung unbrauchbar macht. Sollten besondere Umstände ein einhändiges Bedienen der Pistole erforderlich machen, ist eine Beseitigung von Typ-3-Störungen nur eingeschränkt möglich. Einhändiges Bedienen einer Kurzwaffe wird in der Ausbildung gern vernachlässigt. Die Handgriffe für eine Störungsbeseitigung sollten aber unbedingt auch im Einhandmodus beherrscht werden. Besonders bei komplexen Themen wie einem Fehlertyp 3.

Fehlertyp 3 bei Glock, PPS und P30

Pistolen der Marke Glock sowie die P30 von Heckler & Koch und die PPS von Walther bieten bei der Beseitigung einer Typ-3-Störung wesentliche Vorteile. Bei ihnen reicht es aus, das Magazin etwa 1 cm bis 2 cm aus der Waffe zu ziehen, bis der Schlitten von selbst nach vorn springt und schließt. Ein erhöhter Kraftaufwand, um das Magazin im Magazinschacht zu bewegen, ist auch hier nötig. Das Magazin muss aber nicht vollständig entfernt werden. Auch das Arretieren des Schlittens mittels Schlittenfanghebel entfällt.

Nachdem der Schlitten von selbst wieder geschlossen hat, vollzieht der Schütze dennoch die Tap-Rack-Routine, um zu gewährleisten, dass eine neue Patrone ins Patronenlager zugeführt wird. Die Pistole ist wieder schussbereit. Mit etwas Übung dauert diese Handlungsroutine nur unwesentlich länger als die relativ einfache Behebung eines Fehlertyps 1.

Fehlertyp 3 bei Langwaffen

Die Störungsbeseitigung bei Langwaffen soll in diesem Beitrag nur am Rande betrachtet werden. Eine Störung des Fehlertyps 3 wird häufig in Verbindung mit dem AR-15-Waffensystem genannt. Die Hauptursache ist hier bei beschädigten, alten Magazinen zu suchen, die mehr als eine Patrone freigeben. Oder eine Ausziehkralle, die zu wenig Druck aufbaut. Mitunter sind durch die Vorwärtsbewegung des Verschlusses die Patronen im Gehäuse relativ fest verklemmt und können nur mit Werkzeug wieder entfernt werden. Der Wechsel zu einer Zweitwaffe (Transition zur Pistole) ist in der Regel die einzige und schnellste Alternative.

Fehlertyp 4

Ein Störung vom Fehlertyp 4 ist ebenfalls am nicht verriegelten Verschluss erkennbar. Im Gegensatz zum Typ 2 wird er jedoch nicht durch eine verklemmte Hülse hervorgerufen. Ursache ist vielmehr ein zu weicher Vorlauf des Schlittens. Die Schließfeder bringt nicht genug Kraft auf, den Schlitten nach vorn in seine Verriegelung zu drücken. Ursache können zum einen technische Probleme sein, wie z.B. eine zu schwache oder defekte Schließfeder, aber auch zusätzliche Anbauteile, wie z.B. Rückstoßdämpfungssysteme. Von der Verwendung solcher Bauteile ist grundsätzlich abzuraten. Auch eine stark verschmutzte und heißgeschossene Waffe mit zu engen Toleranzen oder die Verwendung einer bestimmten Geschossform, z.B. Teilmantel-Flachkopf, kann eine Typ-4-Störung begünstigen.

In den meisten Fällen reicht es aus, wenn der Schütze mit dem Handballen der Nichtschusshand von hinten auf den Schlitten schlägt. Dadurch wird der Schlitten zurück in seine Verriegelung gedrückt. Dennoch sollte eine tiefere Ursachenforschung nach Beendigung der Schießübung oder des Einsatzes erfolgen.

Hilfsmittel im Training

Um Störungen im Training zu simulieren, empfiehlt sich die Verwendung von Pufferpatronen. Einfache Ausführungen aus Plastik in allen gängigen Pistolenkalibern sind schon für wenig Geld im Fachhandel erhältlich. Diese Plastikpatronen können während einer Trainingseinheit zwischen die Einsatzmunition mit ins Magazin gedrückt werden. So lässt sich zumindest die häufigste Störung vom Typ 1 simulieren.

Qualitativ höherwertige Pufferpatronen besitzen eine Metallhülse. Die Abnutzung am Hülsenrand durch die Ausziehkralle ist hier geringer als bei der Plastikausführung. Jedoch darf nicht vergessen werden, dass beim regelmäßigen Training ein gewisser Schwund an Pufferpatronen auftritt, weil diese manchmal auf dem Boden des Schießstandes nicht wieder gefunden werden. Allein deswegen werden viele Schützen zu der preiswerten Ausführung greifen.

Bei einem Zündversager, also einem Fehlertyp 1, ist der Schütze im sportlichen Schießen angehalten, seine Mündung für weitere 30 Sekunden in Richtung des Kugelfangs zu halten, um bei einer eventuellen Selbstzündung maximale Sicherheit zu gewährleisten. Die Wahrscheinlichkeit von Selbstzündungen ist in der Praxis jedoch zu vernachlässigen. Zündet der Initialsprengstoff des Zündhütchens das Treibladungspulver nicht unmittelbar, wird dies mit an Sicherheit grenzender Wahrscheinlichkeit auch nicht innerhalb der folgenden 30 Sekunden geschehen.

3.12 Schießrhythmus

"Let the sights dictate the cadence of fire." (Michael Plaxco shooting principle # 4)

Über den Schießrhythmus und die Geschwindigkeit der Schussfolge nachzudenken, kann aus verschiedenen Gründen sinnvoll sein. Eine willkürlich gewählte Geschwindigkeit beim Schießen ist genau so unangebracht, wie eine willkürliche, dem Trainingszustand nicht angemessene Geschwindigkeit beim Joggen. Wahllos schnelles Betätigen des Abzugs hemmt sogar die Weiterentwicklung des Schützen eher, als das es nutzt. Leider sind auf Schießständen oft derartige Schnellschussserien zu beobachten. Erst wenn ein Schütze die vier Grundfertigkeiten verinnerlicht hat, kann er beginnen, an seiner Technik zu feilen, um seine Kadenz allmählich von einem Schuss pro Sekunde auf vier Schuss pro Sekunde zu steigern.

Der zu beachtende Grundsatz ist simpel: Es sollte nie schneller geschossen werden, als gezielt werden kann.

Es gibt vier unterschiedliche Schießrhythmen:

- Ohne Zeitbegrenzung
- Ein Schuss pro Sekunde
- Zwei Schuss pro Sekunde
- Vier Schuss pro Sekunde

Auch bei einer hohen Frequenz von vier Schuss pro Sekunde sollte der Schütze noch sein Frontvisier, das Korn, wahrnehmen können und sicherstellen, dass es vor jeder Schussabgabe visuell auf dem Zielmedium zu liegen kommt. Die methodische Herangehensweise „vom Leichten zum Schweren“ hat besonders für den Schießrhythmus und dessen Steigerung große Bedeutung. Wird das Training zu schnell und zu unstrukturiert vorangetrieben, besteht die Gefahr, sich Fehler anzueignen, die im weiteren Verlauf nur schwer wieder zu beseitigen sind.

Der Bewegungsablauf bei einer Schussabgabe ändert sich

Kreislaufschema

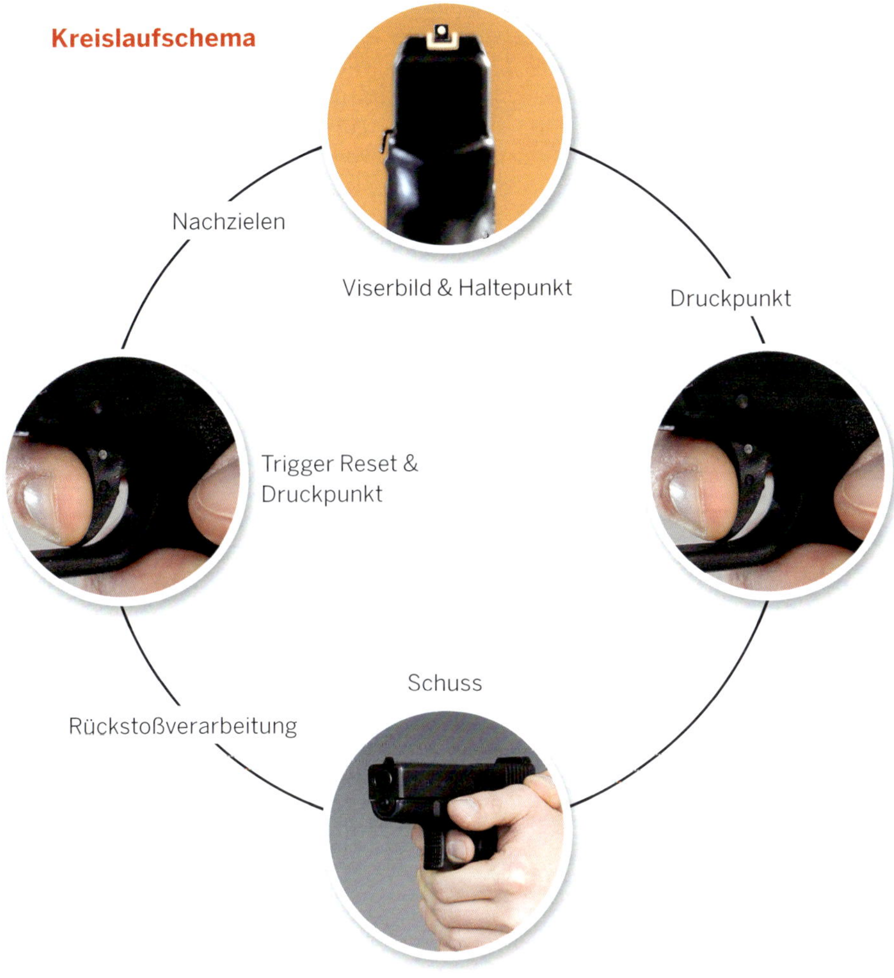

nicht. Egal, ob nur ein Schuss abgegeben wird oder mehrere. Eine Schussabgabe lässt sich als Kreislauf darstellen. Der Schießrhythmus kann nur gesteigert werden, indem der Kreislauf beschleunigt wird. Und nicht dadurch, dass ein Element des Kreislauf weggelassen wird. Auch hat die Geschwindigkeit der Schussfolge keinen Einfluss auf den technischen oder biomechanischen Ablauf. Der Bewegungsablauf bleibt derselbe, er wird lediglich schneller ausgeführt.

Wann ist eine Schussabgabe beendet? Sie ist beendet, wenn das Korn wieder auf dem Ziel liegt und der Finger wieder am Druckpunkt des Abzugs.

Das Visierbild und der Haltepunkt sind sowohl vor jedem Schuss vorhanden, als auch nach jedem Schuss. Das heißt es gibt immer ein Visierbild mehr, als Schüsse abgegeben werden. Der Schütze konzentriert sich während des gesamten Kreislaufs seiner Schussabgabe auf das Korn der Waffe, welches visuell auf dem Ziel liegt. Sowohl Kimme als auch Ziel sind unter Umständen nicht ganz deutlich (scharf) zu erkennen. Dennoch wird das Ziel mit hinreichender Schärfe erfasst.

Auch bei schnelleren Schussfolgen behält der Abzugsfinger konstanten Kontakt zum Abzug und führt die Technik des Trigger Reset aus.

Historische Entwicklung von Schießrhythmen

Doublette und Mozambique Drill

In der Geschichte des modernen Schusswaffengebrauchs wurden mehrere Schießrhythmen entwickelt. Der bekannteste ist wahrscheinlich die Doublette. Hierbei werden zwei schnell aufeinander folgende Schüsse abgegeben, deren Treffpunkte möglichst nahe beieinander liegen sollen. Es gibt darüber hinaus drei Varianten der Doublette. Diese heißen: Hammer, Dedicated Pair und Controlled Pair. Teilweise widersprechen diese Varianten dem Grundsatz, dass nur gezielte Schüsse auf ein Ziel abgegeben werden sollten. Die Doublette ist fester Bestandteil der Lehrmeinungen des Weaver Stance bzw. der Modern Technique.

Eine Fortentwicklung erfuhr die Doublette zum so genannten Mozambique Drill, bei dem zuerst eine Doublette auf die Körpermitte des Gegners und dann ein gezielter Einzelschuss auf den Kopf abgegeben wird. Dadurch soll ein drillmäßiger Handlungsablauf eingeübt werden, der zunächst eine hohe Trefferwahrscheinlichkeit auf ein Flächenziel mit sich bringt, und dann den Gegner mittels Kopfschuss außer Gefecht setzen soll. Der Überlieferung nach soll diese Handlungsroutine das erste Mal während des Bürgerkriegs in Mozambique angewandt worden sein, nachdem sich ein schwer bewaffneter und vermutlich unter Drogeneinfluss stehender Angreifer durch zwei Körpertreffer nicht stoppen ließ.

In der modernen Schießausbildung, welche maßgeblich durch die Lehrmeinung des Modern Isosceles geprägt wird, haben Doublette und Mozambique-Drill stark an Bedeutung verloren. Sie werden kaum noch angewandt bzw. ausgebildet.

Non Standard Response und Failure Drill

Eine Weiterentwicklung erfuhr die Doublette hin zur Non-Standard Response. Bei dieser Schießtechnik feuert der Schütze drei bis fünf Mal auf einen Angreifer oder so oft, bis Wirkung im Ziel eintritt.

Eine weitere Schießtechnik wird durch den Failure Drill dargestellt. Während ihres weltweiten Engagements machten die US-amerikanischen Streitkräfte oft die Erfahrung, dass Angreifer im Nahbereich mit der relativ rasanten Munition .223 Remington nicht immer zuverlässig zu stoppen seien. Daraufhin wurde der so genannte Failure Drill entwickelt und zumindest in die Schießausbildung von Spezialeinheiten integriert. Dieser Drill sieht eine Schussfolge von fünf schnellen Schüssen in den Oberkörper des Angreifers vor, gefolgt von einem Einzelschuss in den Kopf. Dieser Drill aus insgesamt sechs Schuss wird geschossen, ohne zwischendurch eine Beurteilung der Geschosswirkung im Ziel durchzuführen. In der Ausbildung erhält der Schütze für diese Übung einen Zeitansatz von maximal drei Sekunden. Dabei ist das Ziel sieben Yards entfernt, und die Trefferzone entspricht in etwa der letalen Zone im Oberkörper eines Angreifers von 15 cm × 40 cm.

Schnelles Einzelfeuer

Die Schweizer Armee bildet ihre Soldaten vom ersten Tag der Schießgrundausbildung darin aus, das Ziel mit schnellem Einzelfeuer zu beschießen, wenn der erste Schuss keine Wirkung im Ziel gezeigt hat. Dazu gibt der Soldat fünf gezielte Schuss mit einem Rhythmus von etwa zwei Schuss pro Sekunde ab. Diese Methode besitzt eine deutliche Abgrenzung zum US-amerikanischen „Spray & Pray“ – dem schnellen Schießen in die grobe Richtung des Ziels. Beim schnellen Einzelfeuer macht sich der Schütze auch wieder eine sauber erlernte Schießtechnik und den Natürlichen Zielpunkt zu Nutze. Wichtigste Voraussetzung ist selbstverständlich eine korrekte Abzugskontrolle.

3.13 Schießen bei eingeschränkter Sicht bzw. Dunkelheit

„Win the light fight first and you will probably win the gunfight."
(Ken J. Good, Strategos International)

Erfahrung als auch Statistik lehren, dass zahlreiche Konfrontationen bei schlechten Sichtverhältnissen stattfinden. Kriminelle oder Insurgenten suchen nie einen fairen Kampf, sondern wollen sich immer einen Vorteil verschaffen. Entweder agieren sie aus dem Hinterhalt heraus, sind zahlenmäßig überlegen oder setzen auf das Element Dunkelheit. Meist ist es eine Kombination aus allen drei genannten Sachen. Bei schlechten Lichtverhältnissen bzw. Dunkelheit ist das menschliche Auge ohne künstliche Lichtquelle nicht oder nur sehr eingeschränkt in der Lage, etwas zu sehen. Da der Mensch die meisten Informationen mit den Augen aufnimmt, kann reduziertes Sehen zu einer erheblichen Beeinträchtigung der Kampfbereitschaft führen. Im Extremfall sieht der Schütze die Waffe vor Augen nicht – keine Kimme, kein Korn und kein Ziel. Unter diesen Bedingungen kann selbst ein erfahrener Schütze keinen Treffer platzieren bzw. ist eine positive Identifizierung des Ziels ausgeschlossen. Eine zweifelsfreie Zielidentifizierung ist jedoch unabdingbare Voraussetzung für jede Schussabgabe. Die beste Möglichkeit ist nach wie vor die Verwendung einer Weißlichtquelle. Allerdings haben sich insbesondere für militärische Anwendungen IR-Licht in Verbindung mit einer BIV-Brille[16] als Nachtsichttechnik etabliert. Der Vorteil dieses Systems, dass es als nichtaktive Lichtquelle nicht unmittelbar aufgeklärt werden kann, wird durch eine Reihe von Nachteilen erkauft: Neben den höheren Anschaffungskosten ist auch eine intensivere Ausbildung notwendig. Das Sichtfeld ist eingeschränkt, räumliches und peripheres Sehen geht verloren. Der Schütze muss eine andere Visiereinrichtung nutzen als bei Tag und macht sich von zwei Teilsystemen abhängig. Versagt eins von beiden (entweder die IR-Lichtquelle oder die BIV-Brille), kann der Feuerkampf nicht weitergeführt werden.

Die Verwendung einer Weißlichtquelle in Form einer Taschenlampe genügt in den meisten Fällen den Anforderungen eines Verteidigungsszenarios. In den vergangenen Dekaden wurden vielfältige Nachtschießtechniken entwickelt, mit denen es möglich ist, den allgemeinen Nachteil von Dunkelheit in einen persönlichen Vorteil umzuwandeln. Manche dieser Techniken

(16) Infrarotlicht (IR) ist eine Lichtquelle, die nur in Kombination mit einer restlichtverstärkenden Brille wahrgenommen werden kann.

haben zum Ziel, einen sicheren beidhändigen Pistolenanschlag in Verbindung mit einer (Stab-) Taschenlampe herzustellen, wie es beispielsweise bei der Harries-Technik der Fall ist. Der Schütze hält die Lampe in der Unterstützungshand und bedient den Ein-/Ausschalter mit dem Daumen. Die Unterstützungshand schiebt sich unter die Schusshand bis sich beide Handrücken berühren. Somit ist ein relativ stabiler Pistolenanschlag hergestellt.

Andere Techniken wiederum gehen davon ab, Lichtquelle und Waffe bzw. Lichtquelle und Körper des Schützen punktuell zusammenzufassen. Ebenfalls statistisch belegbar, wird bei Konfrontationen in der Dunkelheit oft direkt die Weißlichtquelle des Kontrahenten unter Feuer genommen. Eine räumlich zu enge Kombination von Licht/Waffe oder Licht/Körper kann demnach Ursache für einen Treffer sein. Bei der Modified-FBI-Technik wird dieses Manko versucht zu umgehen, indem der Schütze die Taschenlampe so weit möglich am ausgestreckten Arm hält bzw. in einer kreisförmigen Bewegung über seinen Kopf hinwegführt[17].

Statische Lampenhalterungen an der Waffe können Vorteile haben. Sie erweitern zwar die Handlungsoptionen des Schützen etwas, da dessen zweite Hand frei ist, bringen aber auch Nachteile mit sich. Teilweise limitiert man sich selbst in der eigenen Flexibilität. Muss aus irgendwelchen Gründen die Waffe aus dem Ziel genommen werden, ist mit einer kompakten Lampenhalterung auch das Licht aus dem Ziel. Ist man genötigt, ein Teammitglied oder Unbeteiligte anzuleuchten, verstößt man gegen die Mündungsdisziplin. Mit einem festmontiertem Waffenlicht dürfen niemals Bereiche oder Personen ausgeleuchtet werden, die als „eigene Kräfte" identifiziert sind. Die Gefahr einer unbeabsichtigten Schussabgabe wäre zu groß. Befindet sich die Halterung wie bei den meisten marktüblichen Modellen unter dem Lauf und man leuchtet dem Gegenüber in die Augen, um den gewünschten Blendeffekt zu erzielen, befindet sich der Haltepunkt der Waffe oberhalb des Lichtzentrums und ist ebenfalls aus dem Ziel.

Was vermieden werden sollte

Selbstblendung, Telegrafieren und das so genannte Backlighting sind drei wichtige Faktoren, an die beim taktischen Umgang mit Licht gedacht werden sollte. „Backlighting" (oder auch Rückenlicht) ist ein häufiger und schwerwiegender Fehler bei Einätzen im Dunkeln. Es entsteht, wenn hinter einem selbst eine Lichtquelle vorhanden ist, wodurch man dem Gegenüber seine Silhouette offenbart. Diese

(17) Vgl. Good, Ken J., The Strategies of Low-Light Engagements, Strategos International

Situation kann unter anderem entstehen, wenn man von einem helleren Raum durch eine Tür oder einen Gang in einen dunkleren Raum tritt. Unter Telegrafieren versteht man die Preisgabe des eigenen Standortes durch ungewolltes Betätigen der Lichtquelle. Selbstblendung kann eintreten, wenn die Leuchtkraft der eigenen Lampe so groß ist, dass das an die Dunkelheit angepasste Auge überreizt wird. Eine vorübergehende Kampfunfähigkeit kann die Folge sein.

Ein Umstand, der bei theoretischen Betrachtungen zum Schießen im Dunkeln gern übersehen wird, ist das eigene Mündungsfeuer. Je nach Waffenart und Munitionssorte kann das erheblich sein und auch zur Selbstblendung führen. In jedem Fall gibt es aber den eigenen Standort preis, was von Nachteil ist. Baulichen Veränderungen an der Waffe, welche helfen, das Mündungsfeuer zu reduzieren. Hierbei können beispielsweise Mündungsfeuerdämpfer oder auch Schalldämpfer Abhilfe schaffen.

Die Wahl der Lampe

Mit Taschenlampen verhält es sich wie mit Schusswaffen: Man sollte immer mindestens eine dabei haben. Während vor einigen Jahren noch die Wahl zwischen LED-Modul und Xenon-Glühfadentechnik getroffen werden musste, kann heute für die allermeisten Anwendungen uneingeschränkt zu LED-Lampen geraten werden. LEDs haben inzwischen die Kinderkrankheiten der zu geringen Lichtausbeute und einer mangelhaften Wärmeabfuhr überwunden.

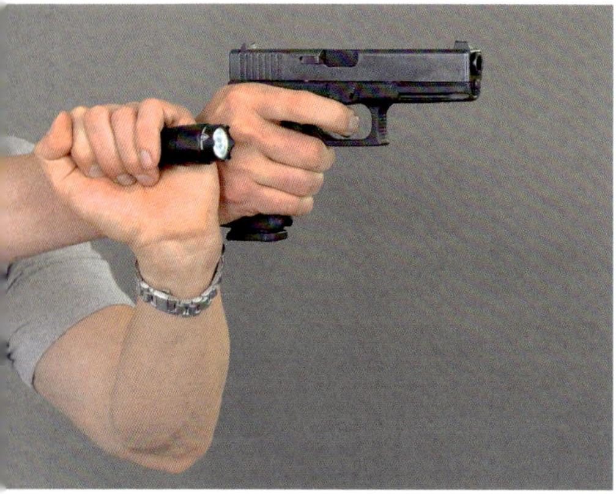

Harries-Technik.

Neck-Index-Technik.

Die LED-Technik (Light Emitting Diode) ermöglicht im Vergleich zu herkömmlichen Lampen wesentlich mehr Leuchtkraft – bei geringeren Abmessungen und Gewicht. Leuchtdioden sind mikrostrukturelle Festkörper und vollkommen unanfällig gegen Erschütterungen. Sie halten etwa tausend Mal länger als herkömmliche Glühbirnen und erzeugen im Verhältnis zur Leuchtkraft weniger Wärme und verbrauchen weniger Strom.

Abzuraten ist vom Kauf einer LED-Taschenlampe im Baumarkt. Auch wenn der geringe Preis von etwa 10 Euro verlockend ist, es handelt sich in den meisten Fällen um preisgünstig aufgekaufte Restpostenware mit einer überholten Technologie.

Andererseits ist für den Betrag von 50 Euro bis 80 Euro ein qualitativ hochwertiges Produkt der neusten Generation erhältlich. Die chinesische Marke Fenix konnte in den vergangenen Jahren erhebliche Marktanteile gewinnen. Derzeit ist eine komplette Taschenlampenserie von Fenix auf dem Markt. Die Produktpalette bietet für jeden Verwendungszweck die richtige Lampe. Und das zu einem unschlagbaren Preis-Leistungs-Verhältnis. Etwas tiefer muss man in die Tasche greifen, will man sich mit SureFire-Qualität ausstatten. Lampen des US-amerikanischen Herstellers SureFire genießen seit über 30 Jahren einen ausgezeichneten Ruf der Unverwüstlichkeit.

Modified FBI-Technik.

Modified FBI-Technik.

Modified Prone-Technik.

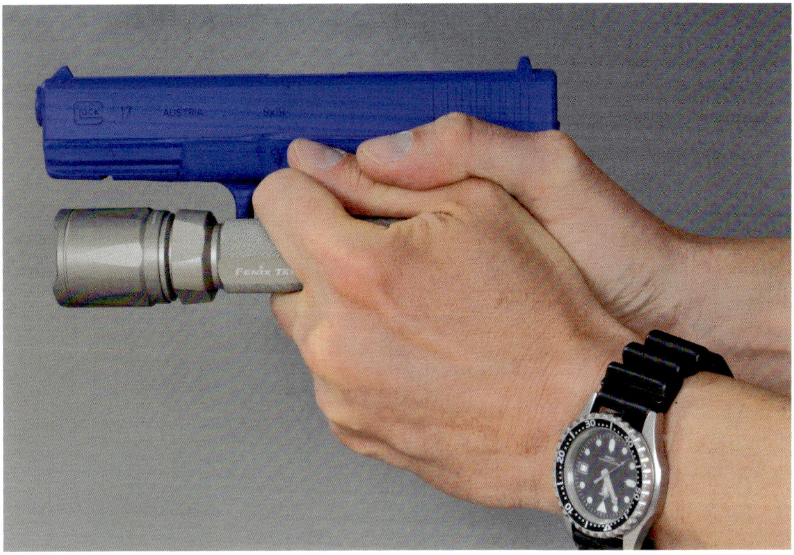

Rogers/SureFire-Technik.

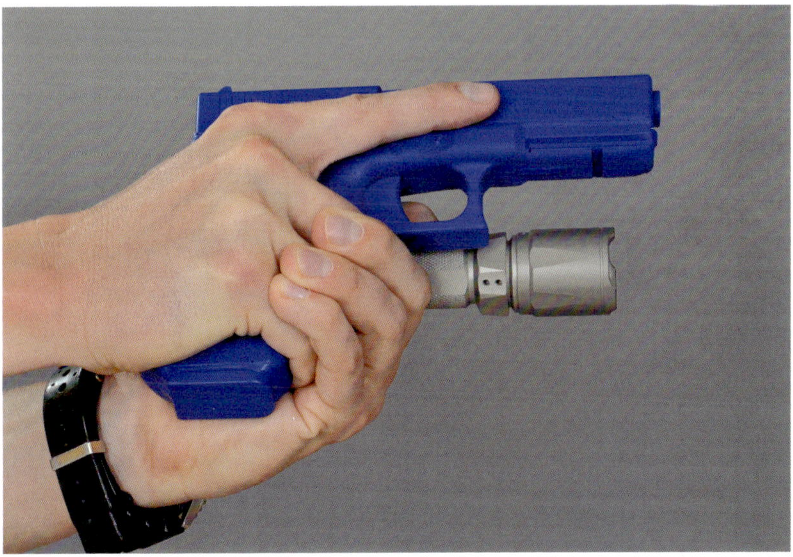

Rogers/SureFire-Technik von rechts.

USMC-Technik.

Masad-Ayoob-Technik.

Over-Under-Technik.

Lampen des chinesischen Herstellers Fenix haben ein sehr gutes Preis-Leistungs-Verhältnis. Die Produktpalette bietet für jeden Verwendungszweck die richtige Lampe.

Setzt man Lampen in einem Bereich ein, in dem unter Umständen das Leben davon abhängen kann, gibt es zu Produkten des Herstellers SureFire vermutlich keine Alternative.

3.14 Einhändiges Bedienen der Kurzwaffe

„You can be good or you can be lucky. But you can not train to be lucky.“ (Quelle unbekannt)

Ebenso gering wie die Garantie auf gute Sichtverhältnisse ist eine Garantie auf die Unversehrtheit der Hände bzw. der Arme. In einem Feuergefecht sind mit hoher Wahrscheinlichkeit unter anderem auch Treffer an den Händen und Armen zu erwarten, da sich diese meistens in exponierter Stellung zentral vor dem Körper befinden. Sind Messer beteiligt, werden Schnittverletzungen nahezu unvermeidlich sein. Von anderen Verletzungen, welche im Einsatz eintreten können, wie beispielsweise Quetschungen oder Verbrennungen ganz zu schweigen. In jedem Fall kann es ein fataler Irrglaube sein, davon auszugehen, man habe immer und zu jeder Zeit zwei funktionierende Hände für Waffenmanipulationen zur Verfügung. Vor diesem Hintergrund ist es sinnvoll, Handlungsroutinen zum einhändigen Bedienen von Kurzwaffen zu kennen und diese im Training einige Male geübt zu haben. Drei Situationen können dabei eintreten: Die rechte Hand ist verletzt, bevor die Pistole überhaupt aus dem Holster gezogen wurde, die Pistole ist leergeschossen oder sie hat eine Störung der Typen 1 bis 4.

Ziehen der Waffe mit links

Greift der Schütze seine Waffe beim Ziehvorgang mit links, wird sie in den meisten Fällen verkehrt herum in der Hand liegen. Ein Umgreifen ist notwendig. Eine Möglichkeit wäre, die Waffe zwischen die Knie zu pressen und umzugreifen. Der Vorteil dieser Technik ist, sie funktioniert im Stehen gleichermaßen wie im Knien sowie seitlich liegend oder auch in Rückenlage.

Das Ziehen der Waffe mit links kann sich je nach Holstermodell schwierig darstellen. Insbesondere Anwender von Holstern mit mechanischen Sicherungen sollten im Training sehr genau darauf achten, wie bzw. ob überhaupt die Sicherung des Holsters nach einem Totalausfall der rechten Hand mit links zu betätigen ist. Werden Oberschenkelholster verwendet, kann der Schütze zuerst mit der linken Hand den Beingurt ergreifen, um das Holster etwas nach vorn zuziehen. Der Ziehvorgang wird somit erheblich vereinfacht.

Befindet sich das Holster am Gürtel auf Fünf-Uhr-Postion (auch Kiddney-Carry genannt), ist es unter Umständen besser, die linke Hand hinter dem Körper zum Holster zu führen. Ana-

Beim Ziehen mit links kann zuerst der Beingurt nach vorn gezogen werden.

tomie und Flexibilität des eigenen Körpers setzen hier die Grenzen.

Nachladen, einhändig

Ist die Pistole leergeschossen, muss das leere Magazin entfernt, ein neues zugeführt und die Waffe fertiggeladen werden. Ein Ablauf, der mit zwei Händen problemlos zu bewerkstelligen ist und dutzendfach geübt wurde. Hat man jedoch nur eine Hand zur Verfügung, muss die Waffe während des Nachladeprozesses zwangsläufig irgendwo zwischengeparkt werden.

Das Lösen von Verrieglungssystemen mit links muss im Training so lange geübt werden, bis es beherrscht wird.

Zum Umgreifen sollte die Waffe zwischen den Knien abgeparkt werden.

Zum Nachladen wird die Pistole auch wieder zwischen die Knie geklemmt.

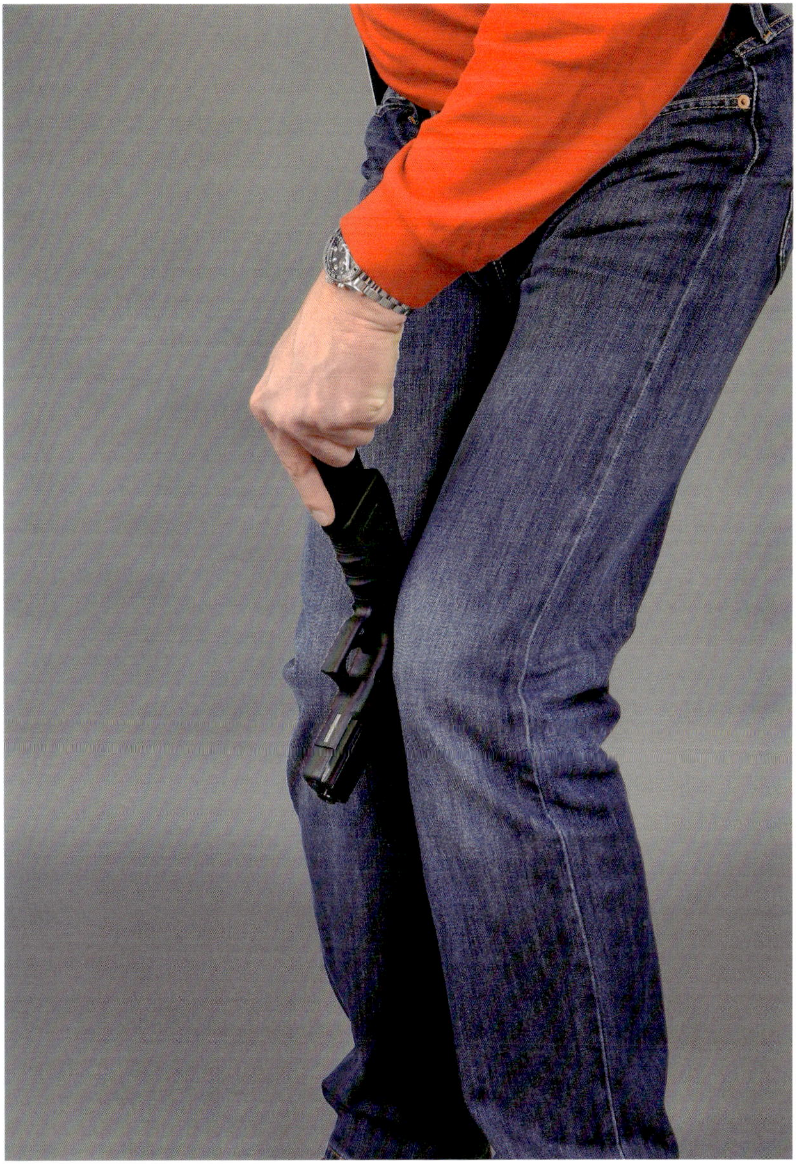

Ein volles Magazin wird eingeführt...

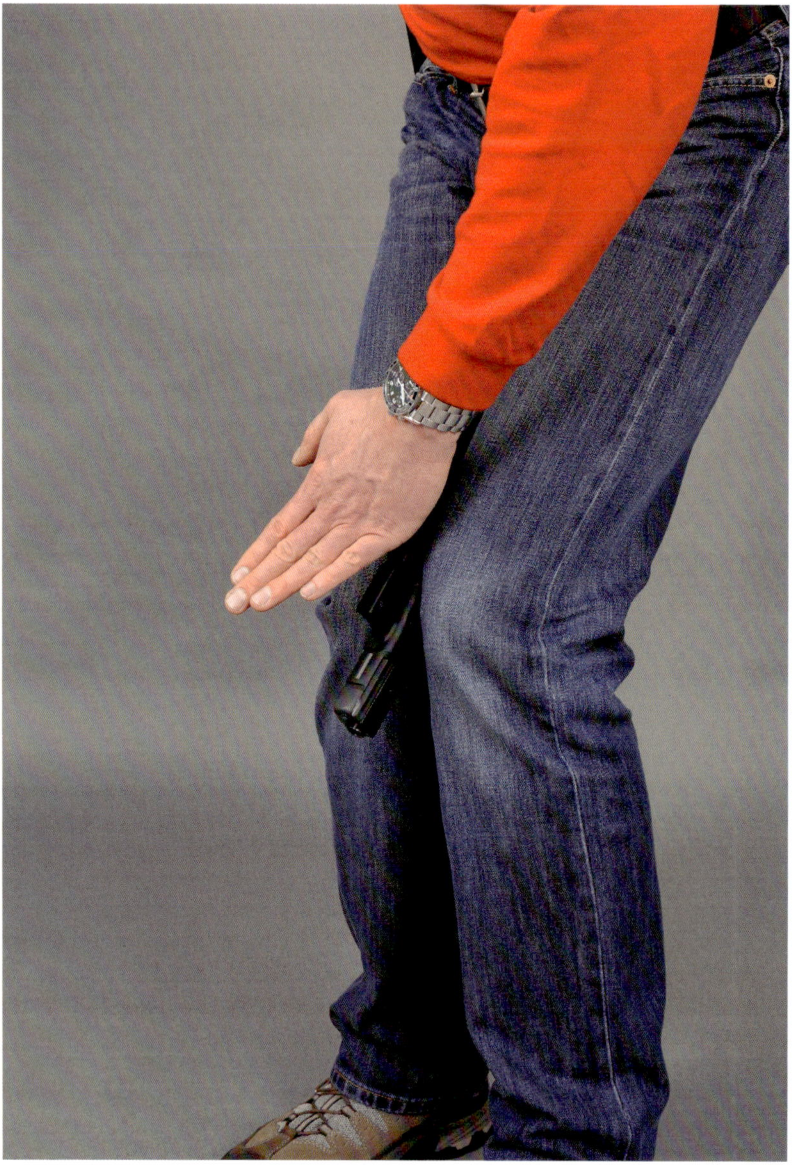

...und mit der Hand eingeschlagen, um es zu arretieren.

Die Pistole wird wieder mit der linken Hand erfasst, um weiterzuschießen.

Ist die linke Hand ausgefallen, aber die rechte noch funktionsfähig, ist es denkbar, die Pistole zurück ins Holster zu stecken, nachdem das Magazin ausgeworfen wurde. Mit rechts kann jetzt ein neues Magazin ergriffen und in die Pistole eingeführt werden.

Ist die rechte Hand verletzt, ist davon abzuraten, die Pistole mit der linken zurück ins Holster zu stecken. Zwei Schwachpunkte könnten dabei auftreten: Bei Holstermodellen mit einer mechanischen Sicherung ist es vorgekommen, dass die Sicherung blockierte und die verkehrt herum sitzende Waffe erst wieder freigegeben hat, nachdem das Holster in seine Einzelteile zerlegt worden war. Wird das Holster auf der Fünf-Uhr-Position am Gürtel getragen, ist es ohnehin nur mit erheblicher Anstrengung machbar, die Pistole mit der linken Hand zu holstern. Empfehlenswert ist, die Pistole auch zum Nachladen zwischen die Knie zu pressen. Der Magazinschacht zeigt dabei nach vorn, der Lauf nach unten. Diese Technik funktioniert sowohl mit rechts als auch mit links. Außerdem ist der Bewegungsablauf schon vom Ziehvorgang mit links her bekannt. Im Training sollte diese Technik daher bevorzugt geübt werden.

Zum Durchladen der Waffe muss die Kimme der Visierung gegen einen festen Gegenstand (z.B. Gürtel oder Kante des Holsters) gedrückt werden und die Hand das Griffstück kraftvoll nach vorn schieben. Zum einen erfordert diese Methode eine Kimme, die ausreichend Widerlager bietet und darüber hinaus auch robust genug ist, die Prozedur unbeschadet zu überstehen. Zum anderen ist es wichtig, einen strapazierfähigen Gürtel zu tragen.

Störungsbeseitigung, einhändig

Störungsbeseitigung kann selbst mit zwei zur Verfügung stehenden gesunden Händen trainingsintensiv sein. Hat der Benutzer jedoch nur eine Hand zur Verfügung, erhöht sich die Komplexität ungemein. Die Behebung einer Typ-3-Störung mit nur einer Hand erfordert Übung und auch Geschicklichkeit. Bei manchen Pistolenmodellen ist sie konstruktionsbedingt nahezu unmöglich.

Störungstyp 1 und 2

Bei Störungen des Typs 1 ertönt das lauteste Geräusch, wenn man ein „Bumm“ erwartet; nämlich ein „Klick“. Von außen ist keine Störung erkennbar. Mit einem Schlag auf das Magazin und Durchladen der Waffe („Tap-Rack“) ist dieser Störungstyp schnell zu beseitigen. Beim einhändigen Bedienen heißt das, der Schütze schlägt die Waffe mit dem Magazinboden auf sein Knie, um sicherzustellen, dass das Magazin eingerastet ist. Anschließend lädt er seine Waffe am

Bei einer Störung, die mittels „Tap-Rack“ zu beheben ist, schlägt der Schütze den Magazinboden auf sein Knie, um das sicherzustellen, dass das Magazin eingerastet ist.

Danach repetiert er den Schlitten am Gürtel oder einem anderen widerstandsfähigen Gegenstand.

Gürtel oder einem anderen festen Widerlager durch. Dieser Ablauf funktioniert sowohl rechts- als auch linkshändig. Er ist analog beim Störungstyp 2 anzuwenden.

Störungstyp 3

Störungen vom Typ 3 sind von außen erkennbar. Der Schlitten der Pistole verriegelt nicht, weil sich zwei Patronen gleichzeitig im System befinden. Für gewöhnlich sind die Ursachen entweder eine defekte Ausziehkralle, abgenutzte Magazinlippen oder eine fehlerhafte Beseitigung der Störungstypen 1 und 2. Bei Pistolen ist dieser Störungstyp eher selten.

Ein charakteristisches Merkmal beim Störungstyp 3 ist, dass der Schlitten Druck auf die obere im Magazin befindliche Patrone ausübt, diese aber nicht zugeführt werden kann, weil das Patronenlager noch belegt ist. Das Magazin wird sich daher nur mit erhöhtem Kraftaufwand aus der Pistole entfernen lassen. Dass es beim Betätigen des Magazinauslöseknopfes von selbst durch die Schwerkraft aus der Waffe rutscht, ist ausgeschlossen. Da nur eine Hand zur Verfügung

BILD LINKS: In einer Glock 19 können permanent die längeren Glock-17-Magazine verwendet werden, um eine Beseitigung des Störungstyps 3 einhändig besser bewerkstelligen zu können.
BILD RECHTS: Eine Kimme sollte robust genug sein und ausreichend Widerlager bieten.

steht, muss ein geeignetes Hilfsmittel gefunden werden. Möglich wäre, den Magazinboden am Gürtel einzuhaken und so das Magazin aus der Waffe zu ziehen. Diese Technik funktioniert jedoch nur, wenn zwischen Magazin und Rahmen der Pistole ausreichend Platz vorhanden ist. Bei den meisten Pistolen wird das nicht der Fall sein.

Ausrüstungsmodifikationen

Eine einhändige Waffenmanipulation erfordert mitunter Modifikationen an der Ausrüstung.

Manche Schützen gehen dazu über, die Rahmenhöhe ihre Glockpistolen durch abschleifen zu kürzen. Dadurch entsteht eine Lücke zwischen Rahmen und Magazinboden. Das Magazin lässt sich somit leichter am Gürtel einhaken und herausreißen. Andere wiederum verwenden beispielsweise in einer Glock 19 permanent die längeren Glock-17-Magazine. Auch hier ist genug Abstand zwischen Rahmen und Magazinboden vorhanden. Eine weitere Möglichkeit, die keine bauliche Modifikation an der Waffe erfordert, ist die Verwendung eines nach vorn überstehenden Magazinbodens.

Soll die Kimme der Pistole als Widerlager zum Durchladen genutzt werden, muss sie dementsprechend geformt und vor allem stabil genug sein. Ein filigranes Mikrometervisier wird die unsanfte Prozedur nicht oft überstehen. Von Novak-Kimmen ist generell abzuraten. Die abgeschrägte Bauweise dieser Kimmenform verhindert ein Durchladen am Gürtel.

Des Weiteren sollte man als Gebrauchswaffenträger grundsätzlich auch einen strapazierfähigen, robusten Gürtel tragen, der nicht nur das Holster für die Waffe und Reservemagazine sowie eventuell ein Funkgerät hält, sondern auch als korrespondierendes Widerlager zum einhändigen Repetieren der Pistole dienen kann.

3.15 Trockentraining

„Theory without practice is empty, practice without theory is blind."
(John Dewey)

Historisch betrachtet ist das Trockentraining auf den Rhodesier Dave Westerhout zurückzuführen. Dave Westerhout ist IPSC-Schütze und war 1977 Gewinner des World Shoot III als dieser in Salisbury (Rhodesien) ausgetragen wurde. Er startete damals mit einer überarbeiteten Browning Highpower im Kaliber 9 mm. Bei den Olympischen Spielen in Moskau 1980 vertrat Westerhout das neugegründete Simbabwe in der Disziplin Schnellfeuerpistole. Eine Fußnote der Sportgeschichte: Die Silbermedaille in dieser Disziplin errang damals der Deutsche Jürgen Wiefel.

Darüber hinaus war Westerhout Angehöriger der rhodesischen Streitkräfte. Während der Kriegsjahre bis 1980 und den damit verbundenen Sanktionen, hatte sein Heimatland Rhodesien mit erheblichen Versorgungsengpässen zu kämpfen. Nicht nur die Güter des täglichen Bedarfs, sondern auch die Munitionskontingente des Militärs waren knapp bemessen. Westerhout entwarf aus der Not heraus ein Ausbildungskonzept für seine Soldaten, womit der Munitionsverbrauch in der Schießausbildung drastisch reduziert werden sollte. Die Idee des Trockentrainings war geboren. Um eine Vergleichsmöglichkeit zu schaffen, trainierte Westerhout zwei Gruppen gleichzeitig: Eine nach Vorschriften der traditionellen Schießausbildung und eine zweite Gruppe, bei der so viele Bewegungsabläufe wie möglich „trocken" geübt wurden. Die Überraschung war perfekt, als beide Gruppen am Ende der Ausbildung ihre Qualifizierungsübungen für das militärische Schützenabzeichen zu absolvieren hatten. Die mittels Trockentraining ausgebildete Gruppe schoss signifikant höhere Ringzahlen, als die traditionelle Gruppe.

Trockentraining ist eine ergänzenden Trainingsmethode, die technische Unzulänglichkeiten auf Schießbahnen oder Versorgungsengpässe etwas kompensieren helfen kann und auch das Kosten- und Zeitbudget des Schützen entlastet. Da beim Trockentraining keine Schussabgabe erfolgt, kann es schießstandunabhängig durchgeführt werden. Keine Standgebühr, kein Zeitverlust und keine Kosten aufgrund der Anfahrt mit dem PKW.

Bei dieser Übungsmethode macht sich der Schütze eine Gegebenheit des menschlichen Organismus zu Nutze: Die Entwicklung des Muskelgedächtnis. Der Lernprozess für einen Bewegungsablauf wird durch stetiges Wiederholen vorangetrieben. Im Rückenmark entwickeln sich dabei Reflexbahnen, die den Bewegungsablauf mehr und mehr automatisieren. Durch diese Automatisierung wird das Bewusstsein von der Steuerung des Bewegungsablaufs entkoppelt, da diese Steuerung – soweit es einfache Bewegungen betrifft – vom Rückenmark und dem zentralen Nervensystem übernommen wird. Das Gehirn bleibt diesbezüglich inaktiv. Die Bewegung erfolgt sehr schnell, da der Informationsimpuls im Körper lediglich kurze Wege zurückzulegen hat. Ein weiterer nützlicher Effekt dieser Automatisierung ist die Stabilisierung des Verhaltens bei gleichzeitigem Freihalten der höheren Nerventätigkeit für die Verarbeitung von Umweltinformationen. Die Bewegung ist in „Fleisch und Blut“ übergegangen, wie der Volksmund sagt. Sie wird nicht mehr vom Gehirn gesteuert und beansprucht somit auch keine Kapazitäten des Gehirns. Einen vergleichbaren Effekt stellen z.B. Kampfsportler nach längerem regelmäßigem Training fest. Über Schritt-Schlag-Techniken wird nicht mehr nachgedacht, sie laufen automatisch ab. Auch komplexe feinmotorische Bewegungen wie beim Ski fahren oder dem Anfahren mit dem Auto sind weitestgehend vom Bewusstsein entkoppelt und werden stattdessen über das zentrale Nervensystem gesteuert.

Will sich ein Schütze diese Tatsache zu Nutze machen, ist es von Bedeutung, oft wiederkehrende Einzelbewegungen zu sinnvollen Blöcken zu generieren. Erst die Blockbildung macht kompliziertes Lernen möglich, sie strukturiert die einzelnen Handlungsschritte zu größeren Einheiten. Es sollte vermieden werden, zu lange nur einzelne Handgriffe zu üben. Einzelbewegungen sind in der ersten Phase sinnvoll, verzögern aber das Erreichen des Lernziels, werden sie nicht schnell genug in einen zusammenhängenden Bewegungsablauf integriert.

Vor Beginn einer Trockentrainingseinheit ist Sicherheit an der Waffe herzustellen. Alle Magazine, Ladehilfen und sonstige Halterungen für Reservemunition sind zu leeren. Grundsätzlich sollte sich die gesamte Munition während des Trockentrainings in einem anderen Raum befinden oder zumindest weggeschlossen werden. Auch wenn diese Sicherheitshinweise beim ersten Lesen etwas übertrieben klingen, sollte hier die gleiche Sorgfalt walten, wie beim Umgang mit Schusswaffen überhaupt. Das Zielmedium, auf welches die Waffe während der Trainingssitzung gerichtet werden soll, sollte daher ebenfalls in einer sicheren Richtung stehen. Idealerweise werden beim Trockentraining alle Ausrüstungsgegenstände genutzt, wie sie auch beim Wettkampf genutzt werden. Beim Schießen sind viele Bewegungsabläufe relevant, die „trocken" geübt werden können. So z.B. der Ziehvorgang, das Nachladen, die Störungsbeseitigung oder der Zielwechsel.

Wie oft eine Bewegung wiederholt werden muss, bis sie sich im Rückenmark Reflexbahnen geschaffen hat, kann aufgrund der Individualität des menschlichen Organismus nicht eindeutig verifiziert werden. Die Wissenschaft geht aber von mehreren hundert Wiederholungen aus.

Häufig gemachte Fehler während des Trockentrainings im Allgemeinen sind z.B. ein ruckartiges Anheben der Waffe, eine in verschiedenen Details falsche Körperhaltung sowie ein Ausdünnen des korrekten Bewegungsablaufes hin zu einer laschen, fehlerhaften Bewegung. Eine einmalige Unterweisung durch einen erfahrenen Ausbilder kann hier helfen, Fehler von Beginn an zu vermeiden.

Das Visierbild darf beim Abkrümmen nicht gestört werden. Wackelt das Visierbild oder geht gar der Haltpunkt verloren, liegt eine schlechte Abzugskontrolle vor und der Schuss wäre „verrissen" gewesen. Der Bestand des Visierbildes ist wichtigstes Kontrollelement beim Trockenüben. Bei dieser Übung kann zusätzlich eine leere Patronenhülse auf den Schlitten bzw. auf das Korn der Pistole gestellt werden. Die Hülse darf während des Trockenabkrümmens nicht herunterfallen. Anwender von Double-Action-Waffen sollten mit dieser Methode vorrangig auch das Betätigen des (schweren) Double-Action-Abzugs trainieren.

Trockentraining erfordert ein hohes Maß an Konzentration und Selbstwahrnehmung, welches nicht bzw. nur im Ausnahmefall über 30 Minuten oder länger aufrechterhalten werden kann. Daher sollte eine Trainingseinheit prinzipiell nicht länger als 20 Minuten dauern, dafür aber konsequent dreimal pro Woche angesetzt werden. Regelmäßiges Trockentraining wird binnen kürzester Zeit eine signifikante Verbesserung der Bewegungsabläufe nach sich ziehen, es stößt jedoch dort an seine Grenzen, wo eine Schussabgabe zum Erreichen des Lernziels erforderlich ist. Das Rückstoßverhalten einer Waffe z.B. ist elementarer Punkt in der Schießausbildung und wird niemals „trocken" geübt werden können. Daher ersetzt Trockentraining keinesfalls den Schießstandbesuch an sich. Es bildet lediglich eine sinnvolle Ergänzung zum Schießtraining und kann zur Verkürzung der Schießstandzeit führen.

3.16 Grundübungen und Standards

„Die ihre Schwerter zu Pflugscharen schmiedeten, pflügen heute die Felder derer, die ihre Schwerter behielten." (Quelle unbekannt)

Standardübungen sind aufgrund ihres definierten Ablaufs eine gute Messgröße zur Beurteilung von Schießfertigkeiten. Sie decken Schwachstellen in der Schießtechnik auf, die daraufhin punktuell trainiert werden können. Bei diesen Übungen ist immer eine Mindesttrefferzahl vorgegeben, in den meisten Fällen sind sie auch mit einer Zeitbegrenzung hinterlegt.

In jedem Fall sollten sich Standardübungen an folgenden Anforderungen messen lassen:

Sie sollten im Aufbau einfach und überall durchführbar sein. Die Zielmedien sollten einfach darstellbar sein. A4-formatige Scheiben bieten sich an, da diese mit wenig Aufwand erstellt, sprich: kopiert werden können. Der Zeitansatz als auch der Munitionsverbrauch sollten gering gehalten werden. Das erreichte Ergebnis der Übung sollte messbar und somit vergleichbar sein. Eine zu hohe Komplexität in den Übungen beansprucht nicht nur kostbare Trainingszeit, sondern kann auch den Trainingserfolg schmälern. Ist der Übungsaufbau zu kompliziert gestaltet, werden diese Übungen schnell wieder aus dem Trainingsplan gestrichen.

Leerabschlagen – Eine Unsitte

Es ist leider viel zu oft zu beobachten, dass Schützen nach Beendigung einer Schießübung oder der Trainingssitzung ihre Waffe entladen, indem sie schnellstmöglich das Magazin herausreißen, die verbliebene Patrone aus dem Patronenlager heraus repetieren und mit einer lässigen Handbewegung den Abzug leer abschlagen.

Nach Gründen für diese Handlung gefragt, kommen häufig Antworten, welche Sicherheits- oder technische Gründe beinhalten. Man möchte mit dem Leerabschlagen der Waffe den Sicherheitszustand erhöhen oder wie beispielsweise bei Glockpistolen die Schlagbolzenfeder nicht im gespannten Zustand belassen. Beide Argumentationsketten sind jedoch haltlos.

Das Sicherheitsargument

Nachdem das Magazin aus der Pistole entlfernt wurde und sich der Schütze vom leeren Patronenlager überzeugt hat, ist der Entladeprozess abgeschlossen. Die Waffe hat jetzt ein Sicherheitsniveau erreicht, welches sich durch keine weitere Manipulation steigern lässt. Auch nicht durch das Betätigen des Abzugs. Leerabschlagen ist daher unnötig.

Das technische Argument

Das technische Argument begründet sich zum einen in der Tatsache, dass nach Ende des Entladeprozesses bei Double-Action-Pistolen das Schlagstück noch gespannt ist. Zum Abschlagen ist es allerdings nicht zwangsläufig erforderlich, den Abzug zu betätigen. Pistolenmodelle, wie beispielsweise die SIG Sauer P226 oder die H&K USP haben einen Entspannhebel, der hierfür genutzt werden kann.

Bei Glockpistolen ist aufgrund des Safe-Action-Prinzips die Schlagbolzenfeder vorgespannt. Das Leerabschlagen führt zum Entspannen der Feder. Der Schütze hofft dadurch, die Lebensdauer der Schlagbolzenfeder zu erhöhen. Gegen dieses Argument spricht die Erfahrung. Glockpistolen sind als Gebrauchswaffen konstruiert, deren primäre Bestimmung darin liegt, permanent im geladenen Zustand geführt zu werden. Also mit gespannter Schlagbolzenfeder.

Das mentale Argument

Der Abzug darf zudem nicht für zwei völlig gegensätzliche Handlungen gebraucht werden. Die Betätigung des Abzuges verfolgt nur das eine Ziel, nämlich einen Schuss auszulösen. Der Abzug darf nicht für diese tödlich destruktive Handlung und gleichzeitig zur Herstellung völliger Sicherheit im Rahmen der Sicherheitsüberprüfung gebraucht werden. Der Abzug ist nur zum Zerstören und nie für die Sicherheit da.

Das wichtigste Argument gegen das lässige und damit unbewusste Leerabschlagen ist das falsche Üben und die damit verbundene Fehlkonditionierung des Abzugsfingers. Jedes einzelne Abkrümmen sollte als in sich abgeschlossene Trainingseinheit für den Abzugsfinger betrachtet werden.

Dot Drill

Der Dot Drill ist das Maß aller Dinge in Bezug auf die Grundfertigkeiten des Schießens. Das Zielmedium ist ein Blatt Papier im A4-Format mit zwölf Punkten von jeweils etwa einem Zoll Durchmesser.

Der Schütze steht in einer Entfernung von drei Metern und beschießt die Punkte von links oben beginnend Zeile für Zeile mit jeweils drei Schuss. Für die Schussabgabe gibt es kein Zeitlimit. Die Zielvorgabe sollte sein, alle zwölf Punkte ohne Fehlschuss zu beschießen.

Tactical Respose Incorporated Precision Pistol Target.
Keep all of your shots inside the dots at 10 feet. Shot three shots per dot.

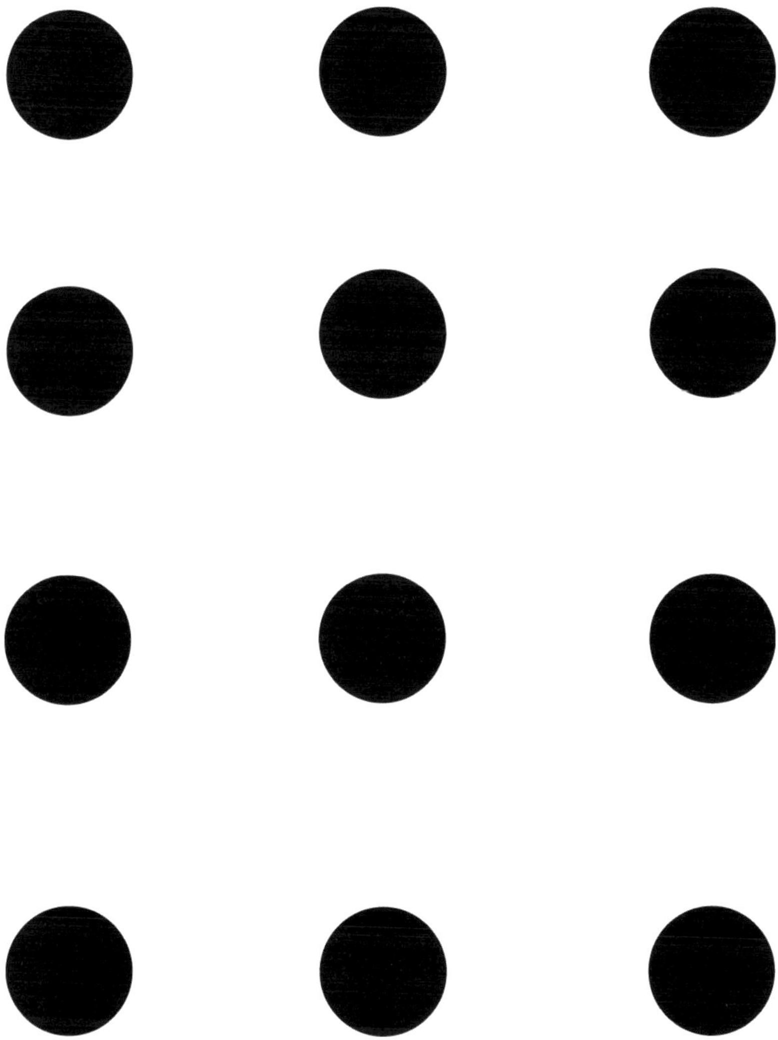

Focus on the front sight and GENTLY press the trigger to the rear.
www.TacticalResponse.com

Ein A4-Blatt mit 12 schwarzen Punkten ist ausreichend für den Dot Drill

Fehler bei der Umsetzung von Grundfertigkeiten (Visierbild, Haltepunkt, Abzugskontrolle und Nachzielen) werden durch diese Übung schonungslos offenbart. Insbesondere Schützen, die in dynamischen Schießsportdisziplinen antreten möchten, oder Gebrauchswaffenträger, die sich aufbauend im taktischen Schusswaffengebrauch weiterbilden wollen, müssen den Dot Drill zu jeder Zeit – sozusagen aus dem Stand heraus – fehlerfrei schießen können.

Der Dot Drill bietet sich als Einstiegsübung für jede Trainingssitzung an. Der Gesamtmunitionsverbrauch liegt bei 36 Schuss, der Zeitansatz liegt bei etwa zehn Minuten.

Rhythmusübung

Für die Rhythmusübung bedient sich der Schütze eines A4-Blattes mit drei gleich großen Balken. Er steht drei bis vier Meter vom Ziel entfernt und beginnt den linken Balken mit einer Frequenz von einem Schuss pro Sekunde zu beschießen. Er gibt sechs bis zehn Schüsse ab. Ziel sollte sein, bei dieser relativ niedrigen Schussgeschwindigkeit die Anatomie der Schussabgabe (Kreislaufschema) zu verinnerlichen und natürlich keinen Fehlschuss außerhalb des Balkens zu produzieren.

Im nächsten Schritt steigert der Schütze seine Frequenz auf zwei Schuss pro Sekunde. Er beschießt den mittleren Balken ebenfalls mit sechs bis zehn Schuss. Fehlschüsse sind auch hier nicht akzeptabel.

Im dritten Balken versucht der Schütze eine Frequenz von drei bis vier Schuss pro Sekunde zu erreichen, ohne dabei den Kreislauf der Schussabgabe aufzugeben.

Der Munitionsverbrauch beträgt 18 bis 30 Schuss, der Zeitansatz liegt bei etwa zehn Minuten.

The Test (Der Test)

Die Entwicklung dieser Standardübung wird dem US-amerikanischen Schießausbilder Ken Hackathorn zugeschrieben. Als Zielmedium dient eine 10er-Ringscheibe.

Der Schütze steht in einer Entfernung von zehn Yards und schießt innerhalb von zehn Sekunden zehn Schuss auf die Scheibe. Die Treffer sollten dabei alle im schwarzen Bereich der Scheibe sein bzw. eine Gruppe von nicht mehr als Handtellergröße darstellen.

Ausgangsposition für diese Übung ist eine Bereitschaftsposition eigener Wahl mit geladener Waffe. Der Schütze sollte einen Schießrhythmus von etwa einem Schuss pro Sekunde anwenden. Der erste Schuss sollte nach etwa anderthalb bis zwei Sekunden brechen.

Neben den Grundfertigkeiten erfordert diese Übung des Weiteren eine saubere Umsetzung von schießtechnischen Elementen, wie z.B. einer stabilen Grifftechnik oder des Natürlichen Zielpunkts.

A4-Blatt mit Balken

Ein häufig zu beobachtender Fehler sind schnelle Schussfolgen. Oftmals verfallen Schützen in ein zu schnelles und daher unkontrolliertes Schießen, anstatt die Vorgabezeit von zehn Sekunden voll auszunutzen.

Der Munitionsverbrauch liegt bei zehn Schuss pro Durchgang, der Zeitansatz inklusive Trefferauswertung bei einer Minute.

3 / 3 / 3 / 3

Drei Schuss aus drei Metern in drei Sekunden. Das ganze dreimal hintereinander. Als zusätzliches Element wird bei dieser Standardübung der Ziehvorgang mit eingebunden. Das Ziel sollte nicht größer sein als drei mal drei Zoll. Ein A4-Blatt mit drei vertikalen Balken bietet sich für diese Übung an.

Die Übung gilt dann als erfüllt, wenn in jedem der drei Durchgänge die erforderlichen Treffer innerhalb der Zeitbegrenzung erbracht werden konnten.

Der Munitionsverbrauch beträgt pro Durchgang neun Schuss, der Zeitansatz liegt bei etwa einer Minute.

Paul Howe (CSAT) Standards

Jede Schießtechnik funktioniert einwandfrei, so lange der Schütze ausreichend Zeit hat, sein Ziel zu treffen. Erst wenn durch das Einbinden der „Messgröße Zeit“ ein gewisser Druck und Stress erzeugt wird, offenbart sich die Vorteilhaftigkeit einer Schießtechnik bzw. das tatsächliche Leistungsniveau des Schützen.

Paul Howe ist ehemaliger Angehöriger der US-amerikanischen Delta Force und war 1993 Einsatzteilnehmer in Mogadischu. Seit Ende seiner aktiven Dienstzeit betreibt er eine Schießschule in Texas. Für seinen Gewehrkurs verwendet er eine Reihe von Standardübungen militärischen Ursprungs. Viele dieser Übungen werden teils in leicht abgewandelter Form bei verschiedenen Behörden als Eignungstest geschossen.

Die zehn Standards (Pistole)
1 Schuss aus der Bereitschaftsposition, 7 Yards, < 1 Sekunde
1 Schuss Ziehen aus dem Holster, 7 Yards, < 1,7 Sekunden
2 Schuss aus der Bereitschaftsposition, 7 Yards, < 1,5 Sekunden
5+1 Schuss aus der Bereitschaftsposition, 7 Yards, < 3 Sekunden
4 Schuss aus der Bereitschaftsposition mit Zielwechsel, 7 Yards, < 3 Sekunden
2 Schuss starke Hand, 2 Schuss Unterstützungshand, 7 Yards, < 5 Sekunden
1 Schuss nach erfolgter Störungsbeseitigung, 7 Yards, < 3 Sekunden
1 Schuss, Magazinwechsel, 1 Schuss, 7 Yards, < 5 Sekunden
1 Schuss Gewehr, Transition, 1 Schuss Pistole, 7 Yards, < 3 Sekunden
1 Schuss Ziehen aus dem Holster, abknien, 25 Yards, < 3,25 Sekunden
Der Munitionsverbrauch beträgt 23 Schuss, der Zeitansatz liegt inklusive Trefferauswertung und Scheibenwechsel bei etwa 30 Minuten.

Die zehn Standards (Gewehr)
5 Schuss aus 100 Metern liegend, in weniger als 20 Sekunden
5 Schuss aus 75 Metern kniend, in weniger als 20 Sekunden
5 Schuss aus 50 Metern kniend, in weniger als 20 Sekunden
5 Schuss aus 25 Metern stehend aus der Low-Ready-Position heraus, in weniger als 8 Sekunden
Von der 7-Meter-Linie, jeweils aus der Low-Ready-Position heraus:
1 Schuss, in weniger als 1 Sekunde
2 Schuss, in weniger als 1,5 Sekunden
5 Schuss zum Körper, 1 Schuss zum Kopf, in weniger als 3 Sekunden (Failure Drill)
2 Schuss jeweils auf 2 Scheiben, in weniger als 2,25 Sekunden (Target Transition)
1 Schuss mit Gewehr, 1 Schuss mit Pistole, in weniger als 3 Sekunden (Weapon Transition)
5 Schuss aus 200 Metern liegend, in weniger als 30 Sekunden
Der Munitionsverbrauch beträgt 39 Schuss, der Zeitansatz liegt inklusive Trefferauswertung und Scheibenwechsel bei etwa 30 Minuten.

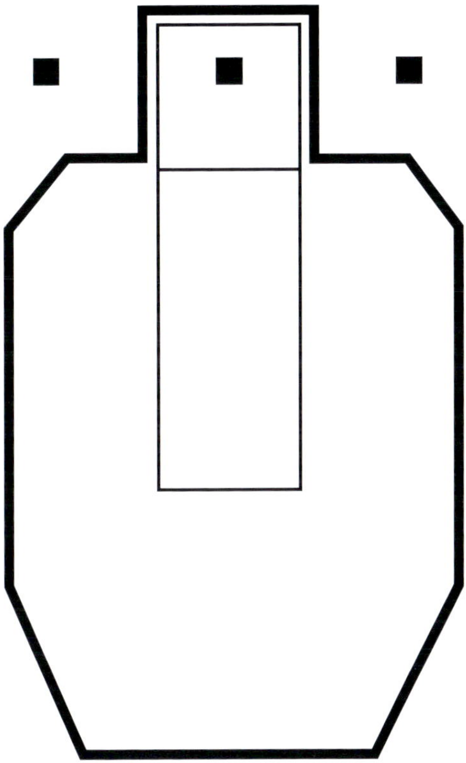

Paul Howe von Combat Shooting and Tactics verwendet diese Scheibe für seinen Standardparcours.

Ball & Dummy Drill

Die meisten Fehlschüsse haben ihre Ursache in einer ungenügenden Abzugskontrolle. Das Abkrümmen wird somit zu einem sehr wichtigen Element der Schussabgabe. Der Ball & Dummy Drill ist eine Trainingsmethode, welche bei regelmäßiger Anwendung die Abzugskontrolle nachhaltig verbessern wird.

Der Ball & Dummy Drill wird im scharfen Schuss ausgeführt. Ein Trainingspartner präpariert die Waffe so, dass der Schütze nicht weiß, ob sie geladen ist oder nicht. Der Partner übergibt die Waffe mit unbekanntem Ladezustand an den Schützen. Dieser versucht, in Nahdistanz ein entsprechend kleines Ziel zu treffen. Üblicherweise wird diese Übung auf eine Entfernung von drei bis vier Metern geschossen. Als Ziel dienen Punkte mit einem Durchmesser von ein bis zwei Zoll.

Bricht ein Schuss, sollte der Treffer im Punkt liegen. Bricht kein Schuss, sollte sich die Waffe beim Abkrümmen nicht bewegt haben. Das zu beobachten, ist Aufgabe des Trainingspartners. Hat der Schütze beim Abkrümmen „gemuckt“ (sprich: nicht getroffen, oder die Waffe hat beim Trockenabkrümmen gezuckt), entlädt der Schütze seine Pistole und vollzieht unmittelbar nach dem Fehlschuss fünf Mal ein ruckfreies Trockenabkrümmen. Dieses Prozedere wiederholt der Schütze nach jedem Fehlschuss. Er bestraft sich sozusagen für jeden Fehlschuss selbst und versucht, seinem Zeigefinger einen korrekten Bewegungsablauf anzukonditionieren. Um sowohl Spaß als auch Trainingseffekt zu steigern, kann diese Handlungsroutine auf den jeweiligen Trainingspartner mit ausgedehnt werden. Das heißt, produziert Partner 1 einen Fehlschuss oder ein Mucken, entladen Partner 1 und 2 ihre Waffen und vollziehen jeweils fünf saubere Trockenabschläge.

Ball & Dummy Drill mit Zeitlimit

Der Schwierigkeitsgrad dieser Übung lässt sich durch das Einbinden der Messgröße Zeit steigern. Bisher war es einzig dem Schützen überlassen, wann er den Abzug betätigen wollte. Bei dieser Übungsergänzung wird der Druck etwas erhöht, indem der Abzug innerhalb einer Vorgabezeit betätigt werden muss. Nach wie vor wird die Waffe durch den Trainingspartner präpariert, und der Schütze hat keine Gewissheit über den Ladezustand. Der Schütze geht in Anschlag und wartet auf das Feuerkommando, welches ihm mittels Timer gegeben wird. Der Timer wurde mit einer Splitzeit von komfortablen zwei Sekunden programmiert. Innerhalb dieses Zeitfensters muss der Abzug betätigt werden. Auch hier sollte der Treffer wieder im Punkt sein bzw. die Waffe beim Abschlagen nicht mucken. Tut sie das doch, entladen beide Partner ihre Waffe und vollziehen wieder fünf Trockenabschläge ohne Zeitlimit.

Ball & Dummy auf Kommando

Eine weitere Steigerung erfährt der Ball & Dummy Drill durch das „Schießen auf Kommando“. Jetzt steht kein Zeitfenster mehr zur Verfügung, sondern das Abkrümmen hat unmittelbar beim Ertönen des Timersignals zu erfolgen.

Selbst erfahrene Schützen werden bei diesen Übungen Defizite in Bezug auf ihre Abzugskontrolle feststellen. Wichtiges Element ist die „unmittelbare Selbstbestrafung“ durch fünf Mal trocken Abkrümmen. Diese Sequenz ist ohne Zeitdruck und mit größter Sorgfalt auszuführen. Sie dient der positiven Konditionierung des Abzugsfingers, nachdem ein falscher Bewegungsablauf erkannt wurde.

Für einen Komplettdurchlauf des Ball & Dummy Drill werden etwa 30 Schuss benötigt, der Zeitansatz beträgt etwa 45 Minuten.

Rifle 25

Rifle 25 ist ein Laufparcours mit Langwaffe, der bei Bedarf um den Wechseldrill zu einer Kurzwaffe ergänzt werden kann. Der Schütze benötigt für sein Gewehr insgesamt 25 Schuss. Er startet bei einer Entfernung von 100 Metern und bewegt sich zum Ziel hin. Er gibt bei Entfernungen von 100 Metern, 75, 50, 25 und 10 Metern jeweils fünf Schüsse auf eine Scheibe ab. Die anzuwendenden Schießpositionen können ihm vorgegeben werden. Es besteht aber auch die Möglichkeit, die Anschlagsarten frei zu wählen. Wird die Transition mit eingebunden, gibt der Teilnehmer aus einer Entfernung von sechs Metern zusätzlich noch fünf Schuss mit seiner Kurzwaffe ab.

Als Zielmedium können IPSC-Scheiben dienen oder die CSAT-Scheibe mit ihrer inneren Trefferzone. Die Zeitnahme endet mit dem letzten Schuss. Um den Schützen zu einer präzisen Schussabgabe zu animieren, werden für jeden Fehlschuss zehn Sekunden Zeitstrafe zur Gesamtzeit addiert.

Der Munitionsverbrauch beträgt 25 Schuss(Gewehr) und fünf Schuss (Pistole). Die Durchlaufzeit pro Teilnehmer etwa zwei Minuten.

Bounce Drill (Gewehr)

Der „Bounce Drill“ ist eine Übung, die schon zu Gründerzeiten der Gunsite Range unter Jeff Cooper geschossen wurde. Es gibt drei Stellungen, aus denen der Teilnehmer jeweils in einer anderen Schießposition drei Schuss auf eine Scheibe abgeben muss. Es erfolgt eine Zeitnahme. Sieger ist derjenige, der neun Treffer auf seiner Scheibe hat. Ist das bei mehreren Schützen der Fall, entscheidet die beste Zeit. Der „Bounce Drill“ ist vom Aufbau her unkompliziert und kann auch von größeren Teilnehmergruppen schnell durchlaufen werden. Es zeigt sich, dass schnelles Schießen allein kein Garant für den Sieg ist. Nur wer neun Treffer platziert, hat eine reale Chance. Außerdem zeigt sich, wie wichtig der zügige Aufbau einer stabilen Schießposition sein kann.

Der Munitionsverbrauch beträgt neun Schuss, die Durchlaufzeit pro Teilnehmer ungefähr eine Minute.

Praktische Flinte

Um im Sportbereich Beginner systematisch an das Praktische Schießen mit der Flinte heranzuführen und eine effektive Trainingsmöglichkeit für fortgeschrittene Schützen zu schaffen, wurde 1996 eine im Ablauf fest definierte Grundübung entwickelt, die möglichst viele Bewegungsabläufe und wesentliche Manipulationen an der Waffe in sich vereinen sollte. Bei dieser Standardübung trainiert der Teilnehmer das Schießen aus dem Stehendanschlag sowie liegend, kniend und sitzend, aber auch den Bewegungsablauf zum Erreichen der jeweiligen Schießposition. Er übt Nachladetätigkeiten unter Zeitdruck und das Schießen aus unterschiedlichen Distanzen, nämlich 25 Meter, 20 Meter und 15 Meter. Die Übung wird ausschließlich mit Flintenlaufgeschossen absolviert und besteht aus insgesamt sechs verschiedenen Teilübungen [18].

Der Schütze hat zwei nebeneinander stehende IPSC-Pappscheiben zu beschießen. Er beginnt in einer Entfernung von 25 Meter:

1. Teilübung auf 25 Meter:
   Je zwei Schuss auf die beiden Scheiben stehend
   - vier Patronen nachladen -
   Je zwei Schuss auf die beiden Scheiben stehend

2. Teilübung auf 25 Meter:
   Je zwei Schuss auf die beiden Scheiben stehend
   - Liegendanschlag einnehmen -
   Je zwei Schuss auf die beiden Scheiben liegend

3. Teilübung auf 20 Meter:
   Je zwei Schuss auf die beiden Scheiben stehend
   - vier Patronen nachladen -
   Je zwei Schuss auf die beiden Scheiben stehend

4. Teilübung auf 20 Meter:
   Je zwei Schuss auf die beiden Scheiben stehend
   - Sitzendanschlag einnehmen -
   Je zwei Schuss auf die beiden Scheiben sitzend

5. Teilübung auf 15 Meter:
   Je zwei Schuss auf die beiden Scheiben stehend
   - vier Patronen nachladen -
   Je zwei Schuss auf die beiden Scheiben stehend

6. Teilübung auf 15 Meter:
   Je zwei Schuss auf die beiden Scheiben stehend
   - Kniendanschlag einnehmen -
   Je zwei Schuss auf die beiden Scheiben kniend

Gemäß Sportordnung lädt der Schütze seine Waffe mit der erforderlichen Anzahl an Slugs. Auf Kommando des Range Officer zieht der Schütze die Waffe in die Schulter ein und absolviert selbständig die jeweilige Teilübung. Die Zeitmessung erfolgt automatisch mittels einer elektronischen Stoppuhr, dem so genannten Timer. Der Ablauf der Gesamtübung ist immer gleich, verschossen werden immer 48 Slugs. Für jede der sechs Teilübungen wird ein Hitfaktor ermittelt, die in Summe den Gesamthitfaktor ergeben. Der Schütze mit dem höchsten Hitfaktor ist der Gewinner. Zu unverhoffter Popularität kam diese als Trainingsgrundlage für das dynamische bzw. Praktische Schießen konzipierte

(18) Vgl. Hoffmann, Henning, Die Flinte – Waffe, Werkzeug, Sportgerät, dwj Verlag-GmbH, Blaufelden, 2004

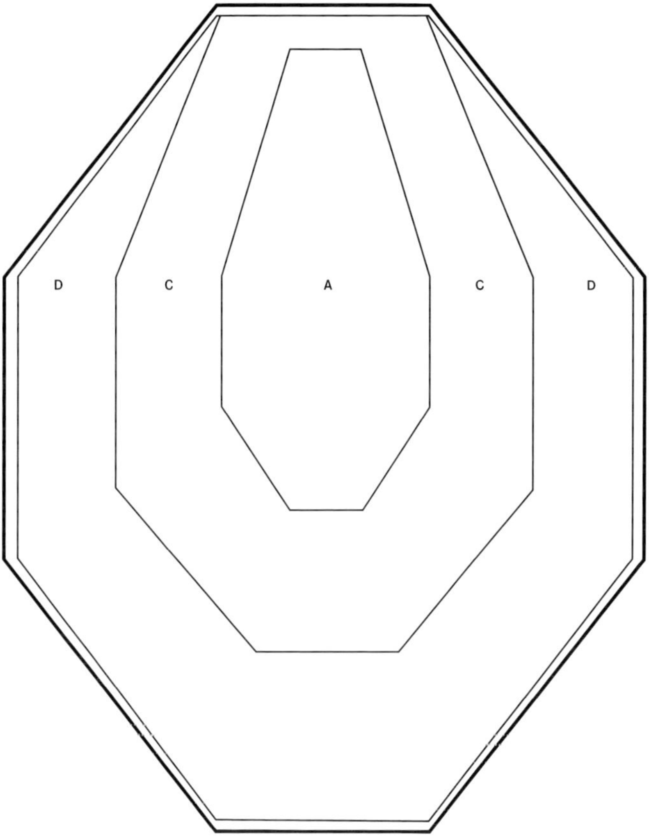

PSC Classic Target wie es für die Disziplin „Sportliche Flinte“ Verwendung finden kann.

Übung, als sie in der Bundesrepublik vom BDMP (Bund der Militär- und Polizeischützen) in die Sportordnung aufgenommen und als eigenständige Wettkampfdisziplin eingeführt wurde. Die ersten Meisterschaften wurden im Jahre 1997 ausgetragen. Seit dem erfreut sich diese wirklich hochinteressante Schießdisziplin wachsender Beliebtheit.

Auch Gebrauchswaffenträger können durch Absolvieren dieser oder einer vergleichbaren Standardübung die Routine im Umgang mit dem „Werkzeug“ Flinte steigern. Sei es aufgrund der Entwicklung einer Bewegungsroutine für schnelleres Nachladen oder aufgrund des Gewöhnens an den rückstoßintensiven Flintenschuss.

Ausrüstung

4.1 Die Wahl der Waffe

"Vollkommenheit entsteht nicht dann, wenn man nichts mehr hinzufügen kann, sondern wenn man nichts mehr wegnehmen kann."
(Antoine de Saint-Exupéry)

Leser, die nachfolgend eine katalogähnliche Aufzählung von Waffenmodellen mit einer Punktevergabe gemäß ihrer Brauchbarkeit erwarten, werden enttäuscht sein. Numerische oder prozentuale Bewertungen von Gebrauchswaffen sind nicht möglich, da ihr Einsatzweck zu vielfältig sein kann. Überhaupt wird die Bedeutsamkeit des Ausrüstungsbereichs im taktischen Gesamtszenario gern überbewertet. Es ist das Gebiet, das dem Leser einer Waffenfachzeitschrift am ehesten nahe gebracht werden kann. Testberichte mit Pro und Contra zu einem speziellen Waffentyp sind allgegenwärtig. Übersehen wird dabei gern, dass es sich bei Handfeuerwaffen um Gebrauchsgegenstände handelt. Technisch betrachtet sogar um relativ einfache Gebrauchsgegenstände. Für die Anschaffung einer Waffe, deren Bestimmungszweck im taktischen Umfeld zu sehen ist, spielen dennoch ganz bestimmte Eigenschaften eine Rolle. Diese Eigenschaften sind manchmal völlig konträr zu Anforderungen an Sportwaffen oder Jagdwaffen. Darüber hinaus sollten bei der Wahl einer Waffe zum täglichen Führen emotionale Gesichtspunkte weitgehend ausgeklammert werden. Kriterien, die bei der Wahl nur eine untergeordnete Rolle spielen sollten, sind u.a. die Verbreitung bei Militär- und Polizeieinheiten, die Verbreitung in Fernsehserien und Spielfilmen, Ästhetik sowie die Eigenpräzision, gemessen an möglichst kleinen Streukreisen.

Behördliche Beschaffungsaktionen von Waffen und anderer Ausrüstung unterliegen meist Richtlinien, deren Nutzeffekt für einen privaten Waffenträger zumindest diskussionswürdig erscheint. Oft spielen hierbei wirtschaftliche und geopolitische Gründe eine Rolle, oder die Beschaffer unterliegen einfach einem Zwang zur Standardisierung. Was natürlich zum Resultat haben kann, dass der Endnutzer nicht immer die Waffe erhält, die zur Durchführung seiner Aufgabe die beste Lösung dargestellt hätte. Wer aus einer häufigen Verwendung in Film und Fernsehen schließt, die gezeigten Modelle wären deswegen geeignete Verteidigungswaffen, setzt sich dem Vorwurf der Naivität aus. Die Waffenwahl bei Filmproduktionen unterliegt entweder dem Gutdünken eines fachfremden Regisseurs oder den wirtschaftlichen Zwängen des Product Placement, wonach die Produkte des Herstellers verwendet werden, der am meisten zahlt.

Beim Schusswaffeneinsatz im taktischen Umfeld und zu Verteidigungszwecken werden die schützenbedingten Präzisionsverluste immer größer sein als waffenspezifische Streukreise. Ob eine Kurzwaffe unter Laborbedingungen auf 25 Meter einen Streukreis von 30 Millimeter aufweißt oder von 60 Millimeter, ist für den Einsatz als Verteidigungswaffe unerheblich. Es gibt drei präzisionsrelevante Einflussfaktoren: Waffe, Munition und Mensch. Durch hohe Qualitätsstandards in der modernen Industrieproduktion können sowohl Waffe als auch Munition als geringfügig präzisionsbeeinflussend bezeichnet werden; gemessen an Anforderungen des gebrauchsmäßigen Schießens. Den größten Einfluss auf die Präzision hat somit der Mensch. Durch Umsetzen der vier Grundfertigkeiten und dem Beherrschen der Schießtechnik, ist die Eigenpräzision des Faktors „Mensch" einfacher und nachhaltiger zu beeinflussen, als durch Testreihen zu Waffen und Munitionsfabrikaten. Präzision ist immer relativ zur Größe des Ziels. Im taktischen Schusswaffengebrauch sollte angestrebt werden, ein Kopfziel mit einer Kurzwaffe auf 25 Meter sicher treffen zu können und mit einem Gewehr auf 100 Meter. Diesen Standard dürften vermutlich alle derzeit marktüblichen Gebrauchswaffen und Munitionsfabrikate erfüllen.

Eine Binsenweisheit ist auch, dass ein Revolver zu Verteidigungszwecken besser geeignet sei als eine Selbstladepistole, weil dieser erstens zuverlässiger sei und zweitens einen geringeren Ausbildungsstand erfordere. Wer sein Leben einer Schusswaffe anvertraut und diese in letzter Konsequenz auch einsetzen wird, sollte nicht nur über ein Mindestmaß an Ausbildung verfügen, sondern über eine umfassende Ausbildung, die sich in die Themen Psyche, Taktik, Praxis des Schießens und Ausrüstung gliedern sollte. Jemandem wegen seines geringen Ausbildungsstandes zu einem Revolver zu raten, ist schlicht und ergreifend hanebüchen. Innerhalb kürzester Ausbildungszeit kann das stresssichere Beherrschen einer Selbstladepistole erlernt werden. Wodurch das Hauptargument für die Verwendung eines Revolvers neutralisiert wird.

Schusswaffen lassen sich nach vielen Kriterien beurteilen. Für eine Verteidigungswaffe sollten nur die Aspekte ausgewählt werden, die für den Ausgang eines Feuergefechts auch wirklich entscheidend sein können. Eine Eigenschaft von nahezu elementarer Bedeutung wird die Zuverlässigkeit sein. Die Handhabungssicherheit wird in der Prioritätenreihenfolge ebenfalls ganz weit oben stehen. Gefolgt von Überlegungen bezüglich der

Versorgungssicherheit mit Ersatzteilen oder der Bandbreite an verwendbarer Munition, wobei auch hier wieder nicht außer Acht gelassen werden sollte, dass erstens Munition auch in infrastrukturschwachen Regionen dieser Erde beschaffbar sein muss und zweitens die hohen Schusszahlen, die regelmäßiges Training mit sich bringt, finanzierbar sein müssen. Größe und Gewicht könnte man als Ausschlusskriterien bezeichnen, ebenso den Kaufpreis, der immer an ein Budget gebunden sein wird.

Fasst man diese Gedanken zusammen, ergibt sich vereinfacht ein Ordnungssystem mit den Anforderungen an eine Waffe zur Selbstverteidigung. Sie muss:

a) vorhanden sein,

b) zuverlässig sein und

c) ihrem Zweck einigermaßen entsprechen. Mit Betonung auf einigermaßen.

Kurzwaffen

Stand vor einigen Jahren noch die Frage, ob Selbstladepistole oder Revolver, im Entscheidungsprozess ganz oben, wird es heute die Frage sein, welche Selbstladepistole bzw. welches Abzugssystem. Unbestritten ist, dass im Bereich der Gebrauchswaffen Revolver kaum noch anzutreffen sind. Das Hauptargument für den Revolver war immer die Zuverlässigkeit. Moderne Pistolen der großen Hersteller wie Glock, Heckler & Koch, SIG-Sauer oder Smith & Wesson um nur einige zu nennen, stehen in puncto Zuverlässigkeit in nichts nach, ohne dabei die Nachteile zu besitzen, wie sie Revolver aufweisen.

Die Waffenwahl sollte sich weniger von einem bestimmten Markennamen leiten lassen, sondern beispielsweise von der Frage nach einem aus Sicht des Bedieners geeignetem Abzugssystem oder Sicherungssystem ausgehen. Hier unterliegt der Entscheidungsprozess sehr stark persönlichen Präferenzen. In den vergangenen Jahren war in der Waffenindustrie ein Trend hin zu DAO-Pistolen(19) erkennbar. Nach wie vor steht das Safe-Action-System(20) der Firma Glock bei einer großen Bandbreite von Anwendern hoch im Kurs. Weniger verbreitet, aber ebenso zuverlässig ist das Griffspannersystem(21) von Heckler & Koch. Letztlich kämen noch Pistolen mit dem traditionellen Double-Action(22)-Abzug aber auch Single-Action(23)-Waffen als Gebrauchswaffen in Betracht.

Eine weitere Frage für den Anwender könnte das Sicherungssystem der Pistole betreffen. Dabei kommt es darauf an, ob man bereit ist, den Kompromiss einzugehen und vor der Schussabgabe ein oder zwei manuelle Sicherungen zu betätigen? Oder man entscheidet sich für ein Waffensystem, dessen Sicherungskomponenten so gestaltet sind, dass die Pistole sofort schussbereit ist, wie z.B. das

Griffspanner- oder Safe-Action-Prinzip?

Auch die Kaliberwahl kann im Entscheidungsprozess eine Rolle spielen. Hierbei sollte weniger zu dem „optimalen Verteidigungskaliber“ tendiert werden, dem bestenfalls eine rein theoretische Mannstoppwirkung zugesprochen werden kann. Das effektivste Verteidigungskaliber nützt nichts, wenn es aufgrund von Versorgungsengpässen nicht beschafft werden kann. Hier greift Punkt a) der Aufzählung: Waffe als auch Munition müssen vorhanden sein.

Langwaffen

Das Selbstladegewehr nimmt aufgrund seiner Feuerkraft im taktischen Schusswaffengebrauch die Stellung der Primärwaffe ein, die Kurzwaffe – zumeist eine Selbstladepistole – die Stellung der Sekundärwaffe. Fünf Sturmgewehrtypen dürften heute mehrheitlich anzutreffen sein. Weltweit könnte man dem AR-15-System und der Kalaschnikowbaureihe die Spitzenreiterrolle einräumen. In Europa erfahren nicht zuletzt wegen ihres militärischen Einsatzes das Schweizerische Sturmgewehr 90 und das deutsche G36 bzw. deren Zivilableger eine breite Verwendung. Aber auch das Rollenverschlusssystem von Heckler & Koch, wie es im G3, der HK 33 und der MP5 anzutreffen ist, zählt noch lange nicht zum alten Eisen. Erfährt doch insbesondere das G3 als Scharfschützenunterstützungswaffe im DMR-Konzept eine Wiederbelebung.

(19) Double-Action-Only (DAO): Das Schlagstück der Pistole ist von außen nicht sichtbar und kann nicht manuell vorgespannt werden.

(20) Safe-Action: Das Safe-Action-System ist ein teilvorgespanntes Schlagbolzenschloss, das durch Betätigen des Abzugs von der Abzugsstange weiter nach hinten bewegt wird. Beim Drücken des Abzugs werden nacheinander drei Sicherungen automatisch deaktiviert. Dabei wird die Abzugsstange durch die Steuerfeder abwärts gelenkt und der Schlagbolzen unter Vollast ausgelöst. Durch Loslassen des Abzugs wird die Glock Pistole automatisch wieder gesichert.

(21) Griffspannersystem: Beim Griffspannersystem der P7 von Heckler & Koch spannt der Schütze beim Umfassen des Griffstücks das Schlagbolzenschloss. Die Waffe wird dabei ebenfalls entsichert. Eine zusätzliche manuelle Sicherung besitzt die Waffe nicht. Ein Loslassen des Griffspanners stellt den Ausgangszustand wieder her. Die Waffe ist entspannt und gesichert.

(22) Double-Action: Bei Selbstladepistolen dieses Typs werden durch Betätigen des Abzugs beim ersten Schuss Schlagbolzenschloss als auch Schlagstück gespannt. Bei jedem weiteren Schuss wird die Waffe aufgrund der Repetierbewegung des Schlittens gespannt. Die Abzugskraft ist beim ersten Schuss hoch, bei den folgenden Schüssen gering, was gemeinhin als ein Nachteil dieses Systems angesehen wird.

(23) Single-Action: Selbstladepistolen dieses Typs verfügen über keinen Spannabzug. Das Schlagstück muß vor dem ersten Schuss von Hand gespannt werden. Um diesen Nachteil zu umgehen, wurden Single-Action Waffen oftmals gespannt und gesichert geführt. Typischer Vertreter dieser Baureihe ist die Colt M1911 Government.

Die Kalaschnikow mit ihren vier Hauptmodellvarianten der AK-47, der AKM, der AK-74 und der AK-100er-Serie ist das am weitesten verbreitete Schnellfeuergewehr der Welt. Insgesamt sollen mehr als 70 Millionen Stück im Umlauf sein. Umgangssprachlich werden gern alle Waffen mit einer Kalaschnikowsilhouette pauschal als AK-47 bezeichnet. Die AK-47 Maschinenpistole war jedoch lediglich die erste Baureihe, bei der die Gehäuseteile aus Gussrohlingen gefräst wurden. Erst nach der Einführung beherrschbarer Fertigungstechniken aus Deutschland wurde die Produktion auf das zeitgemäße Blechprägeverfahren umgestellt und als Resultat im Jahre 1959 die Maschinenpistole AKM präsentiert. Die AKM ist beispielsweise an den querverlaufenden Versteifungsrippen im Gehäusedeckel erkennbar und wird noch heute weitestgehend unverändert gefertigt. Anfang der 1970er-Jahre reagierten die sowjetischen Konstrukteure auf den internationalen Trend hin zu kleineren Kalibern bei Schützenwaffen bzw. Handwaffen und entwickelten die AK-74 im Kaliber 5,45×39. Die AK-100er-Serie wurde nach dem Fall des Eisernen Vorhangs ins Leben gerufen, um der gestiegenen Exportnachfrage gerecht zu werden. In diesen vier Hauptvarianten existieren eine Vielzahl von Kalaschnikowabkömmlingen mit unterschiedlichen Lauflängen, Klappschäften, Handschutzen und auch Ausführungen als leichtes Maschinengewehr mit Zweibein. Die auch als RPK bezeichnete MG-Ausführung besitzt im Vergleich zur AKM eine dickere Gehäusewandstärke (1,5 Millimeter anstatt 1 Millimeter), dennoch sind Bauteile wie Verschlusskopf und Verschlussträger untereinander austauschbar. Mit der Kalaschnikow wurde eine bis dahin nie dagewesene Standardisierung im Waffenbau erreicht.

Der westliche Pendant zur Ostblock Kalaschnikow ist das US-amerikanische AR-15-System des Konstrukteurs Eugen Stoner. Auch bei diesem Waffensystem existiert eine Vielzahl von Abkömmlingen der verschiedensten Hersteller. Beide Systeme sind weltweit sehr stark verbreitet. Im taktischen Umfeld wird man über kurz oder lang zwangsläufig mit beiden Waffen konfrontiert werden.

Flinten

Historisch betrachtet spielen Flinten im taktischen Umfeld eine große Rolle. Im 20. Jahrhundert gab es kaum einen militärischen Konflikt, bei dem keine Flinten eingesetzt wurden. Im Polizeidienst, besonders in den USA, sind sie ebenfalls weit verbreitet. Geschätzte sieben von acht Flinten sind Repetiermodelle. Das Interesse des Militärs und der Polizei wecken aber auch neuentwickelte, halbautomatische Flinten mit Kastenmagazin.

Molot Vepr 12 M4

Diese sind im Grunde kein neues Waffensystem, sondern basieren auf dem bekannten und zuverlässigen Kalaschnikow-Funktionsprinzip. Ladetätigkeiten und Störungsbeseitigung unterscheiden sich in nichts von anderen Selbstladewaffen. Abzugscharakteristik und Visiereinrichtung entsprechen ebenfalls den Langwaffen, die man ohnehin schon in der Waffenkammer stehen hat. Die Einsatzkräfte sind somit nicht genötigt, neue Handgriffe und Bewegungsabläufe wie z.B. das Befüllen eines Röhrenmagazins in die Ausbildung zu integrieren, sondern können auf ihr Baukastensystem zurückgreifen. Magazine können dem Auftrag entsprechend aufmunitioniert am Mann mitgeführt werden. Der Transport von einzelnen Schrotpatronen entfällt, was ebenfalls als kleiner Vorteil angesehen werden könnte.

4.2 Trageriemen

"Georg Washington didn't use his right to free speech to defeat the British, he made use of firearms."

In einem taktischen Szenario wird es oftmals erforderlich sein, die Langwaffe am Körper fixieren zu müssen, um die Hände frei zu haben. Ein Ablegen der Langwaffe sollte grundsätzlich vermieden werden. Mit einem Trageriemen versehen, kann das Gewehr am Körper in verschieden Positionen fixiert werden. Es ist somit sicher vor dem Zugriff durch Dritte und behindert die Bewegungsfreiheit nicht.

Derartige Trageriemen gibt es in unterschiedlichen Ausführungen. Generell wird danach unterteilt, wie viele Aufnahmepunkte der Riemen an der Waffe hat. Neben dem traditionellen Zwei-Punkt-Sling gibt es noch den Ein-Punkt-Sling und den Drei-Punkt-Sling.

Ein-Punkt-Tragegurt

Der Ein-Punkt-Tragegurt besitzt nur eine Aufnahme an der Waffe. Meist im Bereich des Griffstücks. Das bringt eine Reihe von Nachteilen mit sich, aber nur einen Vorteil. Der Vorteil liegt darin, dass schnell zwischen einem Rechts- und Linksanschlag gewechselt werden kann. Diese Forderung kann sich beispielsweise beim Schießen aus einer Deckung heraus ergeben. Der Ein-Punkt-Sling eignet sich im Grunde nur für Maschinenpistolen oder kurze Ausführungen von Selbstladegewehren, da die Waffen im hängenden Zustand mit der Mündung nach unten „baumeln", was als Nachteil angesehen werden kann. Beim Abknien wird die Mündung zwangsläufig den Boden berühren. Es sei denn, der Schütze fixiert die Waffe zusätzlich mit der Hand. Mitunter tendiert das Gewehr dazu, auf der Körpermittellinie zu hängen, was beim Laufen hinderlich sein kann. Insbesondere nach erfolgter Transition zur Pistole und dem Schießen aus der Bewegung.

Drei-Punkt-Tragegurt

Der Drei-Punkt-Tragegurt wird am vorderen und hinteren Teil der Waffe befestigt. Ein dritter Aufnahmepunkt befindet sich am Riemen selbst, wodurch dieser zwei Schlingen bildet. Die Erfindung des Drei-Punkt-Trageriemens wird der Firma Heckler & Koch zugeschrieben. Heute bietet eine Vielzahl von Herstellern die unterschiedlichsten Modelle an. Das Anbringen eines Drei-Punkt-Slings an ein Gewehr gestaltet sich bisweilen etwas kompliziert. Eine Langwaffe, die mit einem 3-Punkt-Riemen fixiert wird, trägt der Schütze ständig am Körper. Rechtsschützen führen den Kopf und den linken Arm durch den Sling. Die Waffe hängt jetzt quer vor dem Oberkörper mit Lauf nach unten bzw. nach links unten. Aus dieser Tragehaltung heraus ist es dem Schützen sehr schnell möglich, das Gewehr in Anschlag zu bringen. Ist eine Transition erforderlich, wird die Waffe aus dem Schulteranschlag heraus mit beiden Händen an die linke Seite des Körpers gezogen. Während dieser Bewegung löst sich die rechte Hand vom Griffstück und leitet den Ziehvorgang der Pistole ein. Die linke Hand vollendet die Wegschiebebewegung der Langwaffe.

Zwei-Punkt-Tragegurt

Ein Zwei-Punkt-Tragegurt ist die normale Ausführung eines Gewehrriemens mit zwei Aufnahmepunkten an der Waffe. Er ist schnell an der Waffe montiert und seine Verwendung ist einfach. Es gibt zwei Möglichkeiten, einen Zwei-Punkt-Gurt am Körper zu fixieren.

Möglichkeit 1: Der Schütze hängt sich die Waffe nur um den Hals. Das Griffstück sollte sich dabei etwa auf Bauchhöhe befinden. Dank des längenverstellbaren Riemens kann dieser Anforderung schnell nachgekommen werden. Der Vorteil dieser Variante ist, der Schütze kann sich die Waffe ohne Weiteres auf den Rücken legen, indem er einfach noch den rechten Arm durch den Riemen steckt.

Möglichkeit 2: Der Schütze fixiert den Riemen am Körper, indem er Kopf und linken Arm durch den Riemen führt. Achtung: Bei Rechtsschützen muss die Waffe an der linken Körperseite zu Hängen kommen, damit der Zugriff auf die Kurzwaffe (rechts) nicht behindert wird.

Der Nachteil war bisher, dass die Länge des Zwei-Punkt-Riemens für gewöhnlich auf einen Anwender und eine Waffe angepasst werden musste. Der Riemen ist für manche Aufgaben entweder zu lang oder zu

Zwei-Punkt-Riemen: Der längenverstellbare VTAC von Viking Tactics an einem AR-15. Dieser Trageriemen vereint die Vorteile von Zwei-Punkt- und Drei-Punkt-Riemen, ohne dabei Nachteile aufzuwerfen.

Zwei-Punkt-Riemen: Der VTAC ist auch in anderen Farben und mit Polsterung erhältlich. Besonders bei schwereren Langwaffen kann die Polsterung nützlich sein.

Drei-Punkt-Riemen: Ursprünglich entwickelt von Heckler & Koch, können Drei-Punkt-Slings in Montage und Anwendung mitunter kompliziert sein. Das abgebildete Modell von Blue Force Gear ist multifunktional und lässt sich mit wenigen Handgriffe zu einem Ein-Punkt- als auch Zwei-Punkt-Sling umbauen.

kurz. Eine sinnvolle Alternative hierzu bieten verstellbare 2-Punkt-Slings. Mit einer speziellen Schnalle versehen, ist es dem Schützen möglich, die Länge des Tragegurtes individuell und schnell anzupassen. Diese Trageriemen vereinen die Vorteile von Drei-Punkt- und Zwei-Punkt-Varianten, ohne größere Nachteile aufzuweisen. Empfehlenswerte Produkte sind beispielsweise der VTAC von Viking Tactics und der VCAS von Blue Force Gear.

4.3 Anbauteile und Waffentuning

„Was ich nicht habe, brauche ich auch nicht." (Ein Motto der Fremdenlegion)

Wenn Anwender versuchen, eine für den taktischen Einsatz vorgesehene Schusswaffe durch Anbauteile zu optimieren, führt das meist zu einer Spezifikation, welche die universelle Einsetzbarkeit einschränkt. Viele der angebotenen Lösungen bringen mehr Nachteile als Vorteile. Im Sportschießen kann Waffentuning und der Anbau verschiedener Zusatzteile sinnvoll sein, da der Sportschütze in der Regel genau weiß, in welcher Wettkampfdisziplin er starten möchte. Er kennt das Reglement des Verbandes und besitzt daher die Möglichkeit, das Leistungspotenzial seiner Waffe auszureizen. Er kennt den Ablauf der Übung, er weiß, wann diese beendet sein wird, kennt unter Umständen schon vorher die genaue Menge und Sorte an Munition, die er benötigt, und weiß, unter welchen Rahmen- und Umweltbedingungen er den Wettkampf absolvieren muss. Dieses Maß an Planbarkeit ist in Verteidigungssituationen nie gegeben. Der Schütze hat mit dem zurechtzukommen, was er in der Hand hat. Deshalb sollte das universell einsetzbar sein. Jede Spezifikation kann diese Universalität einschränken und zum Nachteil ausarten. In der Taktiklehre sollte nie nach dem theoretischen Optimum für eine bestimmte Situation gesucht werden, sondern nach einem Maximum für den allgemeinen Fall.

Bedienelemente

Die Palette der möglichen Tuningmaßnahmen ist groß. Häufig diskutiert wird in diesem Zusammenhang der Austausch von Bedienelementen wie Schlittenfanghebel und Magazinauslöseknopf bei Pistolen. Diese Bauteile sind bei Serienwaffen meist sehr klein gehalten. Durch den Wechsel zu größeren Bedienelementen verspricht sich der Nutzer eine bessere Erreichbarkeit und somit eine schnellere Bedienung. Fraglich ist allerdings, ob durch den meist nur minimal vorhandenen Zeitgewinn wirklich eine Steigerung des Gefechtswertes einer Waffe erreicht werden kann. Dieser geringe und selten gebrauchte Vorteil wird mit dem Nachteil erkauft, dass größere Bedienteile öfters unbeabsichtigt ausgelöst werden können oder einen zügigen Ziehvorgang durch Hängenbleiben an Holster oder Kleidung einschränken können. Im Langwaffenbereich steht beispielsweise für das AR-15-System ein vergrößerter Spannschieber (so genannter Tactical Latch) zur Verfügung, der das Durchladen merklich erleichtert. Hängt die Waffe aber im Tragegurt am Körper, kommt es erfahrungsgemäß regelmäßig vor, dass sich der

Tactical Latch in der Ausrüstung verfängt und ein unabsichtliches Entriegeln des Verschlusses verursacht.

Visierung

Neben den Bedienelementen wird auch öfters die Forderung nach Austausch der Visierung erhoben. Auch hierbei sollten Lösungsvorschläge aus dem Schießsport nicht unreflektiert übernommen werden. Sportpistolen haben mitunter Visiereinrichtungen mit feinsten Verstellmöglichkeiten, um entsprechende Schießergebnisse zu erzielen. Da Präzision keine Primärforderung für Gebrauchswaffen darstellt, sind die werksmäßig angebrachten Visierungen meist ausreichend. Der Nachteil, den verstellbare Mikrometervisiere aus dem Sportbereich mit sich bringen, liegt in deren komplizierten Aufbau. Meist bestehen sie aus mehreren Bauteilen mit kleinen Schrauben und Federn, die sehr schlag- und stoßempfindlich sind. Ein Totalausfall des Visiers ist somit wahrscheinlicher als bei einer einfachen Kimme der robusten Bauart. Das Aufrüsten einer Kurzwaffe, wie es in der Offenen Klasse des IPSC-Schießens üblich ist, sollte für eine Gebrauchswaffe nicht in Betracht gezogen werden. Zu viel Technik, die ausfallen kann, zu kompliziert für den täglichen Gebrauch, von den Trageeigenschaften und den Anschaffungskosten ganz zu schweigen.

Ein Wechsel der Visiereinrichtung kann aber dennoch sinnvoll sein. Einen sehr guten Lösungsansatz stellen so genannte XS-Sights dar. Bei diesem Visier ist das Korn sehr markant ausgeprägt und zusätzlich noch mit einem Tritium-Einsatz versehen. Diese Bauweise erleichtert dem Schützen zum einen, sich beim Schießen ganz auf das Korn zu konzentrieren, zum anderen ist durch die Verwendung von Tritium ein Schießen bei schlechten Sichtverhältnissen besser machbar. XS-Sights sind für alle Waffentypen universell lieferbar. Für Pistolen genauso wie für Flinten oder die Selbstladegewehre AR-15 und Kalaschnikow. Dem Anwender wird damit außerdem noch eine Möglichkeit der Standardisierung all seiner Visiereinrichtungen gegeben. Beim Zielvorgang fokussiert er das Ziel nur noch über eine Kornform an, egal welche Waffenart er verwendet. Diese Vereinfachung durch Standardisierung sollte im Gesamtsystem des taktischen Schusswaffengebrauchs nicht unterschätzt werden.

BUIS (Back Up Iron Sights) – Die Notvisierung

Jede Langwaffe, die über eine optische Zielhilfe in Form von Leuchtpunktzielgerät oder Zielfernrohr verfügt, sollte zwingend mit einem Back Up Iron Sight (BUIS) ausgerüstet sein. Diese Notvisierung ermöglicht es dem Schützen, auch nach Ausfall seiner optischen Zielhilfe, weiterhin Wirkung ins Ziel bringen zu können. Die Notvisierung sollte dementsprechend einjustiert sein. AR-15-Systeme bieten hier Vorteile. Die meisten BUIS erzeugen beim AR-15 den so genannten Co-Witness. Das heißt, sie haben dasselbe Offset und liefern somit die gleiche Flugbahn. Vorausgesetzt, beide Visiereinrichtungen sind auf eine identische Distanz eingeschossen.

Abzug

Eine Reduzierung des Abzugsgewichts kann für den vorgesehenen Einsatzzweck sogar kontraproduktiv sein. Die Verringerung des Abzugswiderstandes auf das Maß einer Sportwaffe ist vor dem Hintergrund der nicht mehr vorhandenen Feinmotorik während bewaffneter Konfrontationen sogar gefährlich. Unbeabsichtigte Schussabgaben können die Folge sein.

Abzüge an Gebrauchswaffen sollten aus genau diesem Grund auch nie unter 2 kg bis 2,5 kg Widerstand auslösen.

Der New York Trigger

Die Firma Glock bietet für ihre Pistolen mehrere Abzugsvarianten an.

Eine davon ist unter der Bezeichnung „New York Trigger" bekannt. Als sich die New Yorker Polizei in den 1980er-Jahren dazu entschied, ihre Beamten mit Glockpistolen auszurüsten, wollte man ihnen den Wechsel vom Revolverabzug auf den Glock Safe-Action-Abzug erleichtern. Glock überarbeitete den Abzugsmechanismus grundlegend und entwickelte eine Abzugsfeder, die unter dem Name „New York Trigger Spring" in die Waffengeschichte einging. Die Waffe erhält damit eine andere Abzugscharakteristik, welche an einen Double-Action Abzug angelehnt ist. Sowohl Abzugsvorweg als auch Abzugswiderstand erhöhen sich. Die Charakteristik eines reinen Double-Action-Revolverabzugs kann damit jedoch nicht abgebildet werden.

Von seinen Kritikern wird der New York Trigger gern als unbeherrschbar beschrieben. Fälschlicherweise folgt man mit dieser Denkweise der Meinung, die Präzision einer Waffe erhöhe sich, wenn ihr Abzugswiderstand geringer wird. Das ist aber nicht der Fall.

Leichtere Abzüge kaschieren bis zu einem gewissen Grad lediglich einen vorhandenen Abzugsfehler des Schützen. Sie helfen aber keineswegs dabei, diesen motorisch bedingten Abzugsfehler zu beheben.

Ganz im Gegenteil: Durch fortgesetztes falsches Üben schleift sich der Abzugsfehler mehr und mehr ein. Darüber hinaus stellen leichte Abzüge eine Gefahr dar, wenn in Stresssituationen das Ausführen von feinmotorischen Bewegungen nicht mehr gewährleistet ist.

Technische Beschreibung

Die technische Umsetzung eines New York Trigger ist simpel: Während beim Standard-Glockabzug die Abzugsfeder (Bauteil #25) permanent unter Zug steht und bis zur Schussauslösung noch weiter gespannt, d.h. „gezogen" werden muss, steht die New York Abzugsfeder (Bauteil #25a/b) permanent unter Druck. Zur Schussauslösung wird sie über den Abzug und die Abzugsstange weiter komprimiert.

Es gibt zwei Ausführungen des New York Trigger. Den N.Y.1 und den N.Y.2.

Der N.Y.1-Abzug ist olivgrün und besitzt eine silberfarbene Feder. Der N.Y.2 ist orange und hat eine schwarze Feder. Er ist der härtere von beiden.

Je nach Schlagbolzenfeder und Steuerfeder entstehen unterschiedliche Konfigurationen. Vorausgesetzt man nutzt die Standard-Schlagbolzenfeder mit 24 Newton, erreicht die N.Y.1-Abzugsfeder in Verbindung mit einer „minus"-Steuerfeder nach Werksangaben ein Abzugsgewicht von 3,5 kg. In Verbindung mit einer Standard-Steuerfeder 4,0 kg.

Die N.Y.2-Abzugsfeder kommt in Verbindung mit der Standard-Steuerfeder auf 5,0 kg Abzugswiderstand.

Eine Verwendung der New-York-Abzugsfedern in Verbindung mit der „plus"-Steuerfeder wird werksseitig nicht empfohlen.

Praxistest

Im Praxistest zeigt sich, dass der Glockabzug mit einer N.Y.1-Abzugsfeder (olivgrün) und einer „minus"-Steuerfeder eine ausgesprochen angenehme Druckpunktcharakteristik bekommt. Der tatsächliche Abzugswiderstand beträgt 3,0 kg (Durchschnittswert aus zehn Messungen). Die Charakteristik ist der eines Selbstladegewehrs der SIG-550-Baureihe nicht unähnlich. Bei der Verwendung einer New-York-Abzugsfeder konnten keine negativen Auswirkungen auf das Schussverhalten festgestellt werden.

Fazit

Alle Umbauten sollten erstens bezüglich ihres Nutzens sowie dahingehend, ob die Waffe dadurch eine merkliche Gebrauchswertsteigerung für ein Feuergefecht erfährt, hinterfragt werden.

Ist das der Fall, sollten zweitens alle Umbauten unter der Prämisse unbedingter Zuverlässigkeit beurteilt werden. Ist gegenüber dem Originalbauteil auch nur eine geringe Einschränkung der Zuverlässigkeit zu befürchten, sollte von einem Umbau abgesehen werden.

Tactical Latch und BUIS: Ein vergrößerter Durchladehebel erleichtert das Durchladen, kann aber auch durch Hängenbleiben zu Waffenstörungen führen. Die Klappkimme ist Teil der Notfallvisierung. Jede Langwaffe sollte über derartige Back Up Iron Sights (BUIS) verfügen.

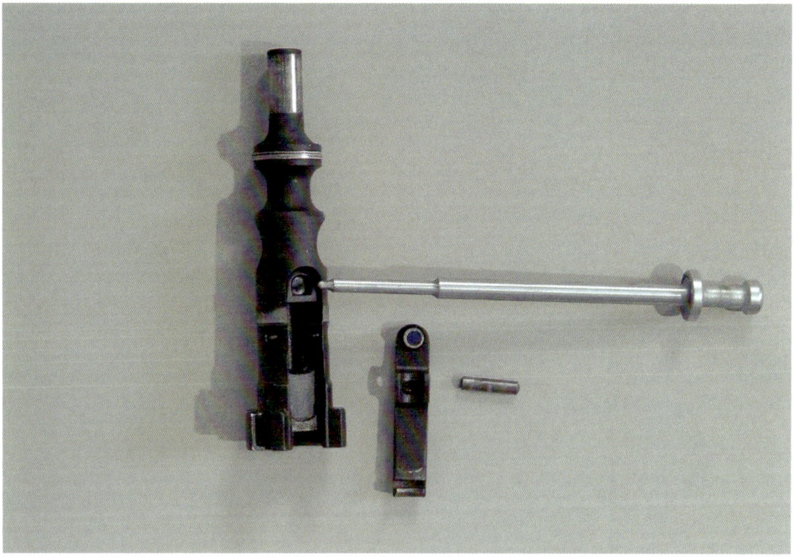

Kleines Teil – große Wirkung: Der D-Fender Ring aus Gummi vervielfacht die Kraft der Auszieherkralle eines AR-15.

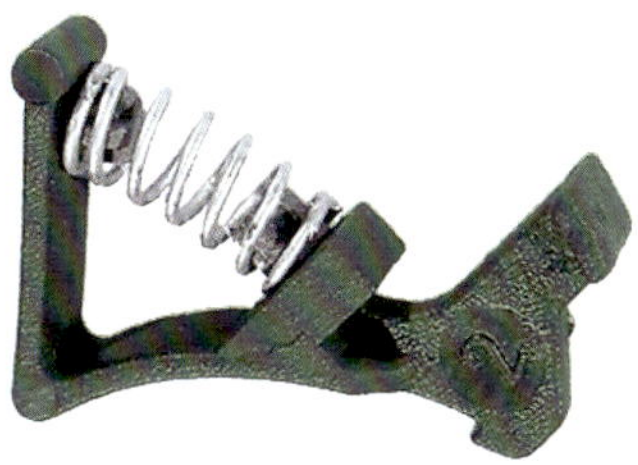

Um Polizeikräften in New York das Umrüsten von Revolver auf Pistolen zu erleichtern, wurde der „New York Trigger" entwickelt. Die N.Y.1-Abzugsfeder besitzt eine Steigerung des Abzugsgewichtes von 2,5 kg bis zu 4,9 kg.

Die N.Y.2-Abzugsfeder ist noch härter ausgelegt als die der N.Y.1. Der Schütze erhält einen kontinuierlichen, sehr harten, revolverähnlichen Anstieg des Abzugsgewichtes von 3,2 kg bis 5,0 kg.

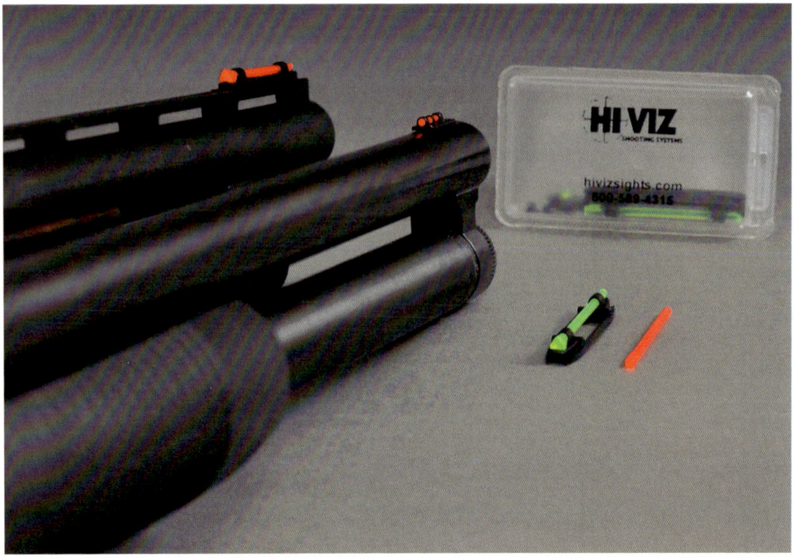

Hi-Viz-Sights: Eine sinnvolle Ergänzung für Flinten, die weder Büchsenvisierung noch Zieloptik besitzen, sind so genannte Hi-Viz-Visierungen. Sie sind einfach zu montieren und auch bei schlechten Lichtverhältnissen noch klar zu erkennen.

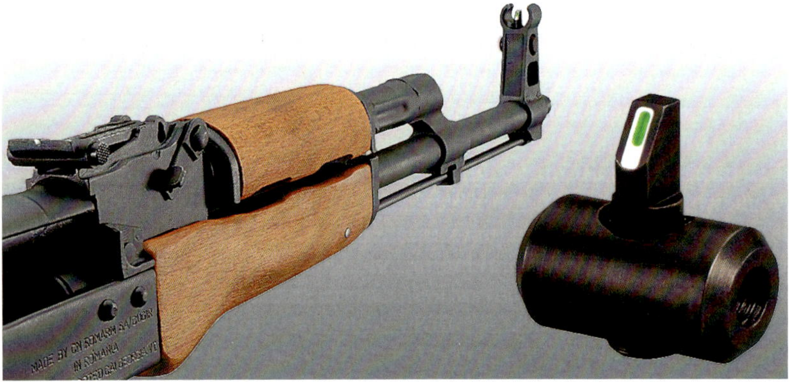

Unabhängig vom Waffentyp ermöglicht die Verwendung von XS-Sights eine Standardisierung der Visiereinrichtung.

BILD RECHTS UNTEN: Auch bei Kurzwaffen und Flinten ist eine Standardisierung möglich. Der Schütze fokussiert somit das Ziel nur noch über eine Kimme-Korn-Form an.

MADE IN AUSTRIA
GLOCK, INC. SMYRNA, GA

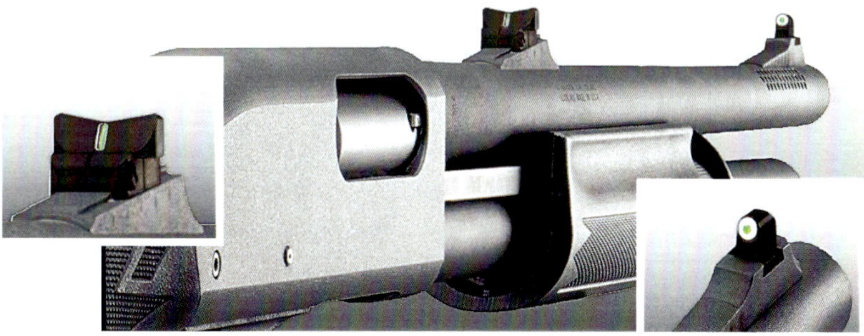

Das CSAT Combat Sight wurde für AR-15-Systeme entwickelt. Der Schütze verwendet ab einer Distanz von 50 Meter wie gewohnt die Lochkimme. In Nahdistanz benutzt er die Rechteckkimme, wodurch das AR-15-typische Offset kompensiert und eine Zielpunkt-Haltepunkt-Übereinstimmung erreicht wird.

Das MaTech erzeugt bei AR-15-Systemen einen Co-Witness. Es besitzt eine Haltepunktanpassung bis zu einer Entfernung von 600 m. Zum Einschießen wird der Entfernungswahlhebel auf die Markierung 300 gesetzt und die Waffe auf 25 m Fleck angeschossen. Die Seitenverstellung erfolgt mit einem ½-MOA-Klick. (Foto: D. Kern)

Auch hochwertige Optiken können durch unsachgemäße Handhabung oder Beschädigung ausfallen. Die Waffe sollte über ein Notvisier verfügen, mit der weiterhin Wirkung ins Ziel gebracht werden kann. (Foto: Dieter Kern)

Das TROY Folding M4 Battle Sight verfügt über eine Lochkimme mit großem und eine weitere mit kleinem Durchmesser. Es erzeugt bei AR-15-Systemen einen Co-Witness. Die Seitenverstellung erfolgt auch hier mit einem ½-MOA-Klick. (Foto: Dieter Kern)

4.4 Leuchtpunktzielgeräte

„Wer will, findet einen Weg. Wer nicht will, findet Gründe." (Götz Werner)

Leuchtpunktzielgeräte (auch Red Dots genannt) dienen der schnelleren Zielerfassung. Ihre Anwendung beschränkt sich allerdings nicht mehr nur auf Langwaffen. Selbst im taktischen Bereich sind sie vereinzelt auf Kurzwaffen (Pistolen) anzutreffen. Bisher war das eine Domäne des Schießsportbereichs. Für tägliches (verdecktes) Tragen waren die Modelle zu klobig. Mittlerweile sind jedoch kleine und leichte Modelle am Markt erhältlich, wie z.B. das Doctor-Sight.

Im Vergleich zu Zielfernrohren haben die Red Dots einen ausschlaggebenden Vorteil: Die Optik ist parallaxenfrei. Beim schrägen Einblick in ein herkömmliches Zielfernrohr verschieben sich Absehen und Zielbild und würden nicht mehr in einer Bildebene liegen. Diese Bildverschiebung nennt man Parallaxe, sie ist durch einen schattigen Rand im Zielfernrohrbild erkennbar und bringt Treffpunktverlagerungen mit sich. Bei einem Leuchtpunktzielgerät verändert sich die Treffpunktlage jedoch selbst bei einem Schiefeinblick nicht. Der Rotpunkt wird immer parallel zur optischen Achse des Geräts zurückreflektiert, er muss nur ins Ziel gebracht werden. Parallaxebedingte Fehlschüsse sind ausgeschlossen.

Beim Zielen mit Leuchtpunktzielgeräten können (und sollen) beide Augen geöffnet bleiben, dadurch wird das Sehfeld des Schützen nicht eingeschränkt, wie das z.B. bei der Benutzung eines Zielfernrohrs der Fall wäre.

Aimpoint

Geräte des Herstellers Aimpoint AB aus Malmö in Schweden waren lange Zeit das Synonym für Leuchtpunktzielgeräte schlechthin. Die erste Ausführung wurde 1975 auf den Markt gebracht. Eine der neusten Entwicklungen aus dem Hause Aimpoint ist das CompM4. Im Gegensatz zu anderen Modellen wird es mit einer preisgünstigen und leicht verfügbaren AA-Batterie betrieben. Aufgrund der stromsparenden ACET-Technologie besitzt die Leuchtoptik nach Werksangabe eine Laufzeit von 80 000 Stunden. Theoretisch bedeutet dies, dass der Schütze das Gerät überhaupt nicht mehr ausschalten muss.

Die Leuchtpunktgröße beträgt 2 MOA (24) und bedeckt somit auf 100 m Entfernung etwa 6 cm des Ziels. Das CompM4s wiegt mit Montage nur 335 Gramm. Der Unterschied zwischen den Modellen CompM4 und CompM4s ist das Batteriefach, welches sich beim CompM4 auf zwei Uhr, also rechts oben befindet. Beim Modell CompM4s wurde es rechts tief (auf fünf Uhr) angebracht. Somit befindet sich das Batteriefach mit dem integrierten Drehknopf zum Ein- und Ausschalten in einer weniger exponierten Position. Der Drehknopf ist robust ausgeführt und lässt sich auch mit Handschuhen gut bedienen. Er verfügt über sieben Schaltstufen, in denen das CompM4s mit einer Nachtsichtoptik genutzt werden kann. Mit weiteren neun Tageslichtstufen ist die Leuchtintensität des Rotpunktes an die Umweltbedingungen anpassbar.

Serienmäßig wird das CompM4 mit einem Abstandhalter geliefert, bei dessen Verwendung sich eine um exakt 9 mm erhöhte Bauhöhe der Optik ergibt. Wird auf den so genannten „Spacer" verzichtet entsteht beim Einsatz mit dem AR-15 sowie baugleichen Gewehren ein „Co-Witness". Das bedeutet, der Rotpunkt der Leuchtoptik besitzt die gleiche Höhe über der Laufseele wie das Korn der offenen Visierung. Dieser Umstand erleichtert das Einjustieren des Gewehrs und auch das praktische Schießen über Distanzen bis zu 300 m, da sowohl mit der Leuchtoptik als auch mit der Eisenvisierung dieselbe Geschossflugbahn zum Tragen kommt.

Zur Montage des Geräts sind keine Werkzeuge erforderlich. Die Montageeinheit wird serienmäßig mitgeliefert. Die Drehmomentschraube verhindert ein Überdrehen des Gewindes zuverlässig, sorgt aber dennoch für einen ausreichend festen Sitz.

Das Einschießen einer Waffe mit dem CompM4s ist denkbar einfach und kann ebenfalls ohne Spezialwerkzeug ausgeführt werden. Ein kleines Geldstück reicht zum Entfernen der Schutzkappen und zum Drehen der Verstellschrauben aus. Beim Drehen gegen den Uhrzeigersinn erfolgt eine Treffpunktverschiebung nach oben bzw. rechts, und zwar pro Klick um etwa ½ MOA, was circa 1,5 cm auf 100 m entspricht. Werksseitig wird folgende Einjustierungsempfehlung gegeben: Einen Schuss auf eine Scheibe abgeben. Sind Haltepunkt und Treffpunkt nicht deckungsgleich, dreht der Schütze an den Stellschrauben, bis Deckungsgleichheit hergestellt ist. Die Waffe ist somit „Fleck" angeschossen. Das setzt allerdings ein festes Widerlager der Waffe während des Einschießprozesses voraus.

24) MOA: Die Minute of Angle oder auch Bogenminute gibt die Länge einer Kreislinie bezogen auf einen bestimmten Radius wieder. Sie ist ein Längenmaß und wird mit der Maßeinheit Millimeter oder Zentimeter angegeben. Das zugrunde liegende System bezieht sich auf einen Vollkreis mit 360°. Ein Grad besteht aus 60 Minuten. Somit hat ein Kreis 21.600 Minuten. Ein Kreis mit einem Radius von 100 Metern hat einen Umfang von 62.831,85 cm. Wird dieser Umfang durch die zuvor ermittelten 21.600 Minuten geteilt, ergibt sich für eine Bogenminute eine Länge von 2,90888 cm bezogen auf den Radius von 100 Metern.

Unter der Bezeichnung M68 CCO (Close Combat Optic) wurde das Aimpoint CompM4 mit einer Stückzahl von etwa 566 000 Stück bei der U.S. Army eingeführt. Aimpoint war der einzige Anbieter, dessen Produkt die harten Testkriterien des Army Research & Development Command (ARDEC) erfüllt hat. Natürlich sollte die Optik mit den Sturmgewehren M16 und M4 unter allen Witterungsbedingungen und in allen Klimazonen einsetzbar sein und den präzisen Schuss zwischen 0 m und 300 m gewährleisten. Unter anderem musste die Optik 3000 Stöße mit Kraftspitzen bis zum 500-fachen der Erdanziehung unbeschadet überstehen. Sie musste beständig gegen Korrosion und Chemikalien sein. Zudem sollte die Funktionsfähigkeit bei allen Temperaturen zwischen –45°C und +71°C gewährleistet sein.

Mit einem Vergrößerungsmodul, das vor die Leuchtpunktoptik gesetzt werden kann, besteht die Möglichkeit einer dreifachen Vergrößerung des Visierbilds als auch des Leuchtpunktes. Bei Aimpoint heißt das Modul „3xMag" und könnte auch separat ohne Waffe als dreifach vergrößerndes Fernrohr benutzt werden. Montiert mit der Aimpoint Twist Mount, einer Schwenkmontage, kann dieses Modul mit zwei schnellen Handgriffen entfernt bzw. wieder aufgepflanzt werden. Im Nahbereich ist die einfache Vergrößerung des CompM4s völlig ausreichend und erleichtert die Zielerfassung mit beiden Augen geöffnet. Für Entfernungen jenseits der 100 m ist die Verwendung des Vergrößerungsvorsatzes eine praxisorientierte Lösung. Durch die dreifache Vergrößerung wird die Zielerfassung erleichtert. Da sich Rotpunkt und Ziel gleichermaßen vergrößern, verdeckt der Punkt bei Verwendung des 3xMag auch weiterhin nur 6cm Zielfläche. Im Praxistest zeigte sich, dass die dreifache Vergrößerung selbst im Bereich bis zehn Meter zum Ziel eine schnelle Zielerfassung gewährleistet.

Das 3xMag-Vergrößerungsmodul wiegt 235 g. Optional könnte es mit einer LaRue-Kippmontage LT-649-Short montiert werden. Hierbei muss das Modul nicht entfernt werden, sondern kippt mit Federkraft etwa 45° nach rechts und gibt somit den Einblick durch die einfach vergrößernde CompM4-Optik frei.

Beide Geräte sind zur Montage auf jeder MIL-Standard-1913-Picatinny-Schiene vorgesehen.

Auf einen Prototyp der australischen Firma DSTO aus dem Jahr 2005 geht die CEU (Concealed Engagement Unit) zurück. Mit diesem Optikvorsatz ist es dem Schützen möglich, aus einem 260°-Winkel heraus durch die Optik zu blicken. Er muss seine Deckung zum Zielen nicht zwingend verlassen.

BILD OBEN: Das Aimpoint CompM4s mit dem Dreifach-Vergrößerungsmodul. (Foto: Dieter Kern)
BILD UNTEN: Das Aimpoint CompM4s von rechts mit Batteriefach für eine AA-Mignon-Batterie. (Foto: Dieter Kern)

Die Stellschrauben der Justierung sind mit einem kleinen Geldstück bedienbar. Die „Twist Mount“ ermöglicht das schnelle Entfernen des vorgeschalteten Vergrößerungsmoduls. (Foto: Dieter Kern)

EO Tech

Das EO Tech HDS ist eine Reflexvisier-Ausführung mit nur einer freistehenden Linse. Die Besonderheit ist das holografische Zielsystem (HDS Holographic Diffraction Sight). Selbst bei verschmutzter Linse oder einem beschädigten Display bleibt das EO Tech funktionstüchtig, solange der Schütze mit dem holografischen Visierbild einen Haltepunkt auf seinem Ziel finden kann.

Das EO Tech besitzt einen 1 MOA Punkt, der auf 100 m nur 2,9 cm des Ziels verdeckt. Des Weiteren befindet sich beim A65-Absehen um diesen Punkt ein 65-MOA-Kreis, der eine außerordentlich schnelle Zielerfassung im Nahbereich bis zu 50 m ermöglicht. Auf eine Entfernung von 50 m umschließt dieser Kreis 95 cm. Die holografische Einblendung in dem 30 mm × 22 mm großen Fenster ist parallaxenfrei. Die Modelle der 500er-Serie wurden durch zwei AA-oder zwei CR123-Lithium-Batterien betrieben.

Eine Weiterentwicklung der bewährten EO-Tech-Serie stellen die Modelle XPS2 und XPS3 dar. Betrieben werden diese Modelle mit nur einer CR123-Lithium-Batterie, welche eine Betriebszeit von bis zu 600 Stunden gewährleisten soll. Das XPS kann ohne zusätzliche Montage direkt auf einer Picatinny-Schie-

Die Concealed Engagement Unit (CEU): Der Schrägeinblick in die Optik ermöglicht dem Bediener sicheres Zielen auch aus der Deckung heraus.

Die CEU im praktischen Einsatz.

ne befestigt werden. Dazu stehen entweder eine zollgenormte Innensechskantschraube oder eine Schraube mit Handrad zur Verfügung. Die XPS-Serie ist mit 230 g wesentlich leichter und mit 9 cm Länge auch kürzer als die Vorgängerversion. Der Nutzer erhält somit mehr Raum auf seiner Montageschiene. Neu ist auch das Absehen Nr.2 (2-Dot-Reticle), welches einen zweiten Punkt hat. Beide Punkte haben eine Größe von 1 MOA.

Bezogen auf ein Battlefield Zero mit einem AR-15-Waffensystem, symbolisiert der mittige Punkt die Haltemarke für 50 Yards und 200 Yards der zweite, darunter liegende Punkt die Haltemarke für 500 Yards. Diese Angaben beziehen sich auf den Einsatz des militärischen 62-gr-Geschosses M855.

EO Tech 551.A65

Das EO Tech XPS2-2 ist kürzer und leichter als die Vorgängerversionen. Es wird mit einer CR123-Batterie betrieben. (Foto: Dieter Kern)

Um im Nahbereich das Offset zu kompensieren, hält der Schütze mit der unteren Kante des Kreises „Fleck“ an. Das EO Tech lässt sich in wenigen Minuten einjustieren. Die Klickverstellung beträgt ½ MOA.

Das Absehen ist in zehn Helligkeitsstufen regulierbar. Im Gegensatz zum XPS2 sind die Modelle XPS3 für die Verwendung mit einem Nachtsichtgerät geeignet und haben daher zusätzlich noch zehn Helligkeitsstufen im Nachtsichtmodus.

Auch das EO Tech ist wasserdicht und von Temperaturen zwischen −40°C und +75°C einsetzbar.

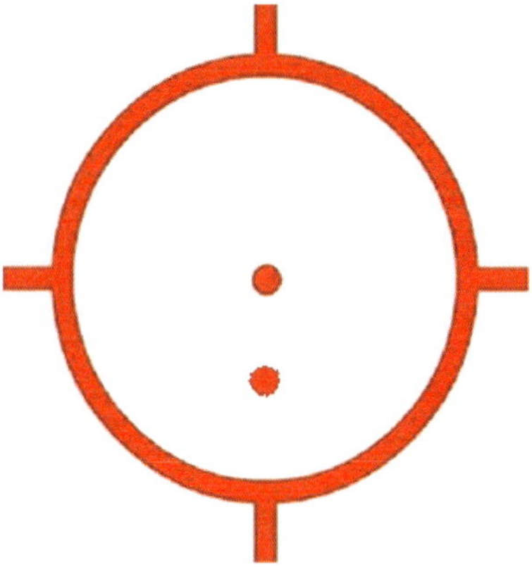

Das 2-Dot-Absehen des EO Tech ist für die Modelle XPS2-2 und XPS3-2 erhältlich. Der mittlere Punkt symbolisiert die Haltemarke für 50 und 200 Yards. Der untere Punkt die Haltemarke für 500 Yards. Vorausgesetzt, die Waffe hat ein AR-15-typisches Offset und es wird die Militärpatrone M855 verwendet. (5,56x45 mm, VM, 62 gr)

4.5 Holster

„Der einfachste Weg, jede Waffe als geladen zu betrachten, ist sie zu laden."

Die Wahl des richtigen Holsters ist für den praxisorientierten Gebrauch einer Kurzwaffe von großer Bedeutung. Ein gutes Holster muss nicht teuer sein. Drei Kriterien sollten beim Kauf aber beachtet werden.

Abzug

Der Abzug muss verdeckt sein, solange sich die Waffe im Holster befindet. Anderenfalls besteht die Gefahr der Schussauslösung schon während des Ziehvorgangs. Es sind glücklicherweise nur noch sehr wenige Modelle im Umlauf, die dieser Anforderung nicht nachkommen. Aus dem Handel scheinen sie ganz verschwunden zu sein.

Formstabil

Das Holster sollte formstabil sein. Dadurch wird das Wegstecken der Waffe erheblich vereinfacht. Sind Holster nicht formstabil, führt das meist zwangsläufig zur Verletzung einer wichtigen Sicherheitsregel. Muss der Schütze das Holster mit der linken Hand quetschen, um die Waffe wegstecken zu können, überstreicht die Mündung der Waffe die Hand des Schützen.

Fester Sitz

Die Waffe muss fest im Holster sitzen und sollte auch bei einem kurzen Sprint nicht herausfallen. Bei Kydex-Holstern ist dieser Ziehwiderstand durch die Bauart gewährleistet. Das Holster greift mit einer kleinen Nase meist in den Abzugsbügel der Waffe und sorgt so für einen ausreichend festen Sitz. Andere Holster wiederum haben eine extra Sicherung, die betätigt werden muss, bevor die Waffe gezogen werden kann. Diese Systeme leisten einen erweiterten Schutz gegen Fremdzugriff. Sie sind jedoch übungsintensiver und verlangsamen aufgrund einer zusätzlichen Bewegung den Ziehvorgang um einige Zehntelsekunden.

Etwas in die Jahre gekommen sind Lederholster mit einem Riemen, welcher mittels Druckknopf verschlossen wird. Dieser Verschlussmechanismus ist oft so umständlich und zeitraubend, dass er früher oder später einfach nicht mehr benutzt wird. Das läuft jedoch konträr zu den Anforderungen, da Lederholster selbst nicht genug Ausziehwiderstand bieten und somit ein unbeabsichtigtes Herausfallen der Waffe die Folge sein kann.

Positionen

Vor dem Kauf sollte man sich auch darüber im Klaren sein, an welcher Position das Holster getragen werden soll. Grundsätzlich wird unterschieden zwischen einer verdeckten und offenen Trageweise. Die nach wie vor gebräuchlichste Variante ist das Tragen am Gürtel auf etwa fünf Uhr, also im Bereich der Nieren. Einige Holster haben einen so genannten „Paddle", welcher einfach in den Hosenbund gesteckt wird. Das Einfädeln des Gürtels in das Holster entfällt somit. Spezielle Holstertypen ermöglichen auch das Tragen der Waffe innerhalb des Hosenbundes.

Insbesondere für den taktischen Einsatz sind Beinholster entwickelt worden. Muss der Anwender am Oberkörper verschiedene Ausrüstungsgegenstände bei sich tragen, reicht der Platz am Gürtel meist nicht zur Aufnahme eines Gürtelholsters aus. Das Holster wandert demnach an den Oberschenkel, wodurch das Tragen, aber auch das Ziehen der Kurzwaffe nicht weiter beeinträchtigt wird. Es sollte jedoch unbedingt darauf geachtet werden, dass die Waffe relativ hoch am Oberschenkel sitzt. Der Schütze muss in der Lage sein, die Waffe zu greifen, ohne dabei seinen Oberkörper zu neigen.

Eine in Europa noch recht wenig verbreitete Art, die Waffe (verdeckt) zu führen, ist auf der Zwei-Uhr-Position. Auch als „appendix carry" bekannt, erlangte diese Art vor allem in Nord- und Mittelamerika eine gewisse Popularität. Die Vorteile liegen in einer sehr kurzen Zugriffszeit auf die Waffe und der Möglichkeit, die Waffe auch noch während einer körperlichen Auseinandersetzung ziehen zu können. Der Nachteil ist, dass die Mündung fast immer in Richtung Beinschlagader zeigt.

Abzuraten ist vom Kauf eines Cross-Draw- oder eines Schulterholster. Beim Cross-Draw, wo ein Rechtsschütze die Waffe auf der linken Seite trägt, ist ein sicherer Ziehvorgang fast ausgeschlossen. Die Mündung der Waffe kann dabei zu leicht beistehende Personen überstreichen. Gleiches gilt für das Schulterholster. Hinzu kommt bei dieser Variante noch der mangelhafte Tragekomfort.

Sicherungssysteme

Sicherungssysteme erschweren den Fremdzugriff auf die Waffe. Für Einsatzkräfte, die häufig in Menschenmengen operieren müssen, kann dieser Umstand zur Lebensversicherung werden. Manche Holstertypen verfügen sogar über mehr als eine Sicherung. In der Ausbildung sollte unbedingt realitätsnah trainiert werden. Das heißt, alle Sicherungssysteme sollten immer benutzt, also geschlossen sein. Nur wenn man im Training permanent mit diesen Systemen übt, ist das reibungslose Ziehen der Waffe im Ernstfall gewährleistet. Das Ziehen der Waffe darf dabei nicht nur im Stehen geübt werden, sondern muss auch aus unkonventionellen Positionen heraus beherrscht werden. Beim

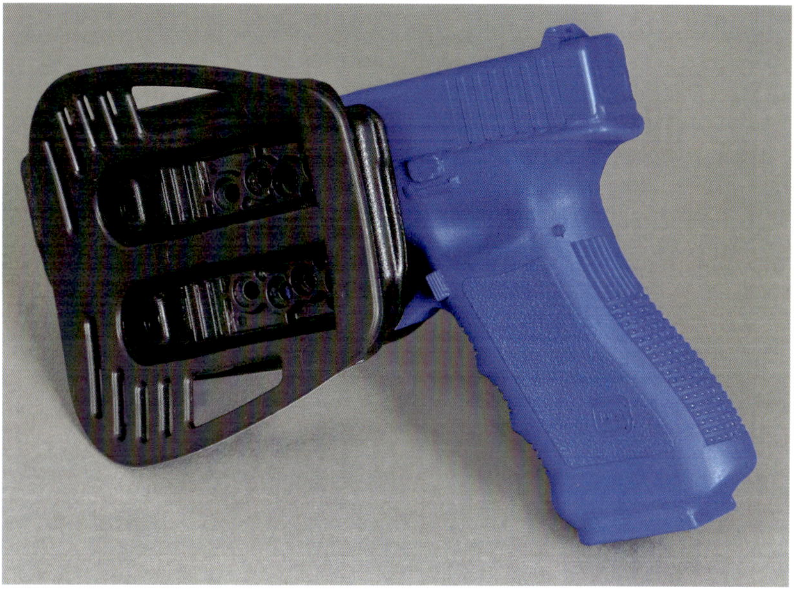

BILD LINKS: Das Kydex-Paddle-Holster von Uncle Mike's hält die Waffe zuverlässig ohne zusätzliche manuell zu lösende Sicherung.
BILD OBEN: Durch den so genannten „Paddle" kann es einfach von oben auf den Gürtel gesteckt werden. Das Einfädeln des Gürtels durch das Holster ist nicht nötig. Trotzdem sitzt es fest genug.

Ziehen einer Pistole in Rückenlage ist der Griffwinkel unter Umständen etwas anders. Bei mechanischen Druckknopfsystemen kann es außerdem vorkommen, dass die Waffe manchmal nicht sofort freigegeben wird.

Das Innenbundholster von Don Hume wird innerhalb des Hosenbundes getragen. Der Tragekomfort ist wesentlich größer als der erste Blick vermuten lässt.

Oberschenkelholster sollten so hoch wie möglich sitzen. Der Schütze muss die Waffe greifen können, ohne dabei seinen Oberkörper zur Seite neigen zu müssen. Das Safariland 6004 ist ein bewährtes Modell.

Das Modell 2-Fast U.R.S.S. von Radar ist ein modulares Holster. Es stehen diverse Grundplatten für unterschiedliche Trageweisen zur Verfügung.

Joshua-Covert-Holster: Die Spezialanfertigung wird innerhalb des Hosenbundes „auf 2 Uhr“ getragen.

Das Joshua und baugleiche Holstertypen sind optimal geeignet zum verdeckten Tragen. Es besteht kaum eine Möglichkeit für einen Fremdzugriff auf die Waffe.

Beinholster gibt es auch zur Aufbewahrung von Gewehrmagazinen. Hier ein Modell des US-amerikanischen Herstellers John Willis von SOE.

Anhang

5.1 Kriminalstatistik des Bundeskriminalamt

"Je korrupter der Staat, desto zahlreicher die Gesetze"
(Publius Cornelius TACITUS, Römischer Historiker ca. von 55 bis 120)

Die Kriminalstatistik des BKA aus dem Jahre 2008[(24)] weist eine Quote von 0,19% an Straftaten aus, bei denen Schusswaffen Verwendung fanden. In einem Drittel der Fälle von diesen 0,19% wurde tatsächlich geschossen; bei zwei Dritteln lediglich gedroht. Eine Schusswaffenverwendung im Sinne von „Schießen“ fand daher lediglich in 0,07% aller Straftaten statt und ist damit so niedrig wie noch nie in den vergangenen 38 Jahren. Der größte Anteil, nämlich fast die Hälfte, fiel dabei in den Bereich des Bundesjagdschutzgesetz, Naturschutzgesetz und Tierschutzgesetz (sprich: Wilderei).

Der Anteil der Straftaten, bei denen eine Schusswaffenverwendung zu verzeichnen ist, war in den vergangenen 38 Jahren zwar Schwankungen unterworfen, von einem Anstieg kann aber keine Rede sein. Er bewegte sich immer zwischen 0,25% und 0,33%, gemessen an allen bundesweit begangenen Straftaten, obwohl sich das Einzugsgebiet infolge der Wiedervereinigung vergrößerte.

Erfasst werden zwar alle Straftaten, die mit Schusswaffen begangen wurden, was aus der Statistik jedoch nicht hervorgeht, ist die Herkunft der verwendeten Waffen. Die Statistik gibt keinen Hinweis darauf, ob es sich um illegale Waffen handelt, Waffen im Behördenbesitz oder um Waffen im (legalen) Privatbesitz von Sportschützen, Waffensammlern und Jägern. Würde es eine derart weiterreichende Differenzierung geben, wäre mit hoher Wahrscheinlichkeit ersichtlich, dass vom Legalwaffenbesitzer in Deutschland keine Gefahr ausgeht bzw. die prozentuale Quote wäre statistisch nicht mehr repräsentativ, da zu gering. Vermutlich würde des Weiteren erkennbar werden, dass die höchste Schusswaffenkriminalität von illegalen Waffen verursacht wird. Schätzungen zufolge beträgt dieser Anteil über 95%. Diesem Phänomen ist leider auch durch stetige Verschärfungen des Waffengesetzes und Reglementierungen der Legalwaffenbesitzer nicht beizukommen. Besitzer illegaler Waffen entziehen sich nämlich regelmäßig waffenrechtlicher Bestimmungen. Das klingt zwar nach einer Binsenweisheit, ist aber offenbar nicht jedem Legislativvertreter im Land bekannt.

Darüber hinaus führt ein weiterer Faktor zur Verfälschung der

(24) Polizeiliche Kriminalstatistik 2008, BKA

Statistik: Unter dem Punkt „Mit Schusswaffe gedroht" werden alle Fälle erfasst, in den sich mindestens ein Beteiligter bedroht gefühlt hat. Unabhängig davon, ob der Gegenstand, mit dem er bedroht wurde, Schusswaffeneigenschaften besaß, oder es sich lediglich um eine Spielzeugpistole oder einen anderen frei erwerbbaren, schusswaffenähnlichen Gegenstand handelte.

5.2 Trainingsmöglichkeiten

„Die Bevölkerung ist im Weltanschauungskrieg weder verschont noch ausgeschlossen. Schon deshalb muss man sie organisieren."

(Hans von Dach in „Der totale Widerstand")

Keine theoretische Abhandlung kann einen kompetenten Ausbilder ersetzen. Lesern, die ihr Wissen und ihre Fähigkeiten durch praktische Anwendung erweitern möchten, sei hier eine Aufstellung diverser Ausbildungseinrichtung gegeben. Die Trainingsmöglichkeiten in der Branche sind schier unerschöpflich. Die nachstehende Auswahl erhebt keinen Anspruch auf Vollständigkeit.

Henning Hoffmann
Akademie 0/500
www.0-500.de

Die Schießkurse bei Akademie 0/500 basieren auf einem allgemeingültigen System der Waffenhandhabung. Die Bezeichnung 0/500 bildet den Entfernungsbereich ab, der mit den modular aufgebauten Kursen vermittelt wird: Nämlich Null bis 500 Meter.

Zum Kursprogramm gehört sowohl die Ausbildung an der Kurzwaffe als auch Gewehr und Flinte. Grundvoraussetzung ist das Modul Pistole 1, bei dem alle Teilnehmer von ihrem jeweiligen Niveau abgeholt und auf eine Stufe gebracht werden. Die Ausbildung orientiert sich dabei an internationalen Standards der Schießausbildungsszene.

NDS
Neurone Défense Système
Schweiz
www.nds-org.ch

Die Ausbildungsinhalte bei NDS lehnen sich stark an die Schießausbildung der Schweizer Armee an. Die Ausbilder sind selbst zumeist Angehörige der Schweizer Armee. Bei NDS wird Schießausbildung als kohärentes System begriffen und entsprechend ausgebildet. Insbesondere die Langwaffenkurse stellen einen wichtigen Baustein im Gesamtkonzept der persönlichen Weiterbildung dar.

James Yeager
Tactical Response
P.O. Box 385
Camden, TN 38320, USA
www.tacticalresponse.com

James Yeager zählt zweifelsohne zu den Großen der Branche in Übersee. Seine Schule, Tactical Response, betreibt ein riesiges Ausbildungsareal in Tennessee, USA. Sein Lehrgang „Fighting Rifle" ist ein Zweitageskurs, bei dem alle wichtigen Komponenten des kampfmäßigen Schießens mit Selbstladegewehren vermittelt werden. „Fighting Rifle" ist ein Muss für jeden Gewehrschützen. Das Flaggschiff aller Tactical Response Kurse ist das High Risk Civilian Contractor (HRCC) Shooting Package.

Paul Howe
Combat Shooting and Tactics (CSAT)
Nacogdoches, Texas, USA
www.combatshootingandtactics.com

Der ehemalige Delta-Force-Angehörige Paul Howe betreibt eine Schießschule in Texas. Seine Ausbildungsmethoden unterscheiden sich vom Rest der Branche und orientieren sich sehr stark am Schießausbildungskonzept der Delta Force. Es wird auch Wert auf den präzisen Schuss jenseits der 100 Meter gelegt. Paul Howe vermittelt konsequent das Prinzip des „Natural Point of Aim". Seine sechstägigen Tactical-Pistol- und Tactical-Rifle-Instructor-Lehrgänge zählen zu den technisch und mental anspruchsvollsten Kursen in der Branche.

Larry Vickers
Vickers Tactical Inc.
3439 Ramsey St. PMB 131
Fayetteville, NC 28311
www.vickerstactical.com

Larry Vickers war bis zum Jahr 2004 Angehöriger der amerikanischen Delta Force und Teilnehmer an der Operation „Acid Gambit" in Panama. Diese Spezialeinheit ist u.a. für ihre exklusive Schießausbildung bekannt. Vickers bietet in seiner Schule in North Carolina vor allem Kurse für Pistolen und Selbstladegewehr an. Auch bei ihm steht Präzision im Vordergrund. Er legt besonderen Wert auf die Entwicklung einer fehlerfreien Abzugskontrolle.

Andy Stanford
Options for Personal Security (OPS)
www.opstraining.at

Andy Stanford ist einer der Pioniere der US-amerikanischen Schießausbildungsszene. Der durch ihn entwickelte zweitägige Pistolenkurs „Surgical Speed Shooting" wurde zu einem Meilenstein der Pistolenschießausbildung. Sein gleichnamiges Buch ist eine Leseempfehlung. Seine methodisch klar strukturierte Ausbildung garantiert höchste

Lernerfolge. Er gibt jedes Jahr Mitte August Kurse in Europa.

Gabriel Suarez
Suarez International, Inc.
303 E. Gurley St., Ste. 461
Prescott, AZ 86301, USA
www.suarezinternational.com

Der weit über die Grenzen der USA hinaus bekannte Fachautor Gabe Suarez gehört unbestritten zu den innovativsten Ausbildern der amerikanischen Branche. Sein bekanntester Kurs ist der Close Range Gunfighting – ein Pistolenkurs, der alle Aspekte des kampfmäßigen Pistolenschießens abhandelt. Suarez leistete Pionierarbeit bei der Entwicklung des Force-on-Force-Konzeptes und bietet den gleichnamigen Zweitageskurs an. Suarez International ist die führende Schule in den USA bei der Ausbildung am Kalaschnikow-Waffensystem.

Greg Hamilton
InSights Training Center
P.O. Box 3585
Bellevue, WA 98009
www.insightstraining.com

Seit über 20 Jahren bietet Greg Hamilton im InSights Training Center qualitativ hochwertige Schieß- und Taktikausbildung an. Der ehemalige US-Special-Forces-Angehörige gilt als hervorragender Taktiklehrer.

Strategos International L.L.C.
4002 Main Street
Grandview, MO 64030
Tel.: 001-816-795-3768
www.strategosinternational.com

Strategos, ansässig im US-Bundesstaat Missouri, ist spezialisiert auf Low-Light-Schießausbildung. Eine große Rolle im Gesamtkonzept der Schule spielt auch Force-on-Force-Training. Die firmeneigene Publikation „Strategies of Low-Light Engagements" ist eine detaillierte und umfassende Abhandlung zum Thema.

Max F. Joseph
Tactical Firearms Training Team (TFTT)
16835 Algonquin Street, Suite 120
Huntington Beach, CA 92649
Tel.: 001-714-846-8065
www.tftt.com

Max Joseph, der Erfinder der Position Sul, bietet Kurse für Pistole und Selbstladegewehr an. Der ehemalige US Marine gilt ebenfalls als hervorragender Taktiklehrer.

Greg Sullivan
Defensive Edge SLR15 Rifles
P.O. Box 682
Anoka, MN 55303
www.slr15.com

Greg Sullivan erlangte besondere Bekanntheit mit seinem AR-15-Armorer-Instructor-Kurs. Die

Zielgruppe sind hauptsächlich Polizisten und Law Enforcement in den USA.

Southnarc
www.shivworks.com/

Southnarc hat sich auf Selbstverteidigungskurse in Armlängendistanz spezialisiert. Blaue Flecken sind das Mindeste, womit ein Kursteilnehmer zu rechnen hat. Southnarc gilt als die beste Adresse zur Vorbereitung auf die Abwehr derartiger Angriffe.

Kyle Lamb
Viking Tactics, Inc
Fayetteville, NC 28306
www.vikingtactics.com

Kyle Lamb ist der dritte ehemalige Delta-Force-Angehörige in der US-amerikanischen Ausbildungsszene. Der Schwerpunkt seiner Ausbildung liegt auf dem Selbstladegewehr und dessen Verwendung in allen denkbaren Situationen bewaffneter Auseinandersetzungen.
Kyle Lamb ist Autor des Buchs „Green Eyes and Black Rifles".

Tom Givens
Rangemaster
2611 S. Mendenhall Road
Memphis, Tennessee 38115
www.rangemaster.com

Tom Givens ist mit seiner Schießschule Rangemaster in Memphis, Tennessee ansässig. Spezialisiert hat er sich auf Kurzwaffenkurse. Durch die hohe Kriminalitätsrate in seiner Heimatstadt reist der Zustrom von trainingswilligen Privatwaffenbesitzern nicht ab.

Steve Moses
Bluff Dale Firearms Academy (BDFA)
Tactical Range, 4104 Zion Hill Rd.
Weatherford, TX 76088
www.bluffdalefirearmsacademy.com

Steve Moses ist eine weniger bekannte Adresse in der US-amerikanischen Ausbildungsszene. Seine Ausbildung ist methodisch-didaktisch sehr gut aufgebaut.

Bill Rogers
Bill Rogers Shooting School
Ellijay, Georgia
www.rogersshootingschool.com

Der ehemalige FBI-Agent Bill Rogers war mit seiner Shooting School im US-Bundesstatt Georgia der erste, der in den 1980er Jahren die Lehrmeinung des Modern Isosceles sowohl an zahlende Privatkundschaft als auch an Behörden verkaufte.

Paul Gomez
Gomez Training International
Moyock, NC 27958
www.gomez-training.com

Paul Gomez war viele Jahre als Assistenzausbilder bei anderen renommierten Schulen tätig. Seit einiger Zeit firmiert er unter seiner Eigengründung Gomez Training International. Paul Gomez gilt als Spezialist für das Waffensystem Kalaschnikow und für einhändige Waffenmanipulationen, die aufgrund einer Verletzung an Hand oder Arm notwendig werden können.
(Paul Gomez verstarb am 4. Juni 2012)

Gunsite
2900 W. Gunsite Road
Paulden, AZ. 86334
www.gunsite.com

Gunsite ist die älteste private Schießschule in den USA. Sie wurde 1976 von Jeff Cooper unter dem Name „American Pistol Institue“ (API) gegründet. Jeff Cooper hatte sehr großen Einfluss auf die Ausbildungsszene. Seine Lehrmeinung der „Modern Technique“ wurde geradezu doktrinartig verbreitet. Auch heute noch wird auf Gunsite die Modern Technique vermittelt.

Louis Awerbuck
Yavapai Firearms Academy, Ltd.
P.O. Box 27290
Prescott Valley, AZ 86312
www.yfainc.com

Der gebürtige Südafrikaner gehörte zur ersten Generation von Ausbildern unter Jeff Cooper auf der Gunsite Range. Sein Flintenkurs, den er später mit seiner eigenen Schule anbot, gehörte lange Zeit zum Nonplusultra in der Branche. Awerbuck ist außerdem bekannt durch seine Bücher „Tactical Reality“ und „Hit or Myth“. Er bildet nach wie vor die Lehrmeinung der Modern Technique aus.
(Louis Awerbuck verstarb am 24. Juni 2014)

Tactical Defense Institute
2174 Bethany Ridge
West Union, OH 45693
http://www.tdiohio.com

Der Präsident und Chief Instructor des TDI (Tactical Defense Institute), John Benner, ehemaliger Police Lieutennant mit SWAT-Erfahrungen und Vietnam-Veteran, bietet auf seinem großflächigem Gelände in Ohio Kurse in allen Feuerwaffen-Klassen an, unter anderem auch Force-on-Force-Training.

Bildnachweis

Alle Fotos Fotostudio Harzer
www.fotoharzer.de
info@fotoharzer.de

Außer:

Umschlagseite:
Tactical Response, Tennessee, USA

Seite 37: Dave Grossmann, Back Bay Books, New York, USA

Seite 54: Tactical Response, Tennessee, USA

Seite 55: Erika Larsen, New York, USA

Seite 62: dwj-Verlags GmbH

Seite 64, 65: dwj-Verlags GmbH

Seite 74: oben: German Sport Guns, GmbH, unten: Henning Hoffmann

Seite 100 – 103: dwj-Verlags GmbH

Seite 109: Siddle, Bruce: Sharping the Warriors Edge, PPCT Research Publications, Belleville, Illinois, 1995

Seite 153: Henning Hoffmann

Seite 181: rechts: Frankonia Jagd

Seite 197: dwj-Verlags GmbH

Seite 219: links: Henning Hoffmann

Seite 225: Tactical Response, Tennessee, USA

Seite 227: Andy Stanford

Seite 229: CSAT, Paul Howe, Texas, USA

Seite 233: dwj-Verlags GmbH

Seite 239: Waffen Schumacher GmbH, Krefeld

Seite 249 unten:
Glock Gesellschaft mbH, Österreich

Seite 250 unten: 251, 252 oben:
XS Sight Systems Inc., Texas, USA

Seite 252 unten, 253, 257, 258:
Dieter Kern, Schwäbisch Hall

Seite 259: Aimpoint AB, Malmö, Schweden

Seite 260 unten: Dieter Kern, Schwäbisch Hall

Seite 261: L-3 Communications-EOTech, Michigan, USA

Literaturverzeichnis

Applegate, Rex: Kill or get killed, Paladin Press, Boulder, Colorado, 1976

Awerbuck, Louis: More Tactical Reality, Paladin Press, Boulder, Colorado, 2004

Awerbuck, Louis: Tactical Reality, Paladin Press, Boulder, Colorado, 1999

Boger, Jan: Combat Digest, Motorbuch Verlag, Stuttgart, 1995

Boger, Jan: Combat Schießen, Motorbuch Verlag, Stuttgart, 1979

Bossel, Hartmut: Systeme, Dynamik, Simulation, Books on Demand GmbH, Norderstedt, 2004

Bundeskriminalamt: Polizeiliche Kriminalstatistik 2008

Cooper, Jeff: Principles of Self Defense, Paladin Press, Boulder, Colorado, 1989

De Becker, Gavin: The Gift of Fear, Dell Publishing, New York, 1997

Doss, Wes: Condition to Win, Looseleaf Law Publications, New York, 2007

Good, Ken J.: The Stradegies of Low-Light Engagements, Strategos International

Grossman, Dave: On Killing, Back Bay Books, New York, 1996

Enos, Brian: Practical Shooting, Zediker Publishing, Clifton, Colorado, 1991

Fairbairn, William E. und Sykes, Eric A.: Shooting to live, Paladin Press, Boulder, Colorado, 1987

Howe, Paul: Leadership and Training for the Fight, Authorhouse, Bloomington, Indiana, 2005

Howe, Paul: The Tactical Trainer, Authorhouse, Bloomington, Indiana, 2009

Huber, Michaela: Trauma und die Folgen, Junfermann Verlag, Paderborn, 2007

Kenneth R. Murray: Training at the speed of Life, Armiger Publications Inc., Gotha, Florida, 2006

Kneubuehl, Beat: Geschosse, Verlag Stocker-Schmid AG, Zürich, 1994

Kopenhagen, Wilfried: Die Mot-Schützen der NVA, Barett Verlag GmbH, Solingen, 1995

Lamb, Kyle: Green Eyes and Black Rifles, Viking Tactics, 2008

Lorenz, Konrad: Das sogenannte Böse, dtv, München, 2004

Marshall, Evan: Stopping Power, Paladin Press, Boulder, Colorado, 2001

Meier, Nelte, Schäfer: Wörterbuch zur Sicherheitspolitik, Mittler Verlag, Hamburg, 2000

Moses, Steve: How to hit hard and fast in Combat, Paladin Press, Boulder, Colorado, 2002

Münkler, Herfried: Der Wandel des Krieges, Velbrück Wissenschaft, Weilerswist, 2006

Münkler, Herfried: Neue Kriege, Rowohlt Verlag GmbH, Hamburg, 2002

Pincus, Rob: Combat Focus Shooting, ICE Publishing, Telluride, Colorado, 2006

Pistorius, Micki: Profiling Serial Killers, Penguin Books, Johannesburg, 2005

Deatherage Jr.; Robert: Survival Driving, Paladin Press, Boulder, Colorado, 2006

Siddle, Bruce: Sharping the Warriors Edge, PPCT Research Publications, Belleville, Illinois, 1995

Stanford, Andy: Fight at Night, Paladin Press, Boulder, Colorado, 1999

Stanford, Andy: Combat Rifle Marksmanship Exercises, Paladin Press, Boulder, Colorado, 2005

Stanford, Andy: Surgical Speed Shooting, Paladin Press, Boulder, Colorado, 2001

Steiner, Felix: Die Armee der Geächteten, Deutsche Verlagsgesellschaft, Rosenheim, 1993

Suarez, Gabriel: AK Gunfighting, Suarez International, Prescott, Arizona, 2007

Suarez, Gabriel: Force-on-Force Gunfighting, Paladin Press, Boulder, Colorado, 2005

Suarez, Gabriel: Tactical Advantage, Paladin Paladin Press, Boulder, Colorado, 1998

Suarez, Gabriel: Tactical Pistol, Paladin Press, Boulder, Colorado, 1996

Suarez, Gabriel: Tactical Rifle, Paladin Press, Boulder, Colorado, 1999

Suarez, Gabriel: Tactical Shotgun, Paladin Press, Boulder, Colorado, 1996

Suarez, Gabriel: The Combative Perspective, Paladin Press, Boulder, Colorado, 2003

Suarez, Gabriel: Vehicle Gunfighting, Suarez International, Prescott, Arizona, 2004

van der Hart, Onno: Trauma und Gewalt, 1/2007

von Dach, Hans: Der totale Widerstand, Schweizerischer Unteroffiziersverband, Bern, 1985

von Dach, Hans: Gefechtstechnik Bd. 2, Schweizerischer Unteroffiziersverband, Bern, 1992

Wilhelm, Ralph; Abresch, Rolf: Moderne Handwaffen der Bundeswehr, Report Verlag, Frankfurt / Main, 2001

Wood, J.B.: Shotguns 2nd Edition, Krause Publications, Wisconsin, 2002

Yeager, James: High Risk Civilian Contractor, Paladin Press, Boulder, Colorado, 2008

Sachregister

Impressum

© 2015/2022 Blätterdach GmbH
Schwäbisch Hall

FEUERKAMPF & TAKTIK –
Taktischer Schusswaffengebrauch
im 21. Jahrhundert
5. unveränderte Auflage
von Henning Hoffmann

Fotografie: Bert Harzer
www.fotoharzer.de
Fotoarbeiten: Bert Harzer

Layout und Produktion:
Blätterdach GmbH

Produktionsleitung:
Markus Dierolf

Alle Rechte vorbehalten.
Dieses Buch oder Teile dieses Buches dürfen nicht vervielfältigt, in Datenbanken gespeichert oder in irgendeiner Form übertragen werden. Der Nachdruck, auch einzelner Passagen, ist verboten!

Das Urheberrecht und sämtliche weitere Rechte sind dem Verlag vorbehalten. Übersetzung, Speicherung, Vervielfältigungen und Verbreitung einschließlich Übernahme auf elektronischen Medien wie CD, DVD, Internet usw. ist ohne vorherige Genehmigung des Verlags unzulässig.

Blätterdach GmbH
Steinbeisweg 62
74523 Schwäbisch Hall

Telefon 0791 202197-0
vertrieb@blaetterdach.media
www.dwj.de

ISBN 978-3-936632-71-2

Printed in Germany